예수를 깊이 생각하라

예수를 깊이 생각하라

유기성

규장

예수님을 더 깊이
생각하고 싶습니다!

2014년, 하나님의 은혜로 6개월 동안 안식년을 가질 수 있었습니다. 교회의 배려로 편안한 안식년을 잘 마치고 돌아왔지만 많은 사람들이 생각하는 것처럼 행복하기만 했던 것은 아니었습니다.

어떤 면에서는 6개월의 안식년 기간은 너무나 힘들었습니다. 그것은 저의 실상을 직면하는 고통이었습니다. 선한목자교회 담임목사의 자리에 있었던 저는 실상은 제 자신이 아니었습니다. 주위의 동역자들과 교인들이 끈이 되어 저를 세워주고 있었고, 담임목사로 수행해야 하는 일들, 설교와 집회 그리고 계속되는 상담 등으로 제가 지켜지고 있었던 것입니다. 심지어 제 속을 뒤집는 이들까지 저를 주님과의 관계로 이끌었다는 것을 알았습니다.

그 끈이 다 풀어지고 모든 사역에서 떠나 혼자가 되었을 때, 아직 '혼자 있을 때 온전히 주님이 바라보아지지 않는' 제 영적 수준이 어느 정도인지 드러났습니다. 여전히 변화되지 못한 채 육신과 환경과 여건에 너무나 쉽게 좌우되는 제 영적 상태가 고스란히 드러난 것입니다. 저는 그런 제 자신에 대하여 너무나 실망하고 좌절했습니다.

주님과 친밀히 동행하는 데는 교회 안에 있을 때가 훨씬 쉽습니다. 매인 것 같은 상황이 주님과의 교제에 훨씬 도움이 됩니다. 교회를 떠나 있으면 주님과의 교제가 더 힘듭니다. 휴일에 경건생활이 더 힘들고, 휴가 때 영적으로 더 무너집니다. 사막의 수도사들이 굳이 아무도 없는 사막으로 들어간 것은 더 쉬운 길을 찾아간 것이 아니라 더 어려운 길을 찾아간 것입니다. 주님께서 왜 아무도 없는 광야로 나가 시험을 받으셨는지 조금은 알 것 같습니다.

헨리 나우웬이 안식년을 맞아 뉴욕 근교의 한 수도원에서 7개월 동안 지내며 썼던 일기가 《제네시 일기》라는 제목으로 출간되었습니다. 그 책 맨 마지막에 수도원에서 안식년 7개월을 보낸 뒤 자신이 얼마나 변화되었는지를 돌아보고는 "아무것도 달라진 것이 없다"라고 했던 구절이 기억났습니다.

'큰일났구나!' 하는 생각이 들었습니다. 언젠가는 혼자 될 때가 올 것입니다. 제 공적(公的) 사역이 마쳐졌을 때, 모든 사역에서 은퇴하게 되었을 때, 혹 이런저런 일로 혼자가 되었을 그때, 여전히 주님을 바라보는 훈련이 되지 못했음이 드러난다면 그보다 더 두렵고 부끄럽고 낭패

스런 일이 없을 것입니다.

　그래도 매일 페이스북 칼럼을 썼기에 제 자신을 그나마 매일 점검하며 지낼 수 있었습니다. 그래서 안식년 중에도 크게 무너지지 않을 수 있었습니다. 그러다가 안식년 기간이 얼마 남지 않은 어느 날, 제가 주님과 어느 정도 친밀한 관계를 맺고 살아가는지 직면해보아야 할 필요가 있다는 것을 깨달았습니다. 누구도 의식하지 않고, 정말 혼자 있을 때, 저는 제가 어느 정도 주님을 바라보는지 확인해야 할 필요를 느꼈고 이번 기회가 그 절호의 기회임을 알았습니다. 제 실상을 보는 것이 두려웠지만 더 이상 회피할 수 없음을 깨달았습니다.

　위드 지저스 미니스트리(With JESUS Ministry)는 계속 확산되고 영성일기를 쓰는 분들이 급격히 많아지는데, 주님과 24시간 동행하는 일이 그저 사람의 노력으로 이루어지는 수준에 불과하다면 차라리 여기서 그만두어야 할 것이라는 생각도 들었습니다. 그래서 지난 6월 21일 페이스북 칼럼을 잠시 중단한다는 글과 함께 칼럼 쓰기를 중단하였습니다. 그렇게 안식년을 마칠 때까지 오직 주님만 바라보는 일에 전념하기로 했습니다.

하루는 기도하면서 미국 댈러스 한구석에서 모든 연락을 끊고 지내며 '나는 정말 무엇을 원하는 것인가?' 생각하게 되었습니다. 제가 원하는 것은 24시간 주님을 바라보고 마음에 예수님을 왕으로 모시고 사는 것이 거짓도 아니고 과장도 아니어야 한다는 것, 설교만 하고 가르치기만 하는 것이 아니기를 원하는 것입니다. 예수님을 마음에 왕으로 모시고 사는 것이 진짜가 되는 것이었습니다. 이것이 제 갈망이었습니다.

안식년을 마치고 다시 담임목사의 자리에 서게 되고 설교 사역을 감당하게 될 날이 임박했을 때, 무거운 짐을 지는 것 같은 스트레스로 마음이 짓눌렸던 적이 있었습니다.

두려움과 중압감으로 기도했습니다. 그때 주님이 주신 마음이 있었습니다.

"이제부터는 설교 잘한다는 말을 들으려 설교하지 말고, 목회 성공했다는 말을 들으려고 목회하지 마라."

그랬습니다. 잘한다는 평가를 의지하여 기쁨과 보람을 얻으려니 스트레스가 되었던 것입니다. 어떻게 항상 잘하기만 하겠습니까? 주님의 마음을 알 것 같았습니다. 그리고 "은혜받았습니다"라는 말을 듣고자 하는 욕심을 버렸습니다. 목회 성공했다는 평가를 받는 욕심도 버렸습니다. 오직 제가 원하는 것은 주님과 연합하여 사는 것뿐입니다. 그러자 신기하게도 마음의 무거운 짐이 사라졌습니다.

주님은 제게 "나와 온전히 연합한 자로 살라" 하십니다. 그 외 어떤 것도 목적으로 삼지 말라고 하십니다. 그동안 24시간 주님을 바라보는 삶을 통하여 받은 은혜를 나누려고 페이스북에 칼럼을 써왔고 지난번 《예수를 바라보자》에 이어 두 번째 책이 나오게 되었습니다. 책 제목을 《예수를 깊이 생각하라》라고 정했습니다.

사실 "예수를 바라보자"와 "예수를 깊이 생각하라"는 같은 의미입니다. 히브리서 12장 2절에서 "예수를 바라보자"라고 했던 히브리서 기자가 3장 1절에서는 "예수를 깊이 생각하라"고 했습니다.

그러므로 함께 하늘의 부르심을 받은 거룩한 형제들아 우리가 믿는 도리의 사도이시며 대제사장이신 예수를 깊이 생각하라 히 3:1

예수님을 바라보는 것은 쉽게 말하자면 예수님을 깊이 생각하는 것이라는 말입니다. 이것은 그저 예수님을 생각하는 것과는 차이가 있습니다. 주 예수님이 함께하심을 믿음으로 주 예수님의 마음을 품는 것입니다. 이 책이 누군가에게 왕이신 주 예수님을 바라보며 예수님의 마음을 품고 사는 놀라운 은혜와 축복을 누리는 데 도움이 되었다면 더 이상 기쁨이 없겠습니다.

유기성

프롤로그

담 벼 락 하나,
내 마음에 오신 왕 예수

담 벼 락 둘
예수님을 깊이 생각하는 삶

담벼락

셋

예수님과 온전히 하나가 된다

Fix your thoughts on Jesus

믿음의 주요 또 온전하게 하시는 이인 예수를 바라보자

그는 그 앞에 있는 기쁨을 위하여 십자가를 참으사

부끄러움을 개의치 아니하시더니 하나님 보좌 우편에 앉으셨느니라

히브리서 12장 2절

담 벼 락

하나

내 마음에 오신 왕 예수

01

내 안에
거하기만 하라

내 오른손을 붙드시는 하나님

며칠 전 주님은 "내 안에 거하기만 하라"고 하셨습니다. 그동안 이 말씀에 대하여 깨달은 것이 많아 이제는 안다고 여겼는데, 주님의 말씀을 들으면서 제가 아직 온전히 알지 못한다는 생각이 들었습니다. 그래서 마음에 갈망이 생겼습니다. 주님 안에 거할 수만 있다면, 그것을 온전히 깨달을 수만 있다면, 소원이 없을 것 같았습니다.

"주여, 주님 안에 거하는 자는 어떤 자인지, 저를 실험 도구로 삼으소서. 저를 산 제물로 드리니 저를 증인으로 삼으소서. 제가 진정으로 주님 안에 거하기를 원합니다."

나는 죽고 예수로 산다고 고백하면 되는 것입니까? 24시간 주 예수님을 바라보면 되는 것입니까? 어떤 일에도 근심하지 않고 주 예수님만 믿고 사랑만 하면 되는 것입니까? 어떠한 지시에도 주님 앞에 완전한 순종을 결단하면 되는 것입니까? 기도와 말씀 증거에만 전념하면 되는 것입니까? 그런데 이조차 주님 안에 거한 다음에 나오는 결과들이 아닙니까? 이런 삶을 살기 위한 전제가 주님 안에 거하는 것이 아닙니까?

수많은 질문이 터져 나왔습니다. 정말 배우고 싶었습니다. 머리로만 아는 것이 아니라 실제로 주님 안에 거하는 삶을 살고 싶었습니다. 그래서 주님과 동행하는 삶에 있어서 새로운 시작을 선포했습니다. 그동안 깨닫게 하시고 훈련시켜주신 것을 바탕으로 생각도 주님을 바라보며 하고, 말도 주님을 바라보며 하고, 행동도 주님을 바라보며 하고, 오직 주님으로 살아가기로 결단한 것입니다.

그런데 주님은 이사야서 41장 말씀으로 제게 다가오셨습니다. 제게 주시는 주님의 응답이었습니다.

> 나 여호와 '너의 하나님이 네 오른손을 붙들고' 네게 이르기를 두려워하지 말라 내가 너를 도우리라 할 것임이니라 사 41:13

하나님께서 제 오른손을 붙드신다는 것입니다. 그런데 10절에서도 한 구절이 유난히 눈에 띄었습니다.

> 두려워하지 말라 내가 너와 함께함이라 놀라지 말라 나는 네 하나님이 됨이라 내가 너를 굳세게 하리라 참으로 너를 도와주리라 참으로 '나의 의로운 오른손으로 너를 붙들리라' 사 41:10

하나님께서 오른손으로 저를 붙드신다는 것입니다. 두 구절을 연결

해보니 하나님께서 하나님의 오른손으로 제 오른손을 붙잡으신다는 것입니다. 이 구절을 묵상하다가 이상하게 가슴이 뛰었습니다. 하나님께서 오른손으로 저의 오른손을 붙잡으신다는 말은 저를 뒤에서 감싸 안으시거나 저를 등에 업으셨다는 말이 되기 때문입니다. 두 경우 모두 저는 하나님을 보지 못합니다. 그저 느낄 뿐이지요. 주님이 말씀하시려는 것이 바로 이것이었습니다. 저는 주님을 눈으로 보듯이 볼 수는 없습니다. 그러나 주님이 함께하시는 것은 분명히 압니다. 그러면 충분한 것입니다.

교회를 위한 24시간 '한몸기도회' 때문에 기도원에서 기도하며, 제 손을 붙잡고 계신 주님을 느끼는 것만으로도 정말 행복했고 충만했고 뜨거웠습니다. 알고 보니 "주님 안에 거하는" 것이 가장 편안하고 행복하고 쉬운 길이었습니다. *20130702*

주님과 동행하게 하라

하루는 새벽에 딸들을 위한 기도가 간절했습니다. 제가 딸들에게 해줄 수 있는 일이 너무나 없었습니다. 아버지로서 무력함을 느낍니다. 그때 주님은 제가 할 수 있는 일이 오직 하나라고 하셨습니다. 주님을 바라보며 주님과 동행하는 눈을 열어주라는 것입니다.

딸들이 자라면서 저는 딸들과 헤어지는 연습을 하게 됩니다. 이제 다들 제 짝을 찾아 시집갈 때도 오겠지요. 큰딸의 유학 중에 큰딸과 슬픈 이별을 몇 번 경험했습니다. 한번은 집회 인도차 미국에 잠시 가게 되어,

담벼락 하나

저는 큰딸이 있는 곳에 잠깐 들렀습니다. 그렇게 하루를 같이 보내고 저희 내외가 한국으로 돌아오는 날이었습니다. 공항에서 우리가 보이지 않을 때까지 따라와 울며 손을 흔드는 딸을 보면서 마음이 많이 아팠습니다. 고등학교 때부터 외국에서 혼자 지내던 큰딸이 단 하루만 엄마 아빠와 지내고 헤어지는 마음이 얼마나 힘들지 생각하니 발걸음이 떨어지지 않았습니다.

그때 제 마음에 주님이 주시는 말씀이 있었습니다.

"지영이를 내게 맡겨라. 이제는 내가 인도할 것이다."

제 딸이지만 언제까지나 함께하며 지켜줄 수 없음을 절감했습니다. 이제는 저를 떠나 주님께 가도록 해주어야 하고, 주님과 동행하도록 기도해야 한다는 것을 깨달았습니다.

또 한번은 큰딸이 학교 기숙사에서 나오게 되어 거처할 곳을 마련해야 했던 적이 있었습니다. 그때 아내는 둘째 딸과 함께 마음먹고 두 주간 미국을 다녀온 적이 있었습니다. 큰딸은 무척 행복해했지만 저는 혼자 지내는 것이 얼마나 힘든 일인지 조금이나마 체험해보는 기간이었습니다.

미국에 도착하자마자 아내가 메일을 보내왔습니다. 가자마자 돌아올 걱정부터 된다는 것입니다.

"여보, 지영이가 어떤 사람에게 메일을 보냈다는데, 자기가 학교 갔다가 왔을 때 엄마가 집에 있는 것을 보면 울 것 같다고 했대요. 그 말을 들으니 나도 울컥했어요. 벌써부터 떠날 날이 걱정이에요. 울지 않고 떠날 수 있을지…. 여기가 너무나 쓸쓸한 곳이라서 혼자 두고 가기가 그러네요."

아내와 둘째 딸이 한국으로 돌아오는 날, 큰딸이 엄마와 동생을 떠나보내고 겪었던 일을 미니홈피에 올렸습니다. 공항에서 엄마와 동생을 배웅하면서 울지 않고 꾹 참았답니다. 그렇게 하리라 다짐하고 다짐했었다고 합니다. 그런데 모두 떠나고 차에 돌아왔을 때 더 이상 참지 못하고 울고 말았다는 것입니다. 집에 와서 문을 열었는데 집 안이 캄캄하고, 주방에서 요리하는 엄마도 없고, 방에서 컴퓨터 하는 동생도 없고, 불러도 대답할 사람이 없다는 것을 알면서도 부르고 또 부르다가 또 울었답니다.

이 글을 읽고 저도 울었습니다. 혼자 지내는 딸의 심정이 깊이 느껴졌기 때문입니다. 그때 다시 깨달아지는 것이 있었습니다.

"우리 딸들이 부모를 떠나 주님과 동행하는 연습을 하는 것이구나!"

기도하는데 그 마음이 다시 듭니다. 예수님이 생명 줄입니다. 부모가 아닙니다. 결국 예수님을 붙들어야 합니다.

부교역자들을 향한 마음도 동일합니다. 24시간 주 예수님과 동행하는 눈을 열어드리는 것이 제가 할 일입니다. 교인들에게도 제가 할 일은 주 예수님과 행복하게 동행하는 삶을 살도록 도전하고 훈련하는 일뿐입니다. 그래서 영성일기를 쓰게 하는 것입니다.

24시간 주님을 바라보는 영성일기 사역을 시작한 지 꼭 3년이 지났습니다. 그런데 돌아보니 가장 많이 변한 것은 저 자신이었습니다. 의지하던 사람들의 끈이 하나둘 끊어집니까? 그렇다고 너무 슬퍼하거나 낙심하지 마시기 바랍니다. 주님과 동행하는 연습을 하는 것입니다. *20130703*

사람의 평가에 흔들리지 말라

목사요, 또 설교자로서 사람들의 반응에 민감해지는 것이 사실입니다. 칭찬하고 높여주는 한 사람 때문에 기분이 좋아지거나 우쭐해지기도 하고, 까다롭고 비판적인 한 사람 때문에 신경이 곤두서거나 식욕을 잃을 때도 있습니다. 제가 아직 온전히 성숙하지 못하기 때문입니다.

주님은 최근에 사람들의 주목을 받는 것을 좋아하지 말라고 하셨습니다. 제 마음을 꿰뚫어 보시는 주님의 말씀에 저는 그저 이렇게 기도하였습니다.

"예, 사람들의 평판에 쉽게 반응하는 저를 용서해주옵소서."

잠잠히 주님이 주시는 말씀을 묵상하다가 깨달아지는 것이 있었습니다. 주님은 그리스도인들 사이에서도 무시당하실 때가 많다는 것입니다. 주님이 보이지 않기에 주님이 함께하신다는 것을 도무지 의식하지 못하는 것입니다. 주님도 이런 대접을 받으시는데, 주의 종이 사람들로부터 높임을 받고 주목을 받는다면 그것은 참으로 난감하고 잘못된 일입니다. 제 자리 역시 언제나 주님 안이어야 합니다. 그러므로 주님을 바라보지 못하는 사람들이 칭찬하고 높여주고 주목할 때가 위기인 것입니다. 그래서 피하고 싶은 자리가 많습니다.

주님께서 주의 이름으로 선지자 노릇도 하고 귀신도 내어 쫓고 큰 능력을 행하던 자들에게 왜 "내가 너희를 도무지 알지 못한다"라고 하셨는지 알 것 같습니다. 한때 사람들의 주목을 받았던 주의 종들이 크게 실족한 이유도 알 것 같았습니다. 주님은 외면당하고 심지어 무시당하시는데, 사람들로부터 유명해지고 부러움의 대상이 되었다면 이미 주님과 갈라진 것입니다. 오직 주님을 바라보며 주님과 함께 자리하기 때문에 사람들로부터 무시당하고 욕을 먹는다면 차라리 잘된 것입니다.

존 웨슬리(John Wesley) 목사님이 회심한 후의 일입니다.

5월 5일 주일 아침, 성 엔 교회에서 설교했다.

그들은 내게 "다시는 오지 마시오"라고 이야기했다.

5월 5일 주일 오후, 성 존 교회에서 설교했다.

집사님들이 "당장 나가서 절대 다시 오지 마시오"라고 말했다.

5월 12일 주일 아침, 성 주드 교회에서 설교했다.

이곳 역시 다시 갈 수 없게 되었다.

5월 12일 주일 오후, 성 조지 교회에서 설교했다. 여기서도 쫓겨났다.

5월 19일 주일 아침, 성 아무개 교회에서 설교했다.

집사님들이 특별 회의를 소집했고, 나더러 발도 붙이지 말라고 했다.

5월 19일 주일 오후, 거리에서 설교했다. 거리에서도 쫓겨났다.

5월 26일 주일 오전, 목초지에서 설교했다.

그런데 황소 고삐가 풀리는 바람에 도망쳐 나왔다.

6월 2일 주일 오전, 마을 경계 지역에서 설교했다.

마을 밖으로 쫓겨났다.

6월 2일 주일 오후, 목장에서 설교했다.

만 명이 설교를 들으러 왔다.

존 웨슬리 목사님은 오직 주님과 함께하려다보니 친구들로부터 미쳤

담벼락 하나

다는 말까지 들었습니다. 그러나 '사람의 평가'에 연연하는 마음을 극복하니 생수의 강이 흐르는 사역을 할 수 있었습니다. 20130701

진 짜   그 리 스 도 인

마태복음 7장 22,23절 말씀에는 "주의 이름으로 선지자 노릇 하며 주의 이름으로 귀신을 쫓아내며 주의 이름으로 많은 권능을 행하였던" 이들 중 많은 이들이 주님 앞에 설 때, "내가 너희를 도무지 알지 못한다"라는 말씀을 들을 것이라고 하셨습니다. 언뜻 이해하기 어려운 말씀입니다. 이 사람들은 주님의 이름으로 큰 이적을 행하였는데, 어떻게 주님께서 그들을 도무지 알지 못할 수 있는 것입니까? 예수님께서 그들을 도무지 알지 못한다고 말씀하신 이유는 그들이 '불법(不法)을 행하는 자들'이었기 때문이라고 하셨습니다. 주님은 그들에게 "내게서 떠나가라"고 단호하게 말씀하실 것이라고 하셨습니다.

우리는 주님의 이름으로 큰 능력을 행하는 자가 불법을 행할 때, 관대하게 받아들이는 경향이 있습니다. '사람이니 어쩔 수 없는 것 아니겠어?' 하면서 하나님께서도 그 정도는 받아주실 것이라고 생각합니다. 아무나 주님의 이름으로 큰 능력을 행할 수 있느냐, 하나님께서 특별히 사랑하고 쓰시는 종이니 그 일을 할 수 있지 않겠느냐 하는 것입니다. 그러나 말씀은 정반대입니다. 예수님의 이름으로 큰 기적을 행할지라도 불법을 행하는 자들은 주님과 상관없는 자들이라고 분명히 말씀하셨습니다.

많은 그리스도인들이 주님의 이름으로 큰 능력을 행하는 자가 되기를 갈망합니다. 그러나 큰 능력을 행하는 것보다 더 중요하고 근본적인 것은 주님 때문에 불법을 행할 수 없는 사람이 되는 것입니다. 여기서부터 시작해야 합니다. 주님의 이름으로 큰 능력을 행하는 것이 하나님의 종이라는 보증은 아닙니다. 큰 능력을 행하는 자들도 불법을 행할 수 있습니다. 그렇다면 그는 가짜입니다. 실제로 우리는 주위에서 그런 그리스도인들을 많이 경험합니다. 우리는 큰 능력을 행하기 전에 불법을 행하지 않는 자가 되기를 더 갈망해야 합니다. 기적을 행하는 것보다 불법을 행하지 않게 되는 것이 더 큰 기적입니다.

예수님에 대하여 아는 것만으로는 불법의 유혹을 이길 수 없습니다. 주 예수님과 인격적이고 친밀한 교제 가운데 사는 자만이 불법을 이길 수 있습니다. 주 예수님을 바라보면서 어떻게 불법을 행할 수 있겠습니까?

유정옥 사모님이 쓰신 《말하지 않아도 들리는 소리》에 이런 글이 실렸습니다.

24일인 금요일부터 이미 추석 연휴가 시작되었다. 거리의 움직임이 다르다. 어린아이처럼 설레어 밤을 지새우며 25일을 기다렸다. 그것은 군대 간 아들이 4박 5일 휴가를 오게 되었기 때문이다.

얼굴이 새까맣게 그을린 아들이 현관에 들어섰다. 내가 안아주겠다고 두 팔을 활짝 벌렸더니 나에게 안기기는커녕 오히려 나를 덥석 안아준다. 10킬로그램 이상 빠진 아들의 등을 어루만지며 그리웠던 아들을 맞이했다.

그런데 군복을 벗고 트레이닝복으로 갈아입는 아들의 다리가 빨갛게 쓸려 있다.

"여기가 왜 그러니?"

"엄마! 걱정 마세요. '네가 진짜 그리스도인이야!'라고 공인된 표예요."

"뭐? 진짜 그리스도인 표?"

"이번 유격훈련을 받기 위해 일주일 동안 다른 곳으로 이동했어요. 그곳에서 샤워를 하고 나서 보니 제 트레이닝복이 없어졌어요. 윗옷은 번호와 이름이 적혀 있어서 그런지 없어졌다가 다시 돌아왔는데 바지는 누군가 훔쳐간 거예요.

누군가 옷을 잃어버리면 계속 다른 생도들의 옷을 훔치는 행위가 이어져요. 그래서 '나도 다른 생도들처럼 옷을 훔쳐서 제 관물을 채워놓을 것인가?' 하는 생각이 들어 그 일로 기도해보았어요. 주님은 당연히 훔치지 말아야 한다고 응답해주셨지요. 그래서 저는 일주일 동안 땀으로 젖어 있는 군복 바지 하나만을 입고 견뎠어요.

트레이닝복을 입으면 운동화를 신어도 되지만 군복 바지를 입으면 항상 군화를 갖추어 신어야 하기 때문에 불편하기 이를 데 없었지만 다른 생도의 트레이닝복을 훔치는 것은 용납될 수 없었지요. 훈련생 전원이 제가 그리스도인인 줄 알고 있는데 주님의 말씀대로 살아야 하잖아요.

첫날은 다른 생도들이 저에게 와서 "너도 옷 하나 훔쳐! 군대에선 그것이 법이야. 일주일을 트레이닝복으로 갈아입지 못하고 군복만 입고 지내면 네 살갗이 다 상처가 날 거야. 군대에선 훔치지 못하는 것이 오히려 바보야!"라고 저에게 훔칠 것을 종용했지요.

그러나 어머니! 제가 훔치면 옷을 잃어버린 다른 생도가 또 훔칠 것이고, 훔치는 행위가 계속될 것이 아니겠어요? 그러면 부정하고 더러운 행위를 모든 생도들이 경험하게 만드는 것이고, 그 행위가 정당하다고 여기게 되는 것이 더 무서운 일이라 그 행위가 계속되는 것을 어찌하든지 제 선에서 막아야 하잖아요.

처음 2,3일은 저를 조롱하고 손가락질하는 훈련병들이 많았어요. 그들의 야유하는 소리와 눈길을 따갑게 받았지요. 그러나 하나님의 법은 정결하고 완전하지요. 일주일 내내 땀에 찌든 뻣뻣한 군복 바지 하나로 지내는 내게 다가와 생도들이 뭐라고 말한 줄 아세요?

"네가 진짜 그리스도인이야! 네가 진짜 하나님 믿는 사람이야! 우리는 과연 네가 어떻게 할지 일주일 내내 지켜보았어! 너를 존경하고 네가 믿는 하나님을 존경해!"라고 하더군요.

어머니! 저는 500명이 넘는 그 생도들이 제 앞에서 숙연해지는 것을 보았어요. 그들 중에는 상처에 바르라며 연고를 가져온 사람도 있었고 부대에 도착하자마자 트레이닝복을 사다준 생도도 있어요. 2,000명이 넘는 생도들이 저에게 붙여준 별명이 '너는 진짜 그리스도인!'이에요." ₂₀₁₃₀₇₀₅

주님이 함께하시는 형통한 사람

성령집회 때 한 여성도가 눈물로 자신의 어려운 사연을 고백하며 기도를 요청해오셨습니다. 잠깐 동안 들었을 뿐이지만 정말 힘들고 어려

담벼락 하나

운 형편이었습니다.

그런데 기도하던 중 주님께서 제 마음에 그녀가 복된 사람이라고 말씀하심을 들었습니다. 순간 언뜻 이해가 되지 않았습니다. 그러다가 요셉이 생각났습니다. 성경은 노예로 팔려가는 요셉을 가리켜 그가 '형통한 자'라고 했습니다. 형들에게 죽임을 당할 뻔했고 말도 통하지 않는 외국에 노예로 팔려와 시장에서 짐승처럼 흥정거리가 되었다가 한 애굽 사람의 집에 끌려온 요셉을 형통한 사람이라고 하다니, 정말 이해가 안 되는 말씀이었습니다.

여호와께서 요셉과 함께하시므로 그가 형통한 자가 되어 그의 주인 애굽 사람의 집에 있으니 창 39:2

그러나 성경은 그러한 형편에도 불구하고 오직 한 가지 조건으로 요셉을 형통하다고 말합니다. 하나님이 함께하셨다는 것입니다. 지금의 처지나 형편을 보면 도저히 자신이 형통한 사람이라고 여겨지지 않지만 실제로는 형통한 사람이 있습니다. 바로 '주님이 함께하시는 사람'입니다.

그러므로 형편과 처지에 대하여 원망하지 말고 낙심하지 말고 싸우지 말고 슬퍼하지 말고 두려워하지 말고, 오직 주 예수님만 24시간 바라보며 사는 자가 되기만 힘써보시기 바랍니다. 오직 하나에 인생 전체를 걸어보십시오. 주님과 친밀히 동행하며 사는 것입니다. 모든 삶은 예수님과 동행하는 삶을 훈련받는 기회일 뿐입니다. 이것이 준비되면 그다음은 주님이 쓰시는 삶을 살게 됩니다.

이스라엘 백성들은 하나님이 함께하시면 어떤 형편에서도 반드시 승리한다고 믿었습니다. 이스라엘의 수많은 전쟁 역사가 이것을 증명해주고 있습니다. 아무리 수적으로 열세이고 형편이 어려워도 하나님이 함께하시면 승리했습니다. 그것은 지금도 마찬가지입니다.

예수님은 '임마누엘'이십니다. "전능하신 하나님이 우리와 함께하신다"는 뜻입니다. 그러니 예수님을 마음에 모신 것이 분명하다면 우리는 이미 승리한 사람, 성공한 사람, 행복한 사람, 형통한 사람입니다.

"여호와께서 (   )과 함께하시므로 (   )이 형통한 자가 되어"

빈칸에 자기 이름을 넣고 출근길이나 등굣길에서, 집안일을 하거나 집으로 갈 때, 외치고 또 외쳐보십시오. 길을 가거나 차를 타거나 칫솔질을 할 때라도 마음으로 고백하고 또 이 말씀이 이루어지기를 기도해 보십시오.

예수님을 마음에 영접한 우리는 성공하려고 살지 말아야 합니다. 이미 성공한 사람이 왜 성공하려고 살겠습니까? 주님이 함께하심을 믿는 자는 행복하려고 살지 말아야 합니다. 이미 행복한 사람이 왜 행복하려고 살겠습니까? 행복하고 싶은 사람과 이미 행복한 사람은 너무나 다른 사람입니다.

임마누엘이신 예수님이 느껴지지 않아 위로가 되지 않는다는 사람이 있습니다. 결혼식을 막 끝낸 신랑이 주례 목사님에게 다음과 같이 말했다고 합시다.

"목사님, 제가 결혼했다고 느껴지지 않습니다."

이때 주례 목사님이 뭐라고 해야 할까요? 신랑에게 꿀밤을 먹이며 호통을 칠 것입니다.

"이봐, 정신 차려. 자네는 결혼했어! 알겠어? 따라 해, '나는 결혼했다!' 또 쓸데없는 말하면 혼나!"

이 신랑에게 필요한 것은 느낌이 아닙니다. 결혼식을 했다면 결혼한 것을 받아들이고 신부를 아내로 여기고 사랑하며 살아가는 것입니다. 우리가 예수님을 영접하고 예수님과 동행하는 삶도 이와 같습니다. 많은 그리스도인들이 예수님이 마음에 계신 것을 느낌으로 확인하려고 합니다. 아닙니다. 말씀으로 확인해야 합니다. 말씀은 자신이 구원받은 것과 주님이 임마누엘하신 것을 알게 해줍니다. 구원받았다면 24시간 주 예수님 바라보기를 힘쓰며 주님의 음성에 귀 기울이며 살아가야 합니다. 이 사람이 형통한 사람입니다.

그래서 영성일기 쓰기를 꼭 권하는 것입니다. *20130706*

02

내 마음에
역사하시는 성령님

강 퍅 한 마 음 이 부 드 러 워 지 는 역 사

성경을 보면 하나님께서 마음을 통해 우리와 상대하심을 알 수 있습니다.

사람이 마음으로 믿어 의에 이르고 입으로 시인하여 구원에 이르느니라
롬 10:10

우리가 살다보면 처절한 실패나 여러 가지 어려움을 겪으면서 마음이 상할 경우가 있습니다. 이런 사람은 온전한 믿음을 갖기 어렵습니다. 그러나 감사한 것은 하나님께서 상한 마음을 위로하시는 하나님이시라는 것입니다.

상한 갈대를 꺾지 아니하며 꺼져가는 심지를 끄지 아니하기를 심판하여

이길 때까지 하리니 마 12:20

　　그러나 마음이 강퍅해지는 것은 심각한 일입니다. 하나님은 강퍅한 마음을 심판하십니다. 강퍅한 마음이란 완악하고 완고해서 도무지 하나님과 그 말씀에 반응하지 않는 마음입니다.

　　하나님은 출애굽 당시 바로의 마음을 완악하게 하셨다고 했습니다.

　　내가 바로의 마음을 완악하게 하고 내 표징과 내 이적을 애굽 땅에서 많이 행할 것이나 출 7:3

　　어떤 사람은 하나님께서 왜 바로의 마음을 강퍅하게 하셨느냐고 질문할 수도 있겠지요. 이런 비유를 들 수 있겠습니다. 따뜻한 햇빛이 비치면 얼음은 녹아서 물이 됩니다. 그런데 진흙은 더 딱딱해지고 나중에는 돌처럼 됩니다. 햇빛은 그저 따뜻하게 비쳤을 뿐인데 얼음과 진흙에는 전혀 다른 결과가 나타납니다.

　　그러니까 하나님께서 바로의 마음을 강퍅하게 하실 것이라는 말은, 이제 하나님만이 하실 수 있는 말씀을 들려주시고 이적을 보여주시겠다는 것입니다. 그러면 바로의 마음이 완악해질 것인데, 왜냐하면 바로의 마음이 그런 마음이기 때문입니다. 사도행전에서 구원의 십자가 복음과 성령의 역사가 나타날 때 사람들의 반응이 회개하고 주께로 돌아오는 자와 핍박하는 자로 갈라진 것 또한 이와 같은 것입니다.

　　우리의 마음이 강퍅해지는 것은 매우 두려운 일입니다. 하나님께서 이스라엘 백성들의 불평과 원망은 오래 참으셨지만 고라 자손이 모세를 대적한 것은 즉시 저주하신 것을 보면 알 수 있습니다. 성경은 강팍한 마음은 삶에 재앙과 실패와 저주를 가져온다고 했습니다. 애굽에 내린 열 가지 재앙의 원인도 바로의 강팍한 마음 때문이었습니다. 성경에서 바로뿐만 아니라 하나님의 택하신 이스라엘 백성들도 시시때때로 마음을 강팍하게 하였음을 볼 수 있습니다(시 95:8).

그리스도인인 우리도 마음이 강팍해질 수 있습니다. 히브리서 기자는 당시 그리스도인들에게도 마음이 강팍해지지 않도록 조심하라고 경고하였습니다.

광야에서 시험하던 날에 거역하던 것같이 너희 마음을 완고하게 하지 말라 히 3:8

그렇기 때문에 마음이 강팍해진다고 느낄 때 시급히 조치를 취해야 합니다.

형제들아 너희는 삼가 혹 너희 중에 누가 믿지 아니하는 악한 마음을 품고 살아 계신 하나님에게서 떨어질까 조심할 것이요 오직 오늘이라 일컫는 동안에 매일 피차 권면하여 너희 중에 누구든지 죄의 유혹으로 완고하게 되지 않도록 하라 히 3:12,13

마음이 죄의 유혹에 넘어가서 강팍해지면 주님의 함께하심이 의식되지 않고, 주님 앞에서는 도무지 할 수 없는 말과 행동을 하며, "간음하지 말라. 이혼하지 말라. 도적질하지 말라. 거짓말하지 말라" 하시는 하나님의 말씀이 들리지 않고, "내 경우는 어쩔 수 없다. 특별한 경우다" 하며 합리화하고, '그것은 나와 관계없어. 그것은 내게 주신 하나님 말씀이 아니야' 하고 생각하게 되는 것입니다. 궁극적으로 우리의 굳은 마음이 부드러운 마음이 되는 것은 우리 안에 거하시는 성령의 역사입니다.

> 또 새 영을 너희 속에 두고 새 마음을 너희에게 주되 너희 육신에서 굳은 마음을 제거하고 부드러운 마음을 줄 것이며 겔 36:26

그러나 우리가 할 일도 있습니다. 항상 "제 마음을 부드럽게 해주옵소서. 하나님의 말씀을 알아듣고 믿어지게 하시고 말씀에 순종하여 살게 하옵소서. 주 예수님을 24시간 바라보게 하옵소서"라고 기도해야 합니다. 또 성도들도 서로 할 일이 있습니다. 피차 권면하며 격려해야 합니다. 그래서 영성일기를 쓰면서 자신의 마음을 항상 점검하고 성도들이 서로 권면하고 격려하자는 것입니다. *20130711*

하나님의 음성을 들려주세요

저는 휴가를 맞아 아내와 두 딸과 함께 남해안을 여행했습니다. 그때 미국 미시간 주 그랜드래피즈에 있는 갈보리교회 담임목사인 짐 삼라 (Jim Samra) 목사님이 쓴 《God Told Me》를 읽었습니다.

이 책에서 짐 삼라 목사님은 모든 그리스도인이 하나님의 음성을 들으며 친밀히 동행할 수 있음을 풍부한 성경 지식과 실제 체험을 통하여 강조하면서 존 스토트(John Stott) 목사님의 말을 인용하였습니다.

"사람들이 하나님을 알지 못하는 주된 이유는 하나님이 사람을 피해 숨기 때문이 아니라 사람들이 하나님으로부터 숨기 때문이다. 우리는 자기의 생각을 다른 사람들과 나누는 것을 좋아하는 이들을 보고 '소통하는 사람들'이라고 묘사한다. 이 말은 그대로 하나님께 적용될 수 있다."

짐 삼라 목사님은 성경은 하나님이 인도하시고 하나님의 지도하심을 받은 사람들의 이야기로 가득 차 있다고 하면서 하나님이 우리를 인도하신다는 확신을 주기 위해서가 아니라면 무엇 때문에 그렇게 많은 이야기들을 기록했겠느냐고 반문합니다.

또한 역사상 하나님이 인도하셨던 수많은 사람들의 이야기를 예로 들었습니다.

2세기 폴리캅(Polycarp)은 자신이 순교하게 될 것이라는 사실을 하나님으로부터 들었다고 말했습니다.

4세기 어거스틴(Augustine)은 자신이 성경을 펼쳤을 때 가장 먼저 보이는 구절을 읽으라고 하나님이 말씀하셨다고 기록했습니다. 그때 읽은 말씀이 로마서 13장 13,14절이었기에 그는 하나님에 대한 믿음을 갖게 되었습니다.

13세기 에빙던의 에드먼드(Edmund of Abingdon)는 수학을 공부하다

담벼락 하나

가 하나님이 주신 꿈 때문에 신학을 하게 되었습니다.

19세기 허드슨 테일러(Hudson Taylor)는 하나님이 자신이 선교사로 중국에 가게 될 것이라고 말씀하셨다고 선포하였습니다.

영국 화가 홀먼 헌트(Holman Hunt)는 하나님이 자신에게 그림을 그리도록 인도해주셨다고 말했습니다.

찰스 스펄전(Charles Spurgeon)은 하나님이 그와 함께 복음을 나누어야 할 사람들, 전해야 할 복음의 본문까지 알려주셨다고 주장하였습니다.

조지 뮬러(George Muller)는 하나님이 자신에게 고아원을 운영하라고 말씀하셨다고 자주 말했습니다.

20세기의 프랜시스 쉐퍼(Francis Schaeffer)는 아버지의 격렬한 반대에도 불구하고 하나님이 자신에게 대학에 가서 목사가 되는 훈련을 받으라고 말씀하셨다고 믿었습니다.

루이스 스페리 체이퍼(Lewis Sperry Chafer)는 하나님이 댈러스 신학교를 세우라고 말씀하셨다고 했습니다.

짐 삼라 목사님은 이 모든 예가 오늘날에도 하나님이 우리와 소통하고 계신다는 사실을 말해준다고 했습니다.

제가 통영 앞바다에서 바닷길을 걸으며 말씀을 묵상하고 기도할 때, 마음으로부터 어린아이 같은 소원이 생겼습니다.

"하나님, 오늘 제가 분명한 하나님의 말씀을 듣게 해주옵소서."

저는 이미 주님께서 제 마음에 함께하심을 압니다. 그리고 주님이 제게 제 삶과 사역에 대해 이런저런 말씀을 해주고 계신다는 것을 압니다.

하나님은 지난 며칠간 정말 풍성한 말씀을 주셨습니다. 그러나 그것은 제 마음에 주시는 생각을 통해 주신 것들이었습니다.

저는 짐 샴라 목사님의 책을 읽으며 좀 더 색다른 방법으로, 하나님의 말씀하심을 듣고 싶었습니다. 함께 휴가를 보내고 있는 모든 가족들이 다 인정할 수 있는 하나님의 음성을 듣고 싶었던 것입니다. 그리고 하나님이 그렇게 말씀하실 것이라는 믿음이 생겼습니다. 저는 하루 종일 하나님께서 우리 가족에게 무엇이라 말씀하시는지 기대하고 또 기다리며 보냈습니다. 그러나 저녁이 되었을 때, 가족과 함께 하루 동안 통영의 여기저기를 둘러보며 행복한 하루를 보냈지만, 특별한 하나님의 음성을 들은 것이 없었다는 생각을 하고는 좀 실망했습니다.

그런데 밤에 가족과 말씀 기도를 하다가 사도행전 말씀을 읽는 가운데, 정말 놀랐습니다.

그러나 자기를 증언하지 아니하신 것이 아니니 곧 여러분에게 하늘로부터 비를 내리시며 결실기를 주시는 선한 일을 하사 음식과 기쁨으로 여러분의 마음에 만족하게 하셨느니라 행 14:17

'음식과 기쁨으로' 행복한 하루를 보내는 동안 우리 가족은 하나님의 말씀을 들으며 통영 여기저기를 다녔던 것입니다. 이 일을 가족과 나누었을 때 모두 놀라며 기뻐하였습니다. 잠자리에 누워 한동안 가슴이 떨려 잠이 오지 않았습니다. 어린아이 같은 소원도 책망치 않고 들어주신 주님께 감사하였습니다!

20130713

담벼락 하나

믿음은 바라보는 것

예수님을 잘 믿어보려고 몸부림을 치는 사람이 있습니다. 한편으로는 귀하고 한편으로는 애처롭습니다. 그러나 믿음은 믿으려고 몸부림치는 것이 아닙니다. 우리가 할 수 있는 것은 우리 안에 거하시는 예수님을 바라보는 것입니다. 우리가 믿음으로 살려면 무엇보다 먼저 주님을 바라보는 자세가 분명해야 합니다. 우리에게 믿음을 주신 분도 그리스도 이시고, 우리의 믿음을 완성하는 분도 그리스도이시기 때문입니다.

믿음의 주요 또 온전하게 하시는 이인 예수를 바라보자 그는 그 앞에 있는 기쁨을 위하여 십자가를 참으사 부끄러움을 개의치 아니하시더니 하나님 보좌 우편에 앉으셨느니라 히 12:2

예수님을 잘 믿어보려고 애쓰는 분이 있다면, 이 목사님의 글을 소개해드리고 싶습니다.

성경공부 모임을 열정적이고도 성공적으로 이끈 경건한 성도가 있었다. 그런데 그녀가 목사를 찾아가 갑자기 자신의 괴로움을 토로하기 시작했다.
"처음 몇 년 동안 저는 기도의 자리에서 은혜를 많이 받았습니다. 하지만 웬일인지 제 마음은 점점 식어만 가고, 아무리 노력해도 예전 제 모습으로 돌아갈 수가 없습니다. 주님께서 제 사역에 큰 복을 주셨지만, 제 삶에는 기쁨이 사라졌습니다."

그러자 목사가 물었다.

"자매님이 잃어버린 뜨거움을 회복하기 위해 자매님은 무엇을 했습니까?"

"제가 할 수 있는 것은 모두 해보았지만 아무 소용이 없었습니다."

그러자 목사는 그 자매에게 다시 물었다.

"자매님이 어떻게 회심했는지 내게 말해줄 수 있습니까?"

그녀는 즉시 이렇게 대답했다.

"처음에는 나 자신을 향상시키고 죄에서 벗어나기 위해 최선을 다했습니다. 하지만 그런 노력은 아무 소용이 없었습니다. 결국 나는 내 노력을 포기하고 주 예수께서 생명과 평안을 주실 것을 믿고 신뢰해야 한다는 것을 깨달았습니다. 그러자 주님이 실제로 그렇게 하셨습니다."

그녀의 말을 듣고 목사는 이렇게 말했다.

"그런데 자매님은 지금 이 경우에는 왜 똑같이 하지 않는 것입니까? 자매님이 기도 골방에 들어갔을 때 자매님의 마음이 아무리 차갑고 어둡다 할지라도 바르게 만들려고 억지로 애쓰지 마세요. 주님 앞에 머리를 숙이고 '주님은 내가 지금 얼마나 비참한 상태에 있는지 다 보고 계십니다. 주님만이 나의 희망이십니다'라고 말씀드리세요. 주님께서 긍휼을 베푸신다고 어린아이처럼 믿고 의지하고 기다리십시오. 이렇게 주님을 의지하는 것이 곧 주님과 올바른 관계를 맺는 것입니다. 자매님은 아무것도 가진 게 없지만, 주님은 모든 것을 소유하고 계십니다."

얼마 지나지 않아 그녀는 목사에게 그 조언이 큰 도움이 되었다고 말했다. 예수님의 사랑을 믿는 믿음이 기도를 통해 하나님과 교제할 수 있는 유일한 방법이라는 것을 깨달은 것이다.

여러분이 지금 충만한 신앙생활을 하지 못하는 것을 자신의 힘으로 극복하려고 결심하고 발버둥 치며 노력하는 싸움을 하고 있다면, 그 노력과 분투를 중단하고 주 예수님의 발 앞에 엎드려 자신의 무력함을 고백하시기 바랍니다. 그러면 주님이 말씀하실 것이고, 그럴 때 여러분의 영혼이 살아날 것입니다. *20130709*

주 님 안 에 모 두 있 다

하나님이신 주 예수님께서 우리를 죄와 저주에서 구원하시려고 사람의 몸으로 오셔서, 우리와 하나가 되셨습니다. 그리고 죄 없으신 분이 우리의 죄를 짊어지시고 십자가에서 죽으셨다가 사흘 만에 부활하심으로 우리의 그리스도가 되셨습니다. 누구든지 이 복음을 듣고 주 예수님을 영접하면 하나님께서 그에게 성령을 보내주십니다. 성령님은 주 예수님이 누구이신지 알게 하시고, 믿게 하시고, 주 예수님과 동행하게 하심으로 이 세상에서부터 영생의 삶을 살게 하십니다.

우리는 예수님을 믿음으로 구원을 얻고 평안을 얻고 사랑을 얻고 세상을 이길 능력을 얻고 하나님의 나라를 위하여 복음을 전할 천사도 흠모할 사명을 얻게 되지만, 근본적으로는 오직 주 예수님과 동행하는 삶을 사는 것, 그 한 가지가 중요합니다. 주 예수님 안에 하늘의 신령한 모든 복이 다 있습니다.

그러나 안타까운 것은 그리스도인들이 이것을 이해하지 못하여 주 예수님을 바라보지 않고 지옥 같은 삶에서 건짐 받기만 바라며 평안과 사랑과 능력을 구한다는 것입니다. 오직 주 예수님을 구하면 그 모든 것이 다 임할 것이고, 주 예수님을 바라지 않으면 어느 것도 누릴 수 없다는 것을 분명히 알지 못합니다.

주 예수님을 마음에 영접한다는 것은 세례를 받는다는 것인데, 옛사람인 자아는 주 예수님과 함께 십자가에서 죽었고 부활의 주님과 연합한 자가 되었음을 믿는 것입니다. 즉 '나는 죽고 예수로 사는 사람'이 되어 이제 사는 것은 오직 새 생명 되시고 왕이신 주 예수님을 믿는 믿음으로 사는 자가 되는 것입니다. 그러므로 24시간 주 예수님을 바라보면서 주님과 동행하며 사는 것이 구원받은 그리스도인의 삶입니다. 그때 우리에게 거듭난 삶의 변화가 생기는데, 바로 성령의 아홉 가지 열매를 맺게 되는 것입니다. 아홉 가지 성령의 열매는 각각 다른 열매가 아니라 주 예수님의 성품입니다.

24시간 주님을 바라보는 것은 마귀에게 속아 마귀의 종노릇하지 않을 수 있는 유일한 일입니다. 저는 지금까지 24시간 주 예수님을 바라보는 것 외에 마귀로부터 마음을 지킬 수 있는 다른 방법을 배우지 못하였습니다. 24시간 주 예수님을 바라보며 사는 것이 힘들다고 말하는 분이 있습니다. 어떻게 24시간 주 예수님을 바라보며 살 수 있느냐고 말하는 이도 있습니다. 안타까운 일입니다.

하지만 24시간 주 예수님을 바라보는 것은 힘든 것이 아닙니다. 아직도 정신 차리지 못하여 마음을 주 예수님께 드리지 못하고 세상 유혹과 마귀가 주는 생각에 흔들리고 있는 것입니다. 은전 30개를 받고 예수님을 팔고 나서야 제정신이 들었던 가룟 유다처럼 마귀가 주는 생각을 분별하지 못하여, 예수님의 제자였으면서도 마귀가 이끄는 대로 살다가 지옥의 고통을 겪는 많은 사람들의 탄식이 귀에 쟁쟁합니다.

많은 그리스도인들이 어떤 특별한 집회 장소나 시간에 성령충만한 상태에 이를 줄 알고 그런 때가 허락되기를 기다립니다. 그러나 성령충만하기 위하여 우리가 할 수 있는 유일한 일은 24시간 주님을 바라보며 사는 것입니다. 너무나 안타깝게도 많은 그리스도인들이 성령충만하기를 원하면서도 마음은 세상 염려와 근심, 미움과 탄식으로 꽉 차 있습니다. 예수님을 생명이요 주님이요 왕이라 고백하지만 그 마음에 주 예수님께서 비집고 들어갈 여지가 없습니다. 그러니 어떻게 성령으로 충만할 수 있겠습니까?

성령충만은 24시간 주 예수님을 바라보면서 계속 주님과 동행하는 자에게 자연스럽게 이루어지는 것입니다. 주 예수님 안에 거하며 또 주님도 여러분 안에 거하시는 삶을 사시기를 축복합니다. *20130710*

03

모든 것을
완전히 이루시는 주님

성 령 님 으 로 충 만 하 게 되 는 일

휴가 기간 동안 주님께서 주신 갈망이 하나 있었습니다. 바로 성령으로 충만하게 되는 것입니다. 그동안 저는 성령님에 대하여 하나하나 배워가고 있었음을 깨달았습니다. 성령님에 대하여 듣고 배우고, 마음을 열고, 성령님을 모셔들이고 체험하고, 성령님의 인도하심을 따라 살려고 애를 썼습니다. 그리고 이제 주님은 성령님으로 충만한 삶을 살아야 한다고 하셨습니다.

성령 하나님을 마음에 모시는 것도 엄청난 일이지만, 성령님과 동행하고 성령님의 인도하심을 받는 것은 정말 놀라운 일입니다. 그러나 여전히 성령 하나님을 따라 사는 것이 미숙하고 불완전하고 실패할 때가 많습니다. 주님은 제가 성령의 충만함으로 나아가야 한다고 하셨습니다. 저만 위함이 아니요 온 교인들을 위해서 반드시 그리해야 한다고 하셨습니다. 24시간 예수님을 바라보기 위하여 새로운 시작을 결단하면서 분명한 기도제목이 생겼습니다. 바로 성령충만입니다! 그러나 여전히 제가 할 일은 오직 성령님께 순종할 뿐입니다.

주일예배를 어디에서 드려야 할까 고민하다가, 이 일도 성령 하나님께서 인도해주실 일임을 깨닫고 온 가족이 주님께 물었습니다. 그때 가족 모두에게 공통으로 주신 말씀은 개척교회로 가라는 것이었습니다. 몇 교회가 생각났지만 기장에 있는 장안로뎀교회에 대한 마음이 가장 강하여 그 교회에서 주일예배를 드리기로 결정했습니다.

로뎀교회는 최승용 목사님께서 개척하신 교회로 우리 교회 여선교회에서 지원하는 교회이기도 했습니다. 오랜만에 유현정 사모님과 자녀들을 만나 반가웠습니다. 의자가 16개 정도인 아주 작은 예배당에서 모두 11명이 주일예배를 드렸습니다. 그러나 어느 주일 못지않은 깊은 은혜가 있었습니다. 저희 가족의 갑작스런 방문에 당황했을 법한데도 최승용 목사님은 찬양과 말씀으로 은혜롭게 예배를 인도하셨고, 주 예수님만 믿으면 구원받는 놀라운 비밀에 대하여 설교하셨습니다.

설교 중에 인상 깊은 내용은 "관계가 오래 유지되는 비결은 부탁을 하지 않으면 된다"고 하는 말이었습니다. 그리고 이 말씀이 주님께서 저에게 주신 말씀임을 알았습니다. 주님과의 관계가 늘 충만하지 못한 이유가 무엇인지 깨달아지는 것 같았습니다. 항상 주님을 기쁘시게 해드리고 감사드리는 마음으로 살면 될 것을, 주님으로부터 무엇인가를 받고자 하는 마음이 많았기 때문에 스스로 시험 들고 실망하고 낙담한 것입니다.

제가 가족 여행을 하면서 깨달았던 교훈도 같은 것이었습니다. 가족에게서 만족 얻기를 기대하거나 환경 여건에서 행복을 얻으려 하면 언제나 실망스럽고 상처가 된다는 것입니다. 오직 완전하고 부족함이 없으신 주님을 바라보며 주신 은혜를 가족들에게 흘려보내기만 하면 되는 것이었습니다.

그러나 머리로는 알겠는데 마음이나 감정이 뒤따르지 못하는 어려움이 수시로 찾아옵니다.

'기뻐해야 하고 사랑해야 하고 충만해야 하고 섬겨야 함을 알지만, 그럼에도 마음이 가라앉고 짜증이 나고 화가 날 때는 어떻게 합니까? 성령님께서 주시는 말씀은 알겠는데, 성령의 충만함은 누려지지 않으니 어떻게 하면 되나요?'

여행 중에 새삼 깨달은 것이 있습니다. 아는 것이 곧 능력은 아니라는 것입니다. 알아도 안 되는 것이 많습니다. 예배를 드리고 부산으로 오는 길에 주님께 물었을 때 이런 생각이 났습니다.

'성령충만이 임하여 저절로 기뻐지고 감사하게 되기를 기다리지 말고, 그렇게 하실 성령님을 믿고 순종함으로 나아가자!'

그래서 믿음으로 외쳤습니다.

"감사합니다! 감사합니다, 주님!"

"사랑한다! 축복한다!"

이렇게 입으로 고백하고 주님을 찬양하며 믿음으로 선포했을 때, 놀랍게 제 마음 안에서 은혜와 기쁨과 감사가 충만하게 일어남을 느꼈습니다. 이미 성령의 충만함 가운데 있었다는 것을 깨달았습니다. 마음에 두려움이 사라졌습니다.

'가족을 기쁘게 해주어야 할 텐데, 실수하면 어떻게 하나? 교인들에게 은혜를 끼쳐야 할 텐데, 실패하면 어떻게 하나? 나 자신이 성령의 충만함을 누리지 못하면 어떻게 하나?'

그러나 이 모두가 믿지 못하는 불신에서 나온 두려움임을 알았습니다. 제가 할 일은 오직 있는 그대로 정직하면 되는 것이었습니다. 잘못했을 때는 "잘못했습니다", 실수했을 때는 "실수했어" 하면 되는 것입니다. 실패나 실수가 문제가 아니라 거기서 무엇을 배웠느냐 하는 것이 중요합니다. 실패나 실수를 했어도, 성령 하나님의 말씀을 듣고 인도함을 받으며 성령님으로 충만하게 되는 일에 대하여 어떤 형태로든 배웠다면 감사할 일입니다.

20130715

사 랑 하 기 만   하 면   된 다 !

바울과 바나바가 마가로 인하여 서로 심히 다투다가 결국 갈라지는 부분을 묵상하면서 마음이 너무 울적해졌습니다.

서로 심히 다투어 피차 갈라서니 행 15:39

왜 이렇게 눈물이 나는지 모르겠습니다. 아무리 성령충만하고 성경을 기록하기까지 한 사도 바울조차 육신의 소욕에서 완전히 자유로울 수 없는 것을 보면서 다시 한 번 저 자신을 돌아보게 되고 십자가만 붙잡게 되었습니다.

군인 교회 목회 시절, 부사관 가족들을 군인 교회에 나오게 하는 일이 대단히 어려웠습니다. 군인 교회가 어려운데도 그리스도인인 부사관의 가족들이 다 민간인 교회로 가는 것이 너무나 속상했습니다.

'정말 예수님을 바로 믿는다면 당연히 군인 교회에 나와야 할 것이 아닌가?'

이런 생각에 마음으로 판단하고 정죄까지 했습니다.

그러던 어느 날 부사관의 가족 되는 집사님 한 분을 만난 자리에서 군인 교회를 도와야 하지 않느냐고 강권하였습니다. 그때 그 집사님은 "목사님, 더 이상 우리를 비참하게 하지 말아주세요" 하면서 울기에 얼마나 당황했는지 모릅니다. 부대에서의 계급이 교회 안에서도 계급이었습니다. 저는 군인 교회만 생각했지 부사관 가족들의 마음은 조금도 헤아리지 못한 군목이었던 것입니다.

자기 생각에 옳다고 여겨지면 금방 고집이 되고, 그것이 결국 교회 공동체 안에 분열을 일으키는 것이 너무나 안타깝습니다. 많은 교회와 성도들이 사랑보다는 옳고 그른 것을 더 따지며 나뉘어 서로 상처를 주고 있습니다. 옳고 그른 것을 잘 따지는 사람이 똑똑한 것은 아닙니다. 그것은 대단히 심각한 착각입니다. 어느 목사님이 우스갯소리처럼 "옳고 그른 것을 잘 따지는 것은 선악과를 따 먹었기 때문입니다. 교회 안에 선악과를 유난히 많이 먹은 사람이 있습니다"라고 하셨는데 새겨들을 말인 것 같습니다.

하루는 제자들이 예수님과 함께 앉은 자리에서 주님께 물었습니다.

"주님! 저희들이 행해야 할 계명을 말씀해주십시오."

"너희들은 서로 사랑하여라!"

며칠 후, 새로운 것을 배우고 행하고 싶어하는 열심 있는 제자 하나가 주님께 물었습니다.

"주님, 저희에게 계명을 가르쳐주십시오."

그때에도 주님은 조용히 말씀하셨습니다.

"너희는 서로 사랑하여라!"

지난번과 동일한 답변을 들은 제자들은 고개를 갸우뚱했지만 주님이 너무 바쁘고 피곤하셔서 일전에 이르신 말씀을 잊고 또 말씀하셨다고 생각하고 일단 넘어가기로 했습니다. 그 후 제자들이 새로운 가르침을 기대하며 다시 한 번 물었습니다.

"주님, 저희에게 계명을 주십시오."

그런데 이번에도 주님의 대답은 역시 "너희는 서로 사랑하여라"였습니다. 그 대답을 들은 제자들 중 성미가 급한 제자 하나가 말했습니다.

"주님, 그 말씀은 전에도 하셨고 그전에도 하셨습니다. 이번에는 새 계명을 주십시오."

이 말을 잠잠히 듣고 계시던 주님이 말씀하셨습니다.

"그래, 이제 내가 너희에게 새 계명을 주겠다."

제자들은 어떤 새 계명을 주실지 잔뜩 기대하며 주님께 주목했습니다. 그때 주님이 말씀하셨습니다.

새 계명을 너희에게 주노니 서로 사랑하라 내가 너희를 사랑한 것같이 너희도 서로 사랑하라 너희가 서로 사랑하면 이로써 모든 사람이 너희가 사랑은 '내 사랑으로' 하라는 것이 아닙니다. 그것은 불가능합니다. 우리는 본성상 사랑이 병든 사람입니다. 겉으로는 온유하고 사랑이 있는 사람처럼 보여도 본질은 아닙니다. 그러면 어떻게 사랑하라는 것입니까? 예수님의 사랑으로 하라는 것입니다. 사랑은 깨달았다고 해서 되는 것도 아니고, 결심하고 노력한다고 해서 가능하지도 않습니다. 내가 이미 예수님과 함께 십자가에서 죽었음을 인정할 때, 예수님께서 생명으로 역사하시는 것입니다. 우리에게 필요한 것은 사랑해야 한다는 결심이 아니라 주님의 사랑 그 자체입니다.

허드슨 테일러가 선교사 지원자를 면접할 때 늘 하는 질문이 있었습니다.

"당신은 왜 선교사로 가기를 원합니까?"

대부분의 선교사 후보자는 "나는 예수 그리스도께서 우리에게 전 세계에 나가서 복음을 전하라고 명령하셨기 때문에 가기를 원합니다"라고 대답하거나 수백만의 사람들이 그리스도 밖에서 타락하고 있기 때문에 선교사로 나가기를 원한다고 대답하였습니다. 그러나 허드슨 테일러는 "그 모든 동기는 좋지만, 시험과 시련 그리고 고생, 심지어 죽음의 순간을 당할 때 그것이 당신을 구하지는 못합니다. 다만 한 가지 동기가 당신을 어려운 시험과 시련으로부터 견디게 해줄 것입니다. 그것은 그리스도의 사랑입니다"라고 말했습니다.

하나님은 그저 사랑하라고 하시지 않았습니다. 그랬다면 사랑하라는 것이 무거운 짐이 되었을 것입니다. 하나님은 우리의 모든 무거운 짐, 죄 짐부터 생활의 무거운 짐까지 다 담당해주셨습니다. 이것이 십자가입니다. 모든 짐과 문제는 예수님이 주님이 되셨으니 예수 그리스도께 다 맡기면 됩니다. 염려할 것도, 두려워할 것도, 복수할 것도 없고, 우리는 오직 "사랑하기만 하면 된다"는 것입니다. 행복 중의 행복입니다.

미운 사람도 사랑하게 해달라고 기도하면 사랑할 수 있습니다. 어떤 남자 성도가 이런 글을 썼습니다.

"저는 예수님을 믿고 두 사람을 얻었습니다. 그중 한 사람이 아버지입니다. 저는 항상 아버지가 무섭고 싫었습니다. 그런 아버지를 사랑하게 된 동기는 예수님을 사랑한 후 어느 순간에 아버지에 대한 미움이 사라졌습니다. 또 다른 한 사람은 아내입니다. 저와 아내는 여섯 살 차이가 납니다. 자꾸 나이 차이로 문제가 발생하니까 아내가 미워졌습니다. 그때 깨달은 것은 사랑하다 미워지면 그냥 미운 것보다 더 밉다는 것입니다. 그래서 아내가 예뻐 보이게 해달라고 6개월 동안 기도했습니다. 그러다가 그만두었습니다. 계속 기도하다가는 하나님보다 더 좋아하게 될 것 같았기 때문입니다."

하나님께 사랑을 구하면 그 영혼을 아름답게 하실 것입니다. 주님은 모든 것을 완전히 이루는, 우리가 서로 사랑하기를 간절히 원하시기 때문입니다.

20130716

휴가 동안 저는 주님을 바라보면서 지냈습니다. 예수님께서 "수고하고 무거운 짐 진 자들아 다 내게로 오라 내가 너희를 쉬게 하리라"(마 11:28)라고 하셨기 때문입니다. 수고하고 무거운 짐은 현대어로 스트레스인데, 이것은 누구나 가지고 사는 정신적인 질병이고 현대인들이 가진 모든 유형의 질병에 직간접적인 원인입니다.

꼭 살기가 어렵고 일이 많아서 힘든 것이 아닙니다. 어느 목사님은 세상에서 제일 힘든 일이 '그냥 사는 것'이라고 했습니다. 아무 일을 하지 않고 쉬는 것도 며칠은 좋지만, 계속 쉬면 징역 사는 것과 같아집니다.

저는 힘든 일에 대해서는 마음의 준비가 된 것 같습니다. 어려서부터 듣고 또 들은 이야기가 아버지의 피난 시절 이야기였습니다. 친척들과 함께 수원 근처 창고에서 주무시던 중 밤새 폭격이 있었는데, 그때 할머니와 아버지를 빼고 모두 돌아가셨다고 합니다. 저는 그 이야기를 얼마나 많이 들었는지 모릅니다. 또 목회자이신 아버지의 목회가 참 험난했습니다. 어머니도 일찍 돌아가셨습니다. 그래서 때때로 힘든 일, 황당한 일을 만나도 특별히 힘들게 느껴지지 않았습니다. 언제나 그런 일이 일어날 수 있다고 여겼던 것 같습니다.

산다는 것 자체가 힘든 이유는 삶이 힘들어서가 아니라 죄 때문입니다. 러시아의 기독교 작가 도스토옙스키는 "이제 죄인에게는 산다는 것 자체가 수고로운 짐이 되었다"라는 말을 하였습니다. 죄인에게는 산다는 자체가 힘들고 버거운 일입니다. 그래서 예수님께서 "수고하고 무거운 짐 진 자들아 다 내게로 오라"고 하신 것입니다.

예수님을 믿는다고 인생의 짐이 사라지는 것이 아닙니다. 형편이 어렵고 힘들어도 진정으로 믿는 대상이 생겼기 때문에 삶이 쉽고 가벼워진 것입니다. 마음이 쉼을 얻기 때문입니다. 형편이 어려운데도 태연한 사람을 보면 흔히 "저 사람, 어디 믿는 데가 있나 봐" 하지 않습니까? 예수님을 믿으면 이렇게 되는 것입니다.

예수님께서 이상한 말씀을 하셨습니다. "오라, 쉬게 하리라" 하시고는 "나의 멍에를 메고 내게 배우라" 하신 것입니다. 왜 멍에를 주십니까? 예수님의 멍에는 예수님을 마음에 모시고 24시간 예수님과 동행하는 삶입니다.

'목사와 함께 사는 것도 끔찍한데, 예수님을 마음에 모시고 어떻게 사나?'

아닙니다. 예수님과 함께 사는 것은 생각처럼 어렵지 않습니다. 우리가 생각하는 것처럼 우리를 구속하지 않습니다. 부부가 함께 사는 것이 삶에 힘이 되듯이 예수님과 함께 사는 것이 위로요 힘이요 구원입니다. 예수님의 멍에는 우리를 구속하는 멍에가 아니라 우리를 자유케 하는 멍에입니다.

예수님을 믿어도 십자가에서 옛사람이 죽은 것을 알지 못하고, 예수님이 마음에 오신 것을 믿지 못하고 교회만 다니는 것은 종교라는 짐을 지고 사는 것입니다. 그러나 '나는 죽고 예수님으로 사는 사람', '예수님을 마음에 모시고 24시간 예수님과 동행하는 사람'에게 교회생활은 자유요 구원입니다.

러시아의 작가 톨스토이는 어렸을 때 신앙생활을 했지만, 십대 시절에 교회를 떠났다가 나이 55세가 되었을 때 다시 돌아왔습니다. 그는 《신앙론》에서 이런 글을 남겼습니다.

"나는 지난 55년을 살아오는 동안 내 인생 최초 15년간의 소년기를 제외하고는 안식을 경험하지 못했다. 내가 18세 되던 때 내 친구는 내게 찾아와 신이 인간을 만든 것이 아니라 인간이 신을 만들었다고 나를 설득했다. 나는 그 말이 진리라고 생각했다. 그래서 나는 어렸을 때의 종교, 가족의 종교인 기독교를 떠나기로 결심했다. 나는 종교를 포기하는 것이 자유를 얻는 길이라고 생각했다. 나는 심지어 종교는 속박이라고 생각했다. 그러나 내 나이 55세, 이제 나는 내가 버린 어머니의 품과 같은 신앙의 품으로 돌아온다. 나는 종교로 돌아온 것이 아니다. 나는 예수 그리스도께로 돌아왔다. 그리고 예수 안에서 나는 다시 참된 안식을 발견했다."

삶이 힘드냐, 일이 많으냐가 중요한 것이 아닙니다. 세상의 수고로움과 무거움은 누구에게나 별 차이가 없습니다. 오직 구주이신 예수님 안에 거하느냐 아니냐 하는 차이가 있을 뿐입니다. 예수님과 멀어지면 삶은 무거워 견딜 수 없게 됩니다. 죽고 싶어집니다. 그러나 예수님 안에 거하면 삶은 가벼워집니다. 일은 더 많은데 삶은 더 쉬워집니다. 힘든 세상에서 참 평안과 안식을 얻으려면 세상과 씨름하지 말고 예수님을 바라보고 잠잠히 예수님 안에 거하여야 합니다.

예수님은 또 부담스런 말씀을 하셨습니다.

내게 배우라 마 11:29

담벼락 하나

어떤 사람은 "배우라"는 말만 들어도 또 스트레스를 받을 것입니다. 그러나 이 말은 공부하라는 말이 아니라 "고민하고 두려워하고 몸부림치지 말고, 나만 바라보고 내가 하는 대로만 해"라는 말입니다. 주님은 지금 그런 이야기를 하고 계시는 것입니다.

"이제부터는 혼자 애쓰지 말고 나와 동행하자! 나를 바라봐. 나만 따라와! 내가 하자는 대로 해! 응, 알겠어?"

예수님의 말씀대로 하면 마음이 쉼을 얻을 것입니다. 삶이 쉬워질 것입니다!

20130718

포 도 원 을   허 는   작 은   여 우 를   잡 아 라

24시간 예수님을 바라보지 못하게 하는 것이 꼭 큰 장애물 때문만은 아닙니다. 아주 작아 보이는 것 때문에 주님과의 친밀한 교제가 깊어지지 못하는 경우가 많습니다.

> 우리를 위하여 여우 곧 포도원을 허는 작은 여우를 잡으라 우리의 포도원에 꽃이 피었음이라 아 2:15

제가 24시간 주님을 바라보는 데 있어서 작아 보이지만 큰 걸림돌이 되었던 것이 있는데, 바로 인터넷 뉴스입니다. 수시로 인터넷 뉴스를 찾아보는 일이 주님을 바라보는 일에 엄청난 방해가 됩니다. 주 예수님과 인터넷 뉴스가 어찌 비교 대상이 되겠습니까? 그러나 우리 마음에서는 만만찮은 경쟁 상대입니다. 인터넷 뉴스가 제게는 주님과의 친밀한 교제라는 아름다운 포도원을 허는 작은 여우인 것입니다. 그것은 마음이 특별한 영역이기 때문입니다.

우리의 마음은 아주 작은 것이라도 무엇인가를 받아들이면 다른 것은 받아들일 수 없게 됩니다. 그래서 주님을 모시고 살면서도 주님을 무시하고 살게 되는 것입니다. 그래서 7월부터 새로운 시작을 선포하며 한 가지 결단한 것이 인터넷 뉴스를 보지 않기로 한 것입니다. 뉴스를 보는 것이 죄는 아닙니다. 아예 뉴스를 보지 않겠다는 것도 아닙니다. 컴퓨터를 켜면 먼저 뉴스를 본 다음 말씀 준비를 하다가 중간중간 또 뉴스를 보고, 잠깐 자투리 시간이 나면 또 뉴스를 보는 일을 하지 않겠다는 것입니다. 중요한 것은 뉴스에 사로잡혀 사느냐, 아니면 뉴스를 통제하고 사느냐입니다.

저는 주식 시세에 대해서는 인터넷 뉴스와 같은 문제를 전혀 느끼지 못합니다. 주식에 투자한 일이 없기 때문입니다. 그래서 주식 시세에 별 관심이 없습니다. 주식과 관련한 큰 사건이 생겼다면 잠깐 볼지 모르겠지만 그때뿐입니다. 인터넷 뉴스도 주식 시세 정도로 여겨지면 아무 문제가 되지 않을 것입니다. 필요한 것만 보면서 얼마든지 주님을 바라보며 살 수 있습니다.

제가 영성일기를 처음 쓰던 날, 저는 너무 많은 시간을 인터넷 뉴스를 검색하는 데 낭비하고 있는 제 자신에 놀랐습니다. 제 마음에 세상 소식이 가득하니 주님을 바라볼 수 없었던 것입니다. 사람이 꼭 바쁜 일이 많아서 시간이 없는 것이 아니었습니다. 마음이 쓰레기 같은 것에 사로

잡혀 있으니, 정작 중요한 일에 마음을 쓸 수 없는 것입니다.

한동안 24시간 예수님을 바라보며 영성일기를 쓰는 일에 큰 기쁨을 누리다가 순간 무너졌던 때가 있었는데, 바로 일본 대지진 사건 때문이었습니다. 일본 지진에 대한 소식이 워낙 충격이었고, 새로운 상황 전개가 궁금하여 계속 뉴스를 보고 또 보다가 다시 인터넷 뉴스에 빠져들고 말았습니다. 그렇게 한동안 주님과의 교제가 깊어지지 못하는 갈등에 시달리다가, 인터넷 뉴스를 보지 않기로 결단하면서 놀랍게 회복이 되었습니다.

이런 일이 몇 번 반복되었습니다. 사회적으로 큰일, 국제적인 큰 뉴스가 있을 때, 다시 인터넷 뉴스에 매이는 것을 경험했습니다. 주님과의 친밀함이 아직 깊지 않기 때문에 마음을 한 번 열어주면 내 의지로는 자극적인 세상 소식에 대한 호기심을 통제할 수 없다는 것을 알았습니다. 이렇게 세상 소식에 매이면 주님과의 친밀함은 도무지 깊어지지 않게 됩니다. 영성일기도 형식적으로 쓰는 데 머물게 됩니다.

몇 번 이런 실수를 겪고 난 다음 인터넷 뉴스에 대해 단호한 태도를 갖게 되었습니다. 이제는 큰 사건이 생기면 뉴스를 보기는 하지만 습관적으로 뉴스를 보지는 않습니다. 사람이 어떻게 세상 소식에 눈과 귀를 닫아놓고 살 수 있느냐 할는지 모르지만, 24시간 예수님만 바라보며 살아도 필요한 소식들은 다 점검할 수 있습니다. 결코 세상에 대하여 무지한 바보같이 되지 않습니다. 오히려 세상 뉴스를 주님의 눈으로 보게 됩니다.

20130720

04

주님 안에
사는 인생

주 님 과 친 밀 하 게 동 행 하 는 자

사도행전에 나오는 사도들이 능력 있게 사역할 수 있었던 비밀은 늘 함께하시는 주 예수님 때문이었습니다. 사도 바울이 고린도에서 전도하며 유대인들의 배척 때문에 힘들어할 때, 주님은 친히 사도 바울에게 말씀하셨습니다.

밤에 주께서 환상 가운데 바울에게 말씀하시되 두려워하지 말며 침묵하지 말고 말하라 내가 너와 함께 있으매 어떤 사람도 너를 대적하여 해롭게 할 자가 없을 것이니 이는 이 성중에 내 백성이 많음이라 하시더라

행 18:9,10

사도 바울은 이 말씀에 힘을 얻어 1년 6개월이나 고린도에 머물며 전도했고, 그렇게 해서 고린도교회가 세워진 것입니다. 그러므로 고린도에

교회를 세운 이는 사도 바울이 아니라 주님이셨습니다. 사도 바울은 이 것을 분명히 고백하였습니다.

> 그리스도께서 이방인들을 순종하게 하기 위하여 나를 통하여 역사하신 것 외에는 내가 감히 말하지 아니하노라 롬 15:18

여기서 우리는 갈망을 갖게 됩니다. 우리도 사도 바울처럼 주 예수님 과 친밀하게 동행하며, 구체적인 인도하심을 받을 수 없겠느냐 하는 것 입니다. 물론 그럴 수 있습니다. 아니, 반드시 그리되어야 합니다. 주님 과 친밀히 동행하는 것은 우리가 원하는 것이 아니라 주님이 원하시는 것이며, 분명히 그리될 것이라고 약속하신 것이기 때문입니다.

> 내가 너희를 고아와 같이 버려두지 아니하고 너희에게로 오리라 조금 있 으면 세상은 다시 나를 보지 못할 것이로되 너희는 나를 보리니 이는 내 가 살아 있고 너희도 살아 있겠음이라 요 14:18,19

처음에는 주님이 늘 함께 계신다는 말씀을 들어도 믿어지지 않을 수 있습니다. 실제 그런 체험을 하고 살지 않기 때문입니다. 그러나 실제로 체험하지는 못했지만, 주님의 분명한 약속이기에 '함께하실 주님'을 생각 하려고 애를 써야 합니다. 24시간 주님을 바라보는 것입니다.

그러면 어느 순간 주님이 함께 계심이 믿어지는 순간이 옵니다. 함께 하실 것이라는 약속을 붙잡고 주님을 생각하려고 애쓰지 않아도 이제는

순간순간 주님이 생각나는 것입니다. 그리고 주님이 함께 계심이 믿어
지는 것입니다. 믿으려고 애를 쓰는 것과 믿어지는 것은 다른 것입니다.
그때부터 몸부림치며 주님을 갈망하는 자가 아니라 주님을 믿고 사는
자가 됩니다. 영적인 눈이 뜨인 것입니다.

　주님이 함께 계심이 믿어지면, 주님이 원하시는 것도 깨달아집니다.
주님이 기뻐하시는 것과 주님이 싫어하시는 것이 느껴집니다. 처음에는
이 구분이 애매할 때도 있지만 점점 분명해집니다. 이럴 때 주님의 음성
을 듣는다고 하는 것입니다. 영적인 귀가 열린 것입니다.

　이런 경험이 어쩌다 한 번이 아니라 자주 경험될 때, 주님과 친밀해졌
다고 말합니다. 이처럼 보이지 않는 주님이 보이는 분처럼 함께하심이
믿어지고 주님의 뜻이 깨달아지면 삶이 완전히 바뀌게 됩니다. 아브라
함, 요셉, 다윗, 다니엘처럼 주님과 동행하는 자가 되는 것입니다.

　조심할 것은 주님과 친밀하게 동행하고자 할 때 자신이 무엇을 원하
는지 분명히 해야 한다는 것입니다. 주님과의 친밀함을 원한다고 할 때,
주님을 원하는 것이 아닌 친밀함을 원할 때가 있습니다. 주님과의 친밀
함이 주는 느낌이 궁금하고, 주님과 친밀한 사람이라는 자부심이 필요
하고, 주님과 친밀해져서 하고 싶은 사역에 욕심이 생긴다면, 오히려 주
님과의 친밀함은 훼방을 받게 됩니다.

　이런 마음을 갖기 때문에 조급해지는 것입니다. 어느 한순간 특별한
체험으로 갑자기 주님과 친밀한 사람이 되기를 기대합니다. 하지만 그
런 친밀함은 없습니다. 친밀함이 형성되려면 반드시 꾸준함이 필요합니
다. 주님과의 친밀함은 말씀 묵상과 기도생활에 힘쓰며 24시간 주 예수

님을 바라보는 생활이 하루하루 계속될 때 생기는 것입니다.

주님과 친밀해지기 원하는 사람은 정말 원하는 것이 주님이어야 합니다. 다른 어떠한 목적도 없어야 합니다. 주님만 바라보고 있어도 기쁜 사람이어야 합니다. 주님을 바라보는 것만으로 충분한 사람이어야 합니다. 이렇게 주님만 바라보는 자에게 부수적으로 주어지는 선물이 친밀함입니다. 24시간 주님을 바라보는 삶을 계속해나가는 데 영성일기가 매우 도움이 되었습니다. 저뿐만이 아니라 수많은 사람들의 고백입니다. *20130723*

생 각 이   바 뀐   사 람

유태인들이 좋아하는 이야기 중에 하나가 작은 유태인(Little Jew) 이야기입니다. 본래 유태인종은 키가 작은데 그중에서도 특히 작은 유태인 한 사람이 알래스카 벌목장에 취직하였습니다. 주인은 이 작은 인부를 혼내주려고 큰 도끼를 주며 힘든 일을 시켰습니다. 하늘을 향해 아름드리 나무가 늘어선 숲 속에 서자 이 사람은 마치 벌레처럼 보였습니다. 그러나 그의 일솜씨는 키가 큰 일꾼들을 훨씬 능가하였습니다.

주인이 그에게 물었습니다.

"벌목을 어디서 배웠느냐?"

"사하라 정글에서 배웠습니다."

"사하라 정글이 아니고 사막이겠지."

"예. 제가 가서 나무를 몽땅 베어 사막이 되었죠."

이 유머는 유태인들이 자녀 교육에 사용하는 이야기입니다. 아무리 체구가 작아도 그 속에 정신이 살아 있으면 무엇이나 할 수 있다는 교훈입니다.

예수님을 마음에 왕으로 모시고 24시간 예수님을 바라보고 살면 생각이 바뀌게 됩니다. 구세군을 창설한 윌리엄 부스(William Booth)가 열심히 전도하다가 어느 날 몸이 아파 병원에 갔더니 중병에 걸렸다는 진단을 받았습니다.

"이런 몸으로는 전도생활을 계속할 수 없습니다. 1년 이내에 죽을 것입니다."

의사의 진단 결과에 부스는 두려웠습니다. 그러나 기도하던 중 죽음을 받아들이기로 하였습니다. 죽음을 주님께 맡기고 부스는 더 열심히 전도했는데, 84세까지 살면서 구세군을 창설하여 가난한 자들에게 복음을 전하며 살았습니다.

훗날 그는 고백했습니다.

"내가 젊었을 때 의사가 나를 버렸습니다. 그래서 나도 의사를 버렸습니다. 대신 나는 하나님만 의지했습니다. 그 하나님이 나를 지켜주셨습니다."

저는 지극히 평범한 사람입니다. 아니, 그보다 더 못한 사람입니다. 부산에서도 영도라는 섬에서 자랐고, 어려서부터 부끄럼을 많이 타고, 용기도 없고, 공부도 잘한 편이 아니고, 마음에 눌림이 많은 아이였습니다. 아버지가 목사였기에 맏아들인 저도 목사가 되어야 하는 것이 운명이었지만, 어려서 교회생활은 즐겁지 않았습니다. 목사가 되는 순간이 죽으러 가는 심정이었습니다. 초년 목회 때는 설교에 대한 열등감으로 힘이 들었습니다.

그런 저에게 갈망이 생겼습니다. 고2 때 "예수 그리스도께서 모든 믿는 자들 안에 계신다"라는 말씀을 듣고 충격을 받았습니다. 처음에는 믿어지지 않았습니다. 그러나 성경이 거짓이 아니라면 반드시 제게도 믿어질 때가 올 것이라고 생각하였습니다. 그래서 "예수님! 내 안에 오신 예수님!" 하고 찾고 또 찾았습니다. 그것이 지난 40년 동안 제 안의 갈급함이 되었습니다. 주 예수님이 제 안에 계신 것을 생각하며 어떻게 주님을 만날 수 있을까 사모하며 살았습니다.

그렇게 갈망하다가 '나는 죽고 예수로 사는 십자가 복음'을 알게 되었습니다. 말씀으로 제 안에 오신 주님을 아는 눈이 뜨였습니다. 제 마음을 통하여 저에게 말씀하시는 주님의 음성을 듣는 귀가 열렸습니다. 영성일기를 쓰면서 24시간 주님을 바라보며 사는 눈도 열어주셨습니다.

지난 제 삶을 돌아보니 제 안에 계신 주님을 향한 갈망이 저로 하여금 평범하지 않은 삶을 살게 했다는 것을 알았습니다. 30대, 40대, 50대를 지나면서 제 삶과 사역에 대하여 점점 더 흥분을 느낍니다. 항상 새롭습니다. 전에는 막연했던 성경의 비밀들이 하나하나 풀리고 있습니다. 그것은 오직 예수님을 인격적으로 알았기 때문입니다. 그리고 점점 더 그 점이 분명해지기 때문입니다.

가장 놀라운 변화는 제 생각이 달라지는 것입니다. 행복하냐고 물으면, "저는 행복한 사람입니다"라고 말할 것입니다. 어느 날 보화를 발견한 농부와 같이 저도 보화를 발견했습니다. 다 버리고 그 보화를 샀습니다. 정말 다 버리고 보화이신 예수 그리스도를 샀습니다. 하나님의 나라를 붙잡았습니다. 우리의 변화는 생각이 변화되어야 진정한 변화입니다.

군목으로 사역하며 많은 군인들을 면담했습니다. 그들은 "힘들어요, 괴로워요, 죽고 싶어요"라고 말했습니다. 그러나 다 그런 것은 아닙니다. 제가 근무하던 부대 옆에 백골부대가 있었습니다. 그 부대의 마크를 보거나 부대의 이름만 들어도 느낌이 오싹할 정도였습니다. 그러니 그 부대에 전입해오는 신병들의 마음이 얼마나 힘들겠습니까?

군목의 가장 큰 업무 중 하나가 신병들을 만나 그 마음에 두려움을 없애주는 일이었습니다. 그런데 어느 신병 하나가 백골부대에 전입해온 것이 정말 감사하다는 것입니다. 이를 본 목사님이 신기하여 그 신병에게 어째서 이 무시무시한(?) 부대에 배치된 것이 감사한지 물었다고 합니다. 그때 신병이 대답하기를, 자신의 엄마가 무당인데 자신은 교회를 다녔답니다. 그리고 군에 입대하게 되었는데, 엄마가 입대하는 날 부적 세 장을 주면서 이 부적을 가지고 있으면 편안한 부대에 배치받게 될 것이라고 하였답니다. 그런 엄마에게 그는 이렇게 대답했습니다.

"하나님이 살아 계시니 제가 이 부적을 가지고 있어도 가장 힘든 부대에 배치받게 될 것입니다. 저는 훈련소에서 가장 힘든 부대에 배치되도록 해달라고 기도하겠습니다."

그래서 백골부대에 배치된 것이 감사하다고 했다는 것입니다.

예수님 안에서 생각이 얼마나 변해왔는지 한번 돌아보시기 바랍니다. 24시간 예수님을 바라보며 살아보십시오. 생각이 바뀌는 놀라운 일이 일어나게 됩니다.

20130725

담벼락 하나

성 령 으 로 충 만 함 을 받 으 라

예수님은 부활하신 몸을 제자들에게 보여주신 다음 제자들에게 기다리라고 하셨습니다. 예수님의 부활이라는 엄청난 사건을 목격했는데, 부활의 증인이 되기 위해 무엇이 더 필요했던 것일까요? 예수님의 부활을 목격했지만, 제자들은 근본적으로 아무것도 변한 것이 없었습니다. 본래 모습 그대로 있었습니다. 왜냐하면 예수님이 그 시점까지도 여전히 그들 밖에 계셨기 때문입니다.

이러한 상태는 오순절 성령께서 임하심으로 전적으로 변하게 되었습니다. 예수님은 성령 안에서 그들의 삶의 생명이 되시기 위해 내주하시는 그리스도로서 내려오신 것입니다. 이제는 주 예수님이 그들 곁에 가까이 계시는 주님이 아니라 그들 안에 함께하시는 내적인 그리스도가 되신 것입니다.

내 안에 거하라 나도 너희 안에 거하리라 가지가 포도나무에 붙어 있지 아니하면 스스로 열매를 맺을 수 없음 같이 너희도 내 안에 있지 아니하면 그러하리라 나는 포도나무요 너희는 가지라 그가 내 안에, 내가 그 안에 거하면 사람이 열매를 많이 맺나니 나를 떠나서는 너희가 아무것도 할 수 없음이라 요 15:4,5

오순절 성령의 역사가 있은 후에야 제자들은 비로소 '부활의 증인'으로 세상에 나아갈 수 있었고, 수많은 영혼을 구원할 수 있었고, 그리스도의 몸인 교회가 설 수 있었습니다. 우리도 마찬가지입니다. 그러나 복음의 위대함은 십자가의 복음과 함께 성령이 믿는 자 가운데 역사하셔서 인도하신다는 사실입니다. 이것이 주님이 3년 동안 제자들을 가르치고 훈련시키신 최고의 목표요, 오순절에 제자들에게 임한 성령의 주된 목적이었습니다.

예수 그리스도의 가르침은 매우 귀하지만 그것만으로는 우리 안에 있는 죄의 권세로부터 우리를 구원하기에 충분치 못합니다. 가끔 주님은 제자들이 자기를 자랑하고 누가 높은지 서로 다툴 때 그것을 책망하기도 했고 겸손하도록 가르치기도 하셨습니다. 그러나 주의 성령이 제자들의 마음속에 하나님의 사랑을 부으셨을 때, 그리스도인들은 한마음과 한 영혼이 되었습니다. 그들이 소유한 모든 것을 서로 공유하게 되었습니다. 어느 누구 하나 자신이 가진 물건을 자기 것이라고 하는 사람이 없었습니다. 유대인의 편견과 이방인들의 굳은 마음을 극복해낼 수 있는 능력을 갖게 되었습니다. 예수님의 놀라운 사랑이 그들의 영혼과 마음에 가득 찼습니다. 왜냐하면 예수님 자신이 그들의 마음 안에 와 계셨기 때문입니다.

그래서 베드로는 사람들을 향해 마음에 깊은 회개를 하고, 세례를 받고, 죄 용서함을 받으라고 권했고 그러면 성령을 받을 것이라고 한 것입니다.

베드로가 이르되 너희가 회개하여 각각 예수 그리스도의 이름으로 세례를 받고 죄 사함을 받으라 그리하면 성령의 선물을 받으리니 행 2:38

성령을 선물로 받는 것이 왜 그렇게 중요합니까? 이스라엘 백성들이 시내 광야에서 만들어 섬긴 금송아지는 그저 그 자리에 있는 것 외에 아무것도 그들에게 해줄 수 없었습니다. 말도 못하고 숨도 못 쉬고 백성을 이끌지도 못하고 기적을 베풀지도 못했지만, 어쨌든 그들 가운데 있었습니다. 이것이 하나님으로부터 버림받았다고 느낀 이스라엘 백성에게 엄청난 유혹이 되었던 것입니다.

우리도 이와 별반 다르지 않습니다. 하나님이 멀리 계신다고 느낄 때 우리에게 세상의 여러 우상들이 매력적으로 다가옵니다. 어쨌든 그 우상들은 우리와 함께 있지 않은가 말입니다. 그렇기 때문에 우리는 우리 마음에 계신 주 예수님을 바라보는 눈이 뜨여야 합니다. 보이지 않으시는 주 예수님을 보는 듯 바라볼 수 있어야 세상을 이기고 사명을 감당할 수 있습니다.

다니엘서에 여러 차례 등장하는 문구가 있습니다. 바벨론 사람들은 다니엘과 그의 하나님 사이에 일어나고 있는 일, 즉 그들이 다니엘의 삶에서 목격한 하나님과의 관계를 묘사할 때 "네가 항상 섬기는 너의 하나님"(단 6:16, 20)이라는 표현을 썼습니다. 이것이 '성령충만'입니다.

사도 바울은 그리스도인들에게 성령의 충만함을 받으라고 했습니다.

술 취하지 말라 이는 방탕한 것이니 오직 성령으로 충만함을 받으라

엡 5:18

그렇습니다. 그리스도인들의 삶에서 최고로 필요한 것은 바로 성령으

로 충만함을 받는 것입니다. 그런데 저는 이 말씀을 반 정도만 충실히 지켜왔습니다. 저는 술 취하지 않으려고 애를 썼습니다. 성찬식 때 포도주 외에는 아예 술을 입에 대지 않았습니다. 그것이 제가 힘써 지켜야 할 일이라고 생각했습니다. 이런 그리스도인들이 많습니다. 술 마시면 큰 일이 나는 줄 아는 것입니다.

제가 부끄러운 것은 사도 바울은 술 취하지 말라는 것을 강조한 것이 아니라 성령으로 충만함을 받으라고 강조한 것을 이해하지 못했다는 것입니다. 술을 마시지 않으려고 애쓰는 마음의 반만이라도 성령으로 충만하려고 했다면, 주님이 저를 얼마나 크게 쓰실 수 있었을까 생각하면 부끄러울 뿐입니다.

모든 그리스도인의 마음에 만왕의 왕이신 주님이 임하셨습니다. 우리는 다니엘보다 '항상 하나님을 섬길 수 있는' 더 큰 복을 받은 것입니다. 그래서 24시간 제 마음에 계시는 주 예수님을 바라보려고 애쓰는 것입니다.

20130724

담벼락 하나

예수,
내 마음의 왕

교회 성장보다 더 좋은 것

저는 주의 종이 되겠다고 신학교에 갔지만, 아골 골짜기 빈들까지 주의 복음을 들고 갈 마음은 없었습니다. 제 꿈이 큰 교회의 담임목사가 되는 것이었기 때문입니다. 당시에는 큰 교회의 담임목사가 되면 훌륭한 주의 종이 되는 것인 줄 알았습니다. 주의 종은 교회를 성장시키는 것보다 더 중요한 목표가 있어야 한다는 것을 나중에야 깨달았습니다. 바로 주 예수님과 연합한 자가 되어 사역하는 것입니다. 주님이 원하시는 것은 우리가 열심히 충성하여 교회를 크게 성장시키는 것이 아니라 주 예수님과 연합하여 주님이 우리를 통해 역사하시도록 하는 것입니다. 제가 처음 교회 성장을 목표로 삼은 것도 주 예수님을 인격적으로 알지 못했고 주님과 연합하는 것이 무엇인지 몰랐기 때문이었습니다.

이번 주일에 두 번째 분립 개척교회 교인들을 파송합니다. 처음 분립 개척교회 교인들을 파송할 때, 교인들을 떠나보내는 마음이 제가 생각해도 당황스러울 만큼 아팠습니다. 여전히 교인들을 제 교인이라고 생각하고 있었던 것입니다. 지금은 마음이 많이 달라졌지만, 아직도 교인을 파송하는 마음이 쉽지만은 않습니다. 그러나 계속해서 교회를 분립 개척하는 일을 중단하지 않을 것입니다. 그것은 교인이 느끼는 것보다 더 좋은 것이 생겼기 때문입니다. 바로 주 예수님과 하나가 되는 것입니다.

솔직히 한동안 저는 교인이 느끼는 재미로 목회했습니다. 성공 본능에 따라 목회했습니다. 그런데 이것이 건강하지 않은 마음임을 깨달았습니다. 제가 주 예수님조차 '나의 성공'을 위해 이용했기 때문입니다. 교인이 늘고 교회가 성장하는 것은 교회에 활기를 불어넣는 중요한 동력입니다. 그렇지만 그 동력이 사라지면 교회는 한순간에 무너지거나 침체될 것입니다.

이처럼 교회가 성장하는 것은 중요하지만 교회 성장이 절대적인 가치를 지니는 것은 아닙니다. 교회의 진정한 생명과 동력은 주님이 교회와 함께하시고 교회를 다스리시는 것을 온 교인들이 아는 것입니다. 교회의 순종을 통해 하나님의 나라가 확장되는 것을 보는 것입니다.

주님께 순종하기 위하여 교회 성장도 내려놓아야 할 때가 있습니다. "선교사로 나가라" 하시면 오직 "예"라고 대답할 뿐입니다. "개척하라!" 하시면 오직 "예" 할 뿐입니다. "교회를 분립하라!" 하시면 오직 "예"라고 할 뿐입니다. 지금 제게는 신학생 때 알지 못했던 사역의 목표가 생겼습니다. 주 예수님과 연합하여 하나님의 나라를 위해 사는 것입니다. 그것이 주님이 기뻐하실 일이고 하나님의 나라가 이루어지는 데 더 유익하다면 오직 "예"라고 할 뿐입니다.

담벼락 하나

교회 성장에만 매이면 은퇴할 때 허탈할 것입니다. 추한 모습을 보일 수밖에 없을 것입니다. 교회 성장에만 매이면 다른 교회나 목회자를 경쟁의 대상으로 보게 될 것입니다. 교만과 좌절감을 왔다 갔다 하며 평생 헤맬 것입니다. 교회 성장에만 매이면 교회를 건강한 교회로 세울 수 없을 것입니다. 교회의 기초는 교회 성장이 아니라 살아 계신 주 예수님이시기 때문입니다.

교회 성장보다 더 중요한 것은 교인들이 주 예수님을 분명히 알고 주 예수님과 친밀하도록 도와주는 것입니다. 교인들이 떠나가더라도 주님의 인도함을 받았다면 기쁜 일입니다. 건강한 목회를 하는지 점검하는 기준은 "교인이 느는 것보다 더 좋은 것이 있는가?" 하는 것입니다. 바로 '주 예수님'입니다.

> 무엇이든지 내게 유익하던 것을 내가 그리스도를 위하여 다 해로 여길뿐더러 또한 모든 것을 해로 여김은 내 주 그리스도 예수를 아는 지식이 가장 고상하기 때문이라 내가 그를 위하여 모든 것을 잃어버리고 배설물로 여김은 그리스도를 얻고 그 안에서 발견되려 함이니 빌 3:7-9   *20130730*

주 님 이   말 씀 하 시 게   하 라

나이가 들어가면서 비로소 깨닫는 것이 어떤 문제이든 말로 해결하려 해서는 안 된다는 것입니다. 말로 문제를 해결하려는 것은 가장 어리석은 일입니다.

살다보면 말하고 싶을 때가 많습니다. 교회에서 교역자들에게나 교인들에게, 가정에서 가족들에게, 하고 싶은 말이 목까지 올라올 때가 한두 번이 아닙니다. 단, 말하는 것은 쉬운 일이지만 말로 인한 시험처럼 괴로운 것도 없습니다. 말이란 마치 입 속의 침과 같아서 입 안에 있을 때는 아무 문제가 없지만 입 밖으로 내뱉으면 순간 더러운 것이 되어버립니다.

말에 대한 우화가 하나 있습니다. 버섯 캐는 남자 둘이 숲을 걷고 있었는데, 한 사람이 무심코 땅 위에 떨어진 과일 하나를 밟았습니다. 그러자 그 과일이 갑자기 두 배로 커지는 것이었습니다. 다른 남자가 이상해서 다시 힘을 주어 밟았더니 다시 두 배로 커지는 것이었습니다. 두 사람이 그 과일을 밟을수록 과일은 점점 더 커졌고 나중에는 숲의 길을 막아버렸습니다.

이때 수염이 하얀 노인이 나타나 이렇게 말했습니다.

"자꾸 건드리지 마라. 그것은 말싸움이라는 이름의 과일이다. 맞서지 않으면 처음 그대로지만 상대하여 맞서면 계속 커진단다."

하고 싶은 말이 목까지 올라오고 꼭 해야 할 말이라 여겨지더라도, 말하고 나면 의도와 다르게 역효과와 부작용이 만만치 않을 때가 있습니다. '차라리 말을 하지 않았더라면' 하고 후회하게 됩니다. 우리는 아무 생각 없이 내뱉은 말을 조심해야 합니다. 말할 때 감정에만 충실하면 우리는 반드시 시험에 빠집니다.

혀는 곧 불이요 불의의 세계라 혀는 우리 지체 중에서 온몸을 더럽히고 삶의 수레바퀴를 불사르나니 그 사르는 것이 지옥 불에서 나느니라 …
혀는 능히 길들일 사람이 없나니 쉬지 아니하는 악이요 죽이는 독이 가득
한 것이라 약 3:6,8

이렇게 시험이 되고 상처가 되는 말이 아니더라도 우리는 아무 유익
함이 없는 말을 할 때도 많습니다. 나중에 하나님 앞에 섰을 때 우리가
한 말을 다시 듣게 된다면 그 부끄러움을 어떻게 견딜 수 있겠습니까?
선지자 이사야가 하나님을 뵙고 가장 괴로웠던 것이 말을 함부로 했던
것이었습니다.

그때에 내가 말하되 화로다 나여 망하게 되었도다 나는 입술이 부정한
사람이요 나는 입술이 부정한 백성 중에 거주하면서 만군의 여호와이신
왕을 뵈었음이로다 하였더라 사 6:5

24시간 주 예수님을 바라보면서 제게 일어난 가장 큰 변화 중 하나
는 말이 달라진 것입니다. 처음에는 말을 하지 않게 되었습니다. 사람을
만나 말을 할 때 주님을 바라보지 않으면 이 말 저 말이 술술 나오는데,
주님을 바라보면 갑자기 말문이 막혀버립니다. 하고 싶은 말이 쑥 들어
가는 것입니다. 주님께서 '말하지 말'고 마음에 강권하시거나, 그런
강권함이 없어도 주님 앞이라고 생각하니 말문이 막혀버리는 것입니다.
쓸데없는 한담이나 우스갯소리, 잘 알지 못하는 말들이 쑥 들어가버렸
습니다. 그렇지 않아도 말이 별로 없는 사람인데, 더 말이 없어졌습니

다. 그러다가 주님이 하라고 깨우쳐주시는 말씀이 생각날 때가 있었습니다. 그런 경우에는 말을 하고 나서 제가 깜짝 놀랍니다. 말로 인한 아름다운 결과들을 보기 때문입니다. 그것은 분명 제가 한 말 때문에 일어났지만 사실은 주님이 하신 것이었습니다.

로마서 15장 18절에서 사도 바울은 "그리스도께서 이방인들을 순종하게 하기 위하여 나를 통하여 역사하신 것 외에는 내가 감히 말하지 아니하노라"라고 고백하며 가장 먼저 언급한 것이 '말'이었습니다. 주님이 사도 바울 통해 말씀하셨다는 것입니다.

우리가 말을 할 때 그리스도께서 우리를 통하여 말씀하신다는 것을 명심하는 것은 매우 흥분되는 일입니다. 그리스도께서 우리를 통해 말씀하시도록 하기 위해 우리가 할 일은 사람들에게 말을 할 때 주 예수님이 함께하심을 믿고 주 예수님을 바라보는 것입니다. 말을 할 때 주 예수님을 바라보느냐, 주 예수님을 바라보지 못하느냐의 차이는 너무나 큽니다.

24시간 주님을 생각하면 말이 달라집니다. 놀라운 변화입니다. 작아 보여도 정말 놀라운 일입니다. 우리는 주 예수님을 생각하며 말하는 훈련을 해야 합니다. 그래서 저는 사람들과 말을 할 때마다 마음으로 주님을 부릅니다. *20130731*

마음의 새로운 변화

삶이 어떻게 만족스럽기만 하겠습니까? 오히려 마음이 불만으로 가득하여 고통스런 하루하루를 살아갈 때가 많습니다. 그러나 예수님을 마음의 왕으로 모시고 살다보면 모든 일에 감사하고 만족하게 되는 기적이 일어납니다. 마음이 변하기 때문입니다.

수요예배 설교 중에 정한영 목사님이 인용한 조니 에릭슨 타다의 경우는 정말 놀라운 일입니다. 그녀는 밝고 쾌활했던 열일곱 살 때, 다이빙 사고로 목뼈가 부러져 어깨뼈 이하의 신체를 전혀 쓸 수 없는 심각한 장애인이 되었습니다. 그녀는 더 살아야 할 이유를 알지 못했지만 스스로 죽을 능력도 없음을 알고 절망하고 또 절망했습니다. 하나님을 원망하며 자신에 대해 절망하며 살던 그녀에게도 변화가 찾아왔습니다.

어느 날 신디라는 친구가 찾아와 말했습니다.

"조니, 예수님은 너의 심정을 잘 알고 계실 거야. 왜냐하면 그분 역시 몸을 움직일 수 없었던 때가 있었거든. 예수님께서 십자가에 못 박히셨잖아."

이 말 한마디가 그녀의 인생을 완전히 바꾸어놓았습니다.

"예수님이 나의 죄 때문에 십자가에서 온몸이 마비되는 고통을 겪으셨다는 사실을 생각하니 예수님의 사랑이 내게 다가왔다. 하나님이 나를 사랑하신다는 사실이 깨달아지면서 하나님을 향한 원망과 불평도 사라지고 말았다. 나의 얼굴에 생기가 넘치고 눈이 빛나고 표정은 풍부하다고 나를 만나는 사람들마다 말한다. 이 모든 것이 하나님을 새롭게 만났기 때문이다."

그녀는 지금 입으로 그림을 그리는 화가가 되었고, 32권의 책을 썼으며, 방송을 통해 전 세계 장애인들에게 소망의 복음을 전하는 메신저가 되었습니다.

제가 매일 페이스북에 글을 올리는 것은 24시간 주 예수님을 바라보는 삶을 살아보시라고 도전하고 싶어서입니다. 주 예수님을 바라보며 살다보니 정말 놀랍기 때문입니다. 마음, 변할 수 있습니다. 주 예수님을 마음의 왕으로 모시고 살면 마음이 변합니다. 마음이 변하면 모든 것이 다 변합니다.

탈무드에 나오는 이야기입니다. 가난한 농부가 랍비를 찾아와 하소연했습니다.

"랍비님, 우리 집은 좁은데 자식들은 많고 아내는 지독한 악처입니다. 아마 이 세상에서 제일 나쁜 여자일 것입니다. 어떻게 해야 좋겠습니까?"

랍비가 말했습니다.

"양을 집 안에 들여와 키우시오."

며칠 후 농부가 다시 랍비를 찾아왔습니다.

"랍비님, 이제 더 이상 참을 수 없습니다. 악처에 양까지! 이젠 정말 못살겠습니다."

랍비가 농부에게 말했습니다.

"닭은 어디서 기르고 있소?"

"양 우리 뒤쪽에 있는 닭장에서 기르고 있습니다."

"그럼 오늘부터 그 닭들도 집 안에서 기르도록 하시오."

그다음 날 농부는 당장 달려와 랍비에게 말했습니다.

"이젠 정말 세상이 끝났습니다. 마누라에 양, 닭 스무 마리…. 아이고⋯."

"그렇다면 오늘은 양과 닭을 모두 내다 기르도록 하시오."

다음 날 농부는 기쁨에 찬 얼굴로 랍비를 찾아와서 말했습니다.

"랍비님, 이제 우리 집은 궁전과 같습니다. 랍비님에게 여호와의 축복이 있기를⋯."

한번은 남미에 집회를 인도하러 갔다가 목회자와 선교사 세미나를 인도해달라는 요청을 받았는데, 할 말이 없었습니다. 그곳에서 선교사님들과 교민 목회자들의 힘든 사역 현장을 보고 들으니 한국에서 목회하는 저는 아무 말도 할 자격이 없다는 생각이 들었기 때문입니다. 그래서 무슨 말씀을 전해야 하는지 주님께 간절히 기도했습니다.

그때 주님은 북한 지하 교회 지도자들과 성도들을 기억하라는 마음을 주셨습니다. 하나님께서는 한국에서 사역하는 종도, 남미에서 사역하는 종도 보고 계시지만, 북한의 성도와 사역자들을 동시에 보고 계시다는 것입니다. 만약 남미에서 사역하는 종이 힘들다고 말하면 북한에서 말할 수 없는 고난을 겪으며 충성하는 종들에게 하나님은 뭐라 해야 하느냐는 말씀이었습니다. 말할 자격이 없는 자였지만 순종하여 그 말씀을 전하였습니다.

세미나가 끝나고 한 사모님께서 다가오시더니 눈물을 글썽이며 말씀하셨습니다.

"오늘 목사님을 통해 주님께서 제게 응답하셨습니다."

세미나에 참석하러 오기 전까지 계속해서 기도하였답니다. "하나님,

너무 힘들어요. 왜 제게 이곳에 와서 사역하게 하신 것입니까?" 하는 원망의 기도를 했다는 것입니다.

마음에 불만이 가득하십니까? 삶 자체가 힘드십니까? 주 예수님께서 진정 마음에 왕 되시도록 해보십시오. 모든 것이 바뀝니다. 마음이 바뀌니 말입니다.

20130801

주님은 나의 전부

다음에 소개하는 세 가지 이야기는 한 가지 공통 주제를 가지면서도 약간의 차이를 가지고 있습니다. 그 차이가 아주 작은 것 같지만 생각할수록 너무나 중요하게 다가옵니다. 여러분은 그 차이가 무엇인 것 같습니까?

첫째, 미국에서 "I am second"라는 운동이 인기를 끌고 있다고 합니다. 하나님을 몰랐던 사람들이 그동안 자신이 인생에서 첫 번째라고 생각했는데, 예수님을 만나고 보니 예수님이 첫 번째이고 자신이 두 번째라는 것을 깨달았다는 것입니다.

"I'm second"는 하나님과 나의 관계에서만 보면 맞는 말입니다. 하지만 그리스도인들은 여기에서 한걸음 더 나아가 "I'm third"로 나아가야 합니다. 성경적 가치관은 주님이 첫째이고, 다른 사람들이 두 번째이고, 나는 세 번째라고 가르치기 때문입니다. 예수님은 자기를 위해 살지 않고 다른 사람들을 위해 사는 참 인간의 본을 우리에게 보여주셨습니다.

둘째, 미국의 명문 사립학교 필립스 아카데미 학생들은 졸업 후 사회에 나가 큰 영향력을 끼치는데, 그 학교의 교훈이 "논 씨비"(Non Sibi, not for self의 라틴어, '나를 위하지 않는'이라는 뜻)라고 합니다.

'Non sibi', 이것이 예수님의 정신입니다. 예수님은 자신을 위해 살지 않고 남을 위해 사셨습니다. 독일의 신학자 본회퍼(Dietrich Bonhoeffer)는 그리스도인을 가리켜 '타자(他者)를 위한 존재'라고 말했습니다. 교회는 서로 아낌없이 주는 사랑의 공동체이며, 그리스도인들은 남을 위해 사는 존재들입니다.

셋째, 어느 날 아침 하나님은 앤드류 머리에게 이렇게 물었습니다.

"너에게 나는 누구냐?"

앤드류 머리는 즉시 대답했습니다.

"예, 하나님은 저에게 있어서 항상 첫째이십니다!"

그런데 그는 하나님께서 기뻐하시는 것 같지 않다고 느끼고 이로 인해 하루 종일 고민하게 되었습니다.

'내가 무엇을 잘못 대답했는가?'

그러다가 깨달았습니다. 그래서 하나님께 기도하며 다시 대답했습니다.

"예, 하나님은 저에게 있어서 모든 것입니다!"

그때서야 하나님의 마음이 기뻐하시는 것을 느꼈다고 했습니다.

첫째가 되는 것이 얼마나 좋은 일입니까? 그런데 하나님은 왜 첫째가 되신다는 말에 기뻐하지 않으신 걸까요? 처음에는 작은 문제로 여겼던 이 생각이 제게 점점 심각한 문제가 되었습니다. 그러다가 앤드류 머리의 이야기가 옳다는 결론에 다다랐습니다. 왜냐하면 첫째라는 말은 둘째, 셋째가 있다는 의미이기 때문입니다.

어느 날 아내가 남편에게 묻기를, "당신에게 있어서 나는 어떤 존재예요?" 했더니 남편이 "당신은 언제나 내게 첫째야!" 한다면 좋을까요? "당신이 첫째고 미스 김은 둘째고 미스 리는 셋째야" 하면 만족하겠습니까? 하나님과 우리의 관계도 마찬가지입니다. 하나님은 언제나 우리의 전부이십니다. 십자가에서 하나님은 우리의 전부가 되어주셨기 때문입니다.

그러면 이웃 사랑은 어떻게 합니까? 하나님만 사랑하고 이웃 사랑은 안 해도 되는 것일까요? 예수님께서도 하나님을 먼저 사랑하고 다음은 이웃을 사랑하라고 하지 않으셨습니까? 제가 생각하기에 같은 주제이지만 삶의 주도권 문제인 것 같습니다. 하나님은 첫째이고 이웃은 둘째이고 나는 셋째라는 생각은 한 가지 문제만 빼면 매우 훌륭한 생각입니다. 여기서 한 가지 문제란 그 주체가 자기 자신이라는 것입니다. 그리고 이것은 상당히 이론적인 생각입니다. 실제 삶에 부딪히면 이렇게 나누어지지 않습니다.

실제로 우리가 이웃을 내 몸처럼 사랑하려면 "하나님이 나의 전부이십니다"라는 고백이 나올 때 가능해집니다. 우리의 의지나 결단으로 하나님을 먼저 사랑하고 이웃을 그다음에 사랑하고 그러고 나서 나를 사랑하게 되지 않습니다. 사랑은 그런 것이 아닙니다. 사랑은 속에서 저절로 나오는 것이어야 합니다.

목숨을 다해 하나님을 사랑하는 사람만이 이웃을 자기 몸처럼 사랑

담벼락 하나

하게 됩니다. "나는 죽었습니다", "예수님 한 분이면 충분합니다"라고
고백할 때, 주님께서 나를 통해 이웃을 사랑하시는 것입니다.

　　여러분에게 하나님은 몇 번째이십니까?

20130803

보배이신
주 예수님을 바라보라

언 제   어 디 서 나   주 님   생 각

우리가 예수님에 대하여 잘 알고 강력하고 놀라운 체험을 했다 하더라도 그것이 성령충만은 아닙니다. 하나님께서 원하시는 것은 주 예수님이 우리 안에 들어오셔서 왕이 되시는 것입니다. 주 예수님께서 우리 안에 들어오시려면 우리가 마음을 열어야 합니다.

볼지어다 내가 문밖에 서서 두드리노니 누구든지 내 음성을 듣고 문을 열면 내가 그에게로 들어가 그와 더불어 먹고 그는 나와 더불어 먹으리라
계 3:20

예수님을 영접한다는 것은 예수님께서 내 육신 안 어디에 들어와 계신다는 것이 아닙니다. 뇌 속에, 심장 안에, 위 속 어딘가에 들어오시는 것이 아닙니다. 그럴 수 없습니다. 마음이 바뀐다는 것입니다.

너희 안에 이 마음을 품으라 곧 그리스도 예수의 마음이니 빌 2:5

마음을 바꾸는 것이 성령님을 보내주시는 하나님의 계획입니다.

또 새 영을 너희 속에 두고 새 마음을 너희에게 주되 너희 육신에서 굳은
마음을 제거하고 부드러운 마음을 줄 것이며 겔 36:26

성령충만은 한마디로 예수님께 마음을 빼앗겼다는 것입니다. 언제 어
디서나 주님 생각만 나는 것입니다. 잠을 자도 밥을 먹어도 누구와 대
화를 해도 자리에 누워도 주님 생각뿐입니다. 주님 생각만 나면 기도하
고 설교할 때 기름부음이 임합니다.

김동호 목사님이 페이스북에 "탁구에 미치면 탁구장에서만 탁구를 치
는 게 아니다. 하루 종일 탁구 생각만 한다. 공의 회전에 대하여, 그리고
오늘 한 게임에 대하여…. 그러면 실력이 는다. 탁구는 탁구장에서만 실
력이 느는 게 아니다. 자리에 누워 생각할 때도 는다"라고 쓰셨습니다.

저는 성령충만이 정말 그렇다고 생각했습니다. 주 예수님이 마음에
임하신 것은 항상 주님을 생각한다는 것이고, 이 말은 모든 생각과 감정
을 주님께 복종하게 된다는 말입니다.

하나님 아는 것을 대적하여 높아진 것을 다 무너뜨리고 모든 생각을 사
로잡아 그리스도에게 복종하게 하니 고후 10:5

오늘 한국 교회의 문제는 무엇입니까? 성도 수가 줄어드는 것이 아닙니다. 진정 성령충만한 그리스도인들, 예수님을 마음에 왕으로 모시고 사는 그리스도인을 보기 힘들다는 것입니다. 교리적으로는 완벽한데 삶에 문제가 많은 이유는 예수님을 마음에 왕으로 모시고 살지 않기 때문입니다. 우리 마음에 왕이신 예수님이 계심을 명심하고 살아보시기 바랍니다. 주님은 우리의 마음과 생각을 바꿀 권한을 가진 왕이심을 인정해야 합니다.

20130807

보 배 이 신   주   예 수 님

제 자신에 대하여 깊은 좌절과 실망, 열등감에 빠질 때가 있습니다. '나는 왜 이 모양 이 꼴일까? 나는 언제 변할까?'

그런데 24시간 주님을 바라보면서 이 생각이 매우 잘못된 생각임을 알게 되었습니다. 우리는 원래 질그릇 같은 존재이기 때문에 "주여, 저는 이런 사람입니다!" 고백하고 인정하면 그것으로 충분한 것입니다. 우리의 문제는 우리가 질그릇 같은 존재라는 것이 아닙니다. 우리 안에 보배이신 주 예수님께서 임하셨음을 모르는 것입니다.

우리가 이 보배를 질그릇에 가졌으니 이는 심히 큰 능력은 하나님께 있고 우리에게 있지 아니함을 알게 하려 함이라 고후 4:7

많은 그리스도인들의 얼굴이 보배를 가진 사람의 얼굴이 아닙니다.

담벼락 하나

마음도 말도 행동도 보배를 가진 사람 같지 않습니다. 질그릇 같은 자신만 바라보지 보배이신 예수 그리스도를 바라보지 않기 때문입니다.

짜장면을 먹을 때 짜장면을 보나요, 그릇을 보나요? 보석이 담긴 상자를 받았을 때 보석을 보나요, 상자를 보나요? 옛날에는 돈을 신문지에 싸 가지고 다닌 적이 있었는데 그때 신문지를 보는 사람이 누가 있었겠습니까? 신문지에 싸였어도 그 속에 든 돈을 보지 않겠습니까?

CCM 작사가 박용주 씨는《질그릇에 담긴 보배》에서 다음과 같이 썼습니다.

(자신에 대한) 무력감은 그리스도를 붙잡는 재료이다. 무력감은 느끼기 싫지만 느끼지 않을 수 없는 것이고, 느껴야 하는 것이다. 그래야 우리는 그리스도를 의지한다. 하나님은 그렇게 우리를 이끄신다.

우리가 질그릇 같아서 문제가 아니라 질그릇 같은 존재임을 몰라서 문제이다. 애굽 왕자 모세는 자신의 힘과 열정으로 동족들을 구원할 수 있을 줄 알았다. 그러나 그는 살인자로 광야로 도망가야 했다. 하나님께서 힘을 빼신 것이다. 광야에 내모시고도 하나님은 여전히 모세에게 지나치게 힘이 들어갔다고 생각하셨다. 그래서 40년 동안 그대로 두셨다.

하나님께서 모세를 다시 부르셨을 때, 모세는 이렇게 말한다.

"내가 누구이기에 바로에게 가며 이스라엘 자손을 애굽에서 인도하여 내리이까"(출 3:11).

40년 광야 연단은 오직 모세로 하여금 자신이 질그릇 같은 존재임을 깨닫게 하기 위하여 필요했다. 그런 그에게 하나님은 대답하신다.

"내가 반드시 너와 함께 있으리라."

하나님께는 자신이 질그릇인 줄 몰랐던 왕자 모세는 필요 없었다. 거룩한 하나님 앞에서 신발을 벗는 모세가 필요했다. 영웅 모세는 필요 없다. 주님만 바라보는 모세가 필요했다. 주님의 이름만 내세울 수밖에 없는 이름 없는 모세가 필요했다.

"내가 반드시 너와 함께 있으리라"는 말씀으로 충분한 모세를 하나님은 기다리셨던 것이다.

그러므로 우리가 질그릇 같다고 좌절할 필요가 없습니다. 자신이 질그릇 같기에 더욱 주님만 바라보게 되었다면 오히려 기뻐할 일입니다. '너무 약하고 악한 나'이기에 그리스도와의 연합의 십자가 복음이 기쁨이 되고 24시간 예수님만 바라보게 하셨습니다. 모세가 "주께서 친히 가지 아니하시려거든 우리를 이곳에서 올려 보내지 마옵소서"(출 33:15)라고 고백한 것처럼, 주님과의 동행에 전심을 쏟게 하셨습니다.

주님은 우리를 금강석이 되라 하지 않으셨습니다. 오직 그리스도를 담은 질그릇이 되라고 하셨습니다. 주님은 질그릇을 보배로 만드시겠다고 하지도 않으셨습니다. 그저 질그릇 안에 보배로 임하셨습니다. 보배이신 주 예수님께서 질그릇 같은 우리를 마다하지 않으시고 우리 안에 임하여 주셨습니다. 이 얼마나 큰 은혜입니까? 그렇기 때문에 우리는 그저 질그릇으로 살면 됩니다. 자신이 보배로 변화되지 않는다고 부끄러워하고 탄식하고 좌절하지 말고 오직 질그릇 같은 우리 안에 보배이신 주 예수님을 바라보기만 하면 됩니다.

우리가 회개할 때도 질그릇 같은 자신을 보지 말고 보배이신 주 예수님을 보는 눈이 있어야 합니다. 그것이 믿음입니다. 질그릇을 보지 말고 보배를 보아야 합니다. 자신을 보면 수치스럽고 절망적이지만 성령의 근심을 깨달으면 그런 절망 중에도 감사가 느껴집니다.

하나님의 성령을 근심하게 하지 말라 그 안에서 너희가 구원의 날까지 인치심을 받았느니라 엡 4:30

성령의 근심이 있다면 주님은 나를 버리시지 않은 것입니다. 떠나도 벌써 떠나셨을 것 같은데, 주님이 여전히 함께하시며 근심하신다는 것이 얼마나 감사한 일입니까? 보배이신 주님을 바라보면 좌절하고 절망할 상황에서도 우리 영은 기쁘고 감사하고 희망이 넘치게 됩니다. *20230808*

결코 후회하고 싶지 않은 일

미국의 한 목사님이 어린 시절에 야구 하던 이야기를 하였습니다.

"타석에 처음 섰던 순간을 결코 잊지 못할 것이다. 삼진 아웃이었다. 얼마나 부끄러웠는지 모른다. 그런데 한 가지 내 눈에 띈 것이 있었다. 안타를 치지 않고도 출루하는 아이들이 있었다. 포볼로 나가는 것이다. 간혹 후속 타순의 훌륭한 타자 덕에 홈으로 뛰면서 박수갈채의 감격을 누리기도 했다.

투수들이 어차피 수준급이 아니니 항상 스트라이크만 던질 수 없다는 것을 알았다. 그래서 나는 결심하였고, 남은 시즌 동안 다시는 방망이를 휘두르지 않았다. 생각보다 스트라이크 아웃도 많았지만 나는 이따금씩 베이스를 밟았다. 홈까지 들어올 때도 있었다.

성인이 되어서도 오랜 세월 나는 방망이를 휘두르지 않겠다는 굳은 결심으로 살았다. 스윙이 너무 괴로웠기 때문이다. 스윙으로 공을 놓쳐버리면 내 무능함이 탄로 나고 설사 방망이를 휘둘러 안타를 치더라도 더 잘해야 한다는 압박감이 따른다. 그러나 지금은 어쩔 수 없는 것인 양 일부러 무능을 택해 그 속에서 살아온 세월이 후회스럽다. 나를 위해 하나님이 품으신 설계를 떠나 살아온 것이 슬프다.”

저도 지난날을 돌아보니 이와 같이 어리석었던 적이 많았음을 깨달았습니다.

“시도하지 않으면 창피를 당하지는 않는다.”

이것이 지혜인 줄 알았습니다. 그래서 못한 것이 너무 많았습니다. 운동도 못하고 노래도 못하고 춤도 못 추고 영어도 못하고 수영도 제대로 배우지 못하였습니다. 돌아보니 너무나 바보같이 살았습니다. 어릴 때 한 실수나 초보자 때 겪은 실패를 누가 기억이나 하겠느냐 말입니다. 그리고 기억한들 무슨 상관이 있습니까? 그래서 지금 잘한다면, 적어도 즐기며 산다면 오히려 “대단하다, 놀랍다” 하며 높임 받을 일이지 않겠습니까?

부끄러워하고 소극적이어서 놓친 소중한 것들이 너무나 많았습니다. 그러나 이런 뼈아픈 교훈 때문에 가장 소중한 한 가지를 놓치지 않게 되었으니 감사한 일입니다. 살아 계신 주님과 동행하는 삶을 사는 것입니다.

보이지 않지만 내 안에 계시고, 들리지 않지만 분명히 말씀하시는 주님을 24시간 바라보며 하루하루를 살아갑니다. 그것을 매일매일 기록합니다. 영성일기라고 이름 지었습니다. 또 영성일기를 공개하였습니다. 주님을 바라보는 일을 계속 지켜가기 위해서입니다. 이제는 제가 정말 주 예수님을 왕으로 모시고 사는지 점검하고 있습니다.

여전히 주님과 친밀히 동행하지 못한 것 때문에 낙심하고 좌절할 때가 있습니다. 영성일기를 공개하기가 부끄럽고, 실수하고 넘어지기도 합니다. 이상한 것을 한다고 오해받기도 하고 별별 말을 듣기도 합니다. 그러나 이것만큼은 실수할까, 실패할까 두려워하거나 사람들이 뭐라 할까 봐 움츠리고 포기하지 않을 것입니다. 주님과 동행하는 삶을 사는 것만큼은 결코 후회하고 싶지 않기 때문입니다. *20130809*

죽 음 없 이 생 명 도 없 다

존 스토트는 《제자도》에서 "우리의 사역 현장에 열매가 없다면 그것은 우리가 죽지 않은 상태에 머물러 있기 때문이다"라고 하면서 "지금 가정에서나 직장에 이런 그리스도인들이 많습니다. 여전히 자기 혼자입니다"라고 하였습니다.

예수님은 분명히 씨가 죽지 아니하면 그 씨 하나만 남을 것이라고 말씀하셨습니다.

내가 진실로 진실로 너희에게 이르노니 한 알의 밀이 땅에 떨어져 죽지 아니하면 한 알 그대로 있고 죽으면 많은 열매를 맺느니라 요 12:24

죽음이 생명에 이르는 길이며, 죽음이 열매를 맺는 길입니다. 복음이 전해지고 교회 공동체에 부흥이 임하기 위하여 우리 자아의 죽음은 반드시 있어야 하는 조건입니다. 우리가 이것을 명심하면 전도의 열매, 사역의 열매가 풍성할 것입니다. 그러나 우리는 이것을 모르지 않으면서 여전히 이것을 결론 삼지 않는 태도로 사역합니다. 고난을 두려워하고 회피하려고 합니다. 그러면서도 부흥은 원하고 열매는 기대한다는 것입니다.

성경에 기록된 그리스도인은 고난을 당하는 사람들입니다. 초대 교회 당시에는 잘 살고 편안하게 살고 성공적인 삶을 살기 위해 예수님을 믿어보려는 사람은 없었습니다. 예수님을 믿을 때부터 고난당할 각오를 해야 했습니다. 교회 역사 역시 복음을 위하여 헌신된 그리스도의 제자들이 생명의 위험을 무릅쓴 결과로 교회가 세워지고 성장하였음을 증거하고 있습니다.

아도니람 저드슨(Adoniram Judson) 선교사는 아내 앤에게 프러포즈를 할 때 "나와 결혼해주십시오. 나와 함께 아시아의 정글로 가서 거기서 그리스도를 위해 함께 죽읍시다"라고 말했다고 합니다. 아도니람 저드슨 선교사 가족은 질병으로 고생을 많이 했으며, 두 번이나 아내를 잃었고 여섯 아이를 잃었습니다. 영국과 버마(미얀마의 전 이름) 전쟁 기간 동안에는 스파이로 의심을 받아 2년여를 쇠사슬에 묶인 채 열기와 오물을 견디며 감옥에서 보냈으며, 37년이나 선교 사역을 하면서 미국에 단 한 번 갔을 뿐입니다.

하지만 그가 버마 땅에서 죽고 묻힌 결과 많은 열매를 맺었습니다. 그가 버마에 도착한 1813년 첫 일요일에는 아내와 성찬을 나누었습니다. 하지만 37년 후인 1850년 그가 세상을 떠났을 때 63개의 교회에 세례를 받은 7,000여 명의 버마인과 카렌족이 있었습니다. 그리고 지금은 버마에 3백만 이상의 그리스도인이 있는 것으로 추정됩니다.

실제 순교하지 않아도 타 문화권 선교사들에게는 순교보다 더 큰 고통이 있을 수 있습니다. 가족과 친척들과 헤어지는 것, 안락과 편안함을 포기하는 것, 성공의 사다리에 오르는 것을 포기하는 것, 초라한 섬김의 사역에 머무르는 데 만족하는 것, 개인적인 야망에 대하여 죽는 것, 자기 존재의 일부가 된 익숙한 문화를 포기하는 것 등입니다.

우리는 이렇게 사역의 열매를 맺기 위해 죽으라는 부르심을 받습니다. 사도 바울이 "날마다 죽노라" 한 것은 그가 계속해서 죽음의 위험에 노출되어 있었다는 말입니다.

> 또 어찌하여 우리가 언제나 위험을 무릅쓰리요 형제들아 내가 그리스도 예수 우리 주 안에서 가진 바 너희에 대한 나의 자랑을 두고 단언하노니 나는 날마다 죽노라 고전 15:30,31

오늘날 전 세계적으로 가장 핍박당하는 사람들이 기독교인입니다. 그러나 우리는 죽음 한가운데서도 생명을 경험할 수 있습니다.

우리가 항상 예수의 죽음을 몸에 짊어짐은 예수의 생명이 또한 우리 몸에 나타나게 하려 함이라 우리 살아 있는 자가 항상 예수를 위하여 죽음에 넘겨짐은 예수의 생명이 또한 우리 죽을 육체에 나타나게 하려 함이라

고후 4:10,11

가정이나 교회에서 예수님의 역사가 이루어지는 것을 보기 원한다면 예수님 안에서 죽으면 됩니다. 열심히 사는 것도 아닙니다. 똑똑하게 사는 것도 아닙니다. 우리 자신이 죽으면 예수님께서 우리도 살리시고 가정과 교회도 살리실 수 있습니다.

루마니아의 기독교 지도자 요시프 톤이 차우세스쿠 독재 정권하에서 비밀경찰에게 붙잡혀 목숨의 위협을 받았을 때 이렇게 말했다고 합니다.

"당신의 최대 무기는 죽이는 것입니다. 하지만 나의 최대 무기는 죽는 것입니다."

이제는 죽음이 두려워 마귀에게 사로잡힌 채 종노릇하는 어리석은 삶을 살지 말아야겠다는 결단을 굳게 해야 할 것입니다. 예수 그리스도와 함께 이미 죽었음을 믿고 고백하며 살아야 합니다. 그러면 반드시 영혼이 살고 가정이 살고 교회가 살고 민족이 사는 것을 볼 것입니다. *20130810*

미 리 쓰 는 영 성 일 기

전에는 영성일기를 쓸 때 마음을 무겁게 하고 일기 쓰는 것이 고통스럽게 느껴지게 한 일들이 은밀한 죄였습니다. 그러나 이제는 은밀한 죄

담벼락 하나

로 갈등하는 일이 거의 없어졌습니다. 정말 기적 같은 일입니다. 혼자 있을 때에도 주님을 바라보는 것이 자연스러워졌습니다.

그러나 여전히 영성일기를 쓸 때 마음을 무겁게 하는 것이 있습니다. 그것은 시간을 낭비했다고 여겨지는 것입니다. 대개 일정에 따라 빡빡한 하루를 보내지만 종종 자투리 시간이 날 때가 있습니다. 그럴 때는 대개 아무 생각 없이 눈에 뜨이는 책이나 간행물들을 보거나 뉴스를 봅니다. 때로 좀 더 긴 여유 시간이 주어질 때도 있는데, 그럴 때도 그때그때 생각나는 대로 시간을 보냅니다. 그런데 저녁에 일기를 쓰려고 하면 그 일 때문에 항상 마음이 무겁습니다. 심각한 죄를 지었다고 생각되지는 않지만, 여전히 하나님께 부끄러운 하루를 보냈다는 생각이 들기 때문입니다.

그러다가 얼마 전에 읽은 《하나님인가, 세상인가》에서 "나는 실로 어마어마한 선물을 받았다. 사실, 내가 받은 선물은 13,790개나 된다. 이 숫자는 바로 오늘까지 내가 살아온 날수다"라는 글을 읽고 강한 도전을 받았습니다. 하루하루가 주님으로부터 받은 엄청난 선물이라는 것입니다. 이것을 깨닫고 나니 자투리 시간은 결코 자투리가 아니었습니다. 꼭 해야 할 일이 있는데 놓치고 살았던 것입니다. 더 이상 자투리 시간을 아무 생각 없이, 육신대로 살지 말아야겠다는 생각을 했습니다.

그래서 시작한 것이 미리 쓰는 영성일기입니다. 전에도 시도했다가 흐지부지됐던 것을 다시 시작하기로 했습니다. 영성일기를 하루를 마친 다음 쓰지 말고 하루를 시작하면서 미리 써보자는 것입니다. 그날 꼭 해야 할 일을 주님께 묻고 미리 생각나게 해주시기를 구하고 써보는 것입니다. 그랬더니 정말 많은 것들이 생각나기 시작했습니다. 특히 중요하지만 다급해 보이지 않는 일들이 생각났습니다. 가족이나 동역자들에게 해야 할 일들도 생각났습니다. 미리 써보지 않았다면 또 후회했을 일들이었습니다.

미리 써보는 일기를 통하여 생활의 변화가 생긴 것이, 자투리 시간이 거의 없어졌다는 것과 밀도가 높은 하루를 살게 되었다는 것입니다. 유익하고 실속 있는 하루를 산 것입니다. 시간이 나면 무엇부터 해야 하는지 분명해졌기 때문입니다. 아직 주님의 지시를 미리 받고 사는 데 온전하지는 못합니다. 아침에 정리한 대로 살지 못하는 일도 자주 생깁니다. 하루에 되어진 일 중에 아침에 미리 깨닫지 못했던 일들도 많습니다. 그러나 재미가 있습니다. 하루하루가 흥미로워졌습니다.

'아침에 주님이 지시하신 것이라고 여긴 일들이 정말 그대로 될까?'

'오늘은 주님의 인도하심에 대하여 무엇을 배우고 깨닫게 될까?'

미리 쓰는 일기를 통하여 하루가 갖는 의미가 달라졌습니다. 어떤 일이 벌어질지 기대되고, 어떤 일도 무심히 지나쳐지지 않게 되었습니다. 이렇게 주님의 인도하심을 받는 훈련을 한다는 생각이 듭니다. 미리 쓰는 영성일기, 여러분들도 한번 해보시기 바랍니다. *20130805*

07

나는 죽고
예수님만 사신다

최 고 의 것 은 아 직 오 지 않 았 다

일본 캠프장 근처의 '이나'라는 조그만 시에 갔습니다. 일본 코스타에서 중국 유학생들에게 말씀을 전하기 위함입니다. 저는 중국 형제들에게 십자가에서 우리 자아가 죽었다는 복음을 전하였습니다.

죽음은 두렵기도 하고 낯설고 불쾌한 것입니다. 어떤 의미에서 죽음은 우리에게 끔찍한 최후를 제시합니다. 죽음은 끝입니다. 하지만 죽음은 모든 상황에서 생명으로 가는 길입니다. 우리는 생명으로 인도하는 죽음의 대가를 과소평가해서는 안 됩니다.

존 스토트는 《제자도》에서 생명을 얻는 죽음에 대하여 이렇게 말했습니다.

"그것은 그리스도와 하나가 됨으로 '죄'에 대하여 죽은 것이고, 그리스도를 따름으로 '자아'에 대하여 죽는 것이고, 자기 마음대로 편안하게 살고 싶은 '욕구'에 대해 죽은 것이고, 박해와 순교를 경험하며 '안전'에 대하여 죽는 것이고, 우리의 궁극적인 영생을 위하여 이 '세상'에 대하여 죽는 것이다."

예수님을 영접한 우리 안에는 죽음과 생명이 함께 있습니다. 우리가 죽으면 예수님이 사시는 것입니다.

> 우리가 항상 예수의 죽음을 몸에 짊어짐은 예수의 생명이 또한 우리 몸에 나타나게 하려 함이라 우리 살아 있는 자가 항상 예수를 위하여 죽음에 넘겨짐은 예수의 생명이 또한 우리 죽을 육체에 나타나게 하려 함이라
> 고후 4:10,11

그러므로 우리는 살고자 하면 죽어야 합니다. 죽음이 안내하는 생명의 영광을 볼 수 있어야 합니다. 그때에만 우리는 기꺼이 죽음을 받아들일 것입니다. 그리스도 안에서 우리에게 주어진 생명의 영광을 모르면 우리는 큰 실수를 하게 될 것입니다.

영생을 막연하게 믿으라는 것이 아닙니다. 예배드리다가 하나님의 임재를 경험하며 말할 수 없는 은혜를 느낄 때가 있을 것입니다. 그렇다면 하나님나라에서 실제 하나님을 바라보며 예배드릴 때는 얼마나 황홀할까요? 성경을 읽다가 가슴이 뜨거워지는 경험을 한 적이 있을 것입니다. 그렇다면 모든 진리가 다 밝혀지는 하나님나라에서는 얼마나 가슴이 벅찰까요? 일출이나 일몰의 아름다움을 보며 흥분했던 적이 있을 것입니다. 그렇다면 새 하늘과 새 땅의 아름다움을 볼 때는 어떨까요? 지금 교인들끼리 나누는 교제에도 감동과 감사가 있다면, 모든 족속과 언어

로부터 온 큰 무리와 함께 있을 때 얼마나 큰 기쁨이 될까요?

> 예수를 너희가 보지 못하였으나 사랑하는도다 이제도 보지 못하나 믿고
> 말할 수 없는 영광스러운 즐거움으로 기뻐하니 벧전 1:8

우리가 지금 마음에 임하신 예수님을 통하여도 "말할 수 없는 영광스러운 즐거움으로 기뻐할" 수 있다면 주 예수님을 눈으로 볼 때는 얼마나 기쁠까요? 우리는 죽음을 통하여 영생을 봅니다! 이것이 확실하고 온전하고 역설적인 기독교의 진리입니다. 그것이 제 마음을 뛰게 만듭니다. 항상 명심해야 합니다.

존 스토트는 이 감격을 이렇게 표현하였습니다.

"최고의 것은 아직 오지 않았다."

이것이 확실하고 온전하고 역설적인 기독교의 진리입니다. 그리스도인들은 정확히 말해서 '죽은 자 가운데서 살아난 이들'입니다. *20130813*

하 나 님 을   의 뢰 하 는   마 음

우리 마음은 자유가 있는 곳입니다. 왕도 그 영향력을 행할 수 없는 것이 우리의 마음입니다. 어떤 마음을 가질지는 전적으로 자유가 아닙니까? 부모가 자녀의 마음을 조종하지 못하지 않습니까? 사랑하는 사람의 마음도 원하는 대로 만들 수 없지 않습니까? 우리의 마음은 심지어 하나님에게도 반항할 자유를 가지고 있습니다. 그러므로 우리가 마음

을 소중하게 여겨야 합니다. 자기 자신만이 마음을 지킬 수 있습니다.

마음은 주님이 임하시는 곳입니다. 주님을 만나는 곳입니다. 그러나 우리는 아무도 보지 않는다고 마음을 아무렇지 않게 버려둡니다. 주님을 만나는 곳인데, 왜 아무것이나 마음에 쌓아두는 것입니까? 마음을 쓰레기통으로 만들지 말아야 합니다. 그런데도 우리는 마음에 아무것이나 받아들이거나 오히려 쓰레기 같은 것을 찾아다닙니다.

우리 마음을 불평으로 채우지 말아야 합니다.

> 악을 행하는 자들 때문에 불평하지 말며 불의를 행하는 자들을 시기하지 말지어다 시 37:1

불의 행하는 자를 시기하는 일로 마음을 빼앗겨서는 안 됩니다. 악한 자를 불평하거나 시기할 것은 없습니다. 왜냐하면 하나님이 악한 자를 속히 처리하시기 때문입니다.

> 그들은 풀과 같이 속히 베임을 당할 것이며 푸른 채소같이 쇠잔할 것임이로다 시 37:2

세상이 영웅으로 치켜세우는 자들은 하나님이 보시기에 풀과 같은 존재입니다. 돈 많은 사람, 재주가 뛰어난 사람은 진정한 영웅이 아닙니다. 그러므로 불의를 행하는 자는 시기할 가치조차 없는 것입니다.

우리는 오직 하나님을 의뢰하고 선(善)을 행하기만 하면 됩니다.

여호와를 의뢰하고 선을 행하라 시 37:3

선은 옳은 것이고 사랑하는 것이지만 그것이 전부는 아닙니다. 옳은 생각이 좋은 것이지만 하나님을 의뢰하지 않으면 무서운 것이 됩니다. 우리는 옳고 그른 것만 따지다가 잔인하게 변해버리는 경우를 많이 봅니다. 사랑도 좋은 것이지만 하나님을 의뢰하지 않으면 이기적인 죄가 됩니다. 우리는 자기편이라는 것 때문에 쉽게 정의로움을 외면합니다.

선은 100퍼센트 옳은 것이며 100퍼센트 사랑하는 것이어야 합니다. 이것은 사람에게는 없습니다. 정의를 따르면 사랑을 버리고 사랑을 따르면 정의를 버립니다. 하나님의 선(善)이 드러난 것은 오직 십자가뿐입니다. 십자가는 100퍼센트 정의, 100퍼센트 사랑입니다.

우리는 자신의 성실을 기대하거나 자랑하지 말고 오직 하나님의 성실을 의지해야 합니다.

땅에 머무는 동안 그의 성실을 먹을거리로 삼을지어다 시 37:3

자기 자신을 아는 것이 가장 큰 지식입니다. 자신을 평가하는 방법이 있습니다. '내가 무엇을 좋아하는지 아는 것'입니다. 자신이 좋아하는 것이 자신이 누구인지를 결정합니다. 아무에게도 방해받지 않는 그때에 가장 많이 생각하는 것이 무엇입니까? 그것이 바로 자신이 누구인지를 말해줍니다.

우리는 여호와를 기쁨으로 삼아야 합니다.

또 여호와를 기뻐하라 그가 네 마음의 소원을 네게 이루어주시리로다

우리는 하나님의 축복, 능력, 은사를 기뻐합니다. 그렇지만 하나님을 기뻐하는 사람은 드뭅니다. 하나님이 주신 것은 좋아하면서 하나님에 대하여는 무관심합니다. 세상은 돈이 전부인 줄 압니다. 당신은 돈보다 더 귀한 것을 찾았습니까? 돈보다 하나님이 더 기쁘다면 그 마음의 소원을 하나님께서 이루십니다.

네 길을 여호와께 맡기라 그를 의지하면 그가 이루시고 시 37:5

하나님을 의뢰하면 하나님이 이루어주십니다. 세상을 덮은 캄캄한 밤이 물러가고 밝은 아침이 올 때 아침이 소리치는 것을 보았습니까? 조용히 옵니다. 아무도 모르게 순간에 옵니다. 하나님의 역사는 이렇게 임합니다. 그러나 세상을 완전히 바꾸어버립니다.

네 의를 빛같이 나타내시며 네 공의를 정오의 빛같이 하시리로다 시 37:6

우리 마음이 하나님의 역사의 통로입니다. 하나님은 우리 눈, 우리 피부, 우리 키, 우리 재산, 우리 지식, 우리 지위에 아무런 관심이 없습니다. 하나님이 보시는 것은 오직 우리 마음입니다.

마음의 소원을 하나님께 드리십시오. 그러면 하나님께서 이루어주십

담벼락 하나

니다. 마음을 쓰레기통으로 만들지 말아야 합니다. 행동으로 지은 죄뿐 아니라 마음에 있는 죄를 회개해야 합니다. 예수님을 마음의 왕으로 모셔야 합니다.

20130815

몸 의 부 활 에 대 한 오 해

일본 코스타에서 있었던 일들을 돌아보니 일본 대학생들을 만난 것이 가장 인상 깊었습니다. 일본 대학생들의 집회는 따로 열렸습니다. 2013년 에 약 1,500명가량의 일본 청년들이 모였는데, 찬양과 통성기도가 뜨거 웠습니다. 한국부와 차이를 알 수 없을 정도였습니다.

일본 청년들에게 말씀을 전할 때, 한국부와 중국부에서 말씀을 전할 때와 다른 점이 있다면 반응이 별로 없다는 것입니다. 그렇지만 말씀을 듣지 않는 것은 아니었습니다. 표정은 없지만 말씀을 전하는 내내 집중 하여 저를 주목하는 모습이 특별했습니다. 저는 십자가 복음을 전한 후, 이 말씀을 얼마나 이해했는지 알고 싶어서 "예수님과 함께 죽었음을 선 포하며 살기로 결단하는 이들은 일어나라"고 했습니다. 그때 대략 90퍼 센트 정도가 자리에서 일어나는 것을 보고 깜짝 놀랐습니다.

저는 개인 상담을 하면서 일본 청년들을 좀 더 이해할 수 있었습니다. 그들은 말씀을 들을 때, 자신이 그 말씀을 받아들일 수 있는지를 심각 하게 고민한 후에야 말씀에 반응하는 사람들이었습니다. 상당히 많은 청년들이 자신은 온전히 말씀대로 살지 못하는데 어떻게 그리스도인이 라고 할 수 있는지 물어왔습니다. 자기 자신에 대한 좌절감이 컸던 것입니다. 이런 고민은 그리스도인들이라면 누구나 하는 고민일 것입니다. 그래서 우리는 몸의 부활을 사모하는 것입니다.

그런데 몸의 부활에 대한 오해가 있습니다. 몸의 부활은 단순히 죽었던 사람이 다시 사는 기적을 말하는 것이 아닙니다. 흔히 '나사로의 부활', '야이로의 딸의 부활'을 말하지만 그것은 진정한 의미에서 부활이 아닙니다. 우리가 사모하는 부활은 몸이 다시 살되, 완전히 변화된 몸으로 다시 살아나는 것입니다. 성경은 우리 몸을 '썩을 몸', '약한 몸', '욕된 몸'이라고 했습니다. 그러나 부활의 몸은 늙거나 죽지 않고 영광스러운 몸이며 강한 몸이며 신령한 몸이라고 했습니다.

우리는 구원받아 영생을 얻었지만, 우리 몸은 아직 구원의 완전한 상태를 누리고 있지 못합니다. 주님이 재림하시는 날 부활한 몸으로 변화되어 하나님의 나라에서 영원히 사는 것입니다. 사도 바울은 고린도전서 15장에서 부활의 몸에 대해 씨와 꽃으로 설명했습니다. 씨와 꽃 사이에는 필연적인 연속성이 있습니다. 사과 씨에서 사과나무가 나옵니다. 그런데 그 불연속성이 놀랍습니다. 씨는 아주 작고 볼품이 없습니다. 그러나 그 씨에서 나온 꽃은 아름답고 화려하며 나무는 엄청나게 큽니다.

우리 부활의 몸도 그와 같을 것이라고 하였습니다. 우리의 현재 몸과 어느 정도 연속성을 갖게 될 것입니다. 저는 부활한 후에도 저일 것입니다. 그러나 또한 너무나 다를 것입니다. 부활의 몸은 새롭고 완전하고 온전하고 아름다울 것입니다. 우리는 거듭난 자이지만 여전히 우리 몸은 온전히 변화되지 못했습니다. 그래서 계속해서 육신의 욕구에 시달립니다. 그러나 몸이 부활할 때는 우리 몸도 거룩하게 변화될 것입니다.

담벼락 하나

이것을 믿어야만 몸의 부활을 사모하게 되는 것입니다.

그러면 지금은 주님의 재림(再臨)만 기다려야 하는 것입니까? 아닙니다. 부활의 주님이 이미 우리 안에 임하셨음을 알아야 합니다.

예수 그리스도께서 너희 안에 계신 줄을 너희가 스스로 알지 못하느냐

고후 13:5

우리의 몸은 여전히 병들고 욕심 많고 음란하지만, 부활의 주님 안에 거할 때 더 이상 육신과 죄의 종노릇하지 않을 수 있습니다. 그래서 사도 바울이 "나는 죽고 예수로 산다"고 고백한 것입니다.

내가 그리스도와 함께 십자가에 못 박혔나니 그런즉 이제는 내가 사는 것이 아니요 오직 내 안에 그리스도께서 사시는 것이라 이제 내가 육체 가운데 사는 것은 나를 사랑하사 나를 위하여 자기 자신을 버리신 하나님의 아들을 믿는 믿음 안에서 사는 것이라 갈 2:20

자신의 육신 때문에 낙심하고 좌절하는 분들은 몸의 부활을 갈망하시기 바랍니다. 그러나 주 예수님이 지금도 부활의 능력으로 살게 하심을 깨달아 '나는 죽고 예수로 사는 사람'이 되시기를 축복합니다. *20130817*

십자가를 통과한
그리스도인인가?

나 는 정 말 예 수 님 을 믿 는 가 ?

저는 한 주간 내내 하디 선교사는 도대체 무엇을 회개하였는지 묵상
했습니다. 하디 선교사는 "자신에게 예수님을 믿는 믿음이 없었다"고
회개하였습니다. 이 무슨 말입니까? 당시 가장 성실하고 존경받던 선교
사가 예수님을 믿지 않았다니요!

이것이 제 마음을 계속 고통스럽게 합니다.

'그러면 나는 예수님을 믿는가?'

예수님께서는 아무리 "주여 주여" 할지라도 "하나님의 뜻대로 행하는
자"여야 진정 구원받은 자라고 하셨습니다. 정말 예수님을 믿는지 아닌
지는 삶의 열매로 알 수 있다는 것입니다.

그 열매로 나무를 아느니라 마 12:33

입으로 고백하는 것과 실제 행하는 것은 다를 수 있습니다.

그들이 하나님을 시인하나 행위로는 부인하니 가증한 자요 복종하지 아니하는 자요 모든 선한 일을 버리는 자니라 딛 1:16

야고보 사도는 행함이 없는 믿음은 죽은 믿음이라고 했습니다.

영혼 없는 몸이 죽은 것같이 행함이 없는 믿음은 죽은 것이니라 약 2:26

요한계시록에서 주님께서 사데교회가 살았다 하는 이름은 가졌지만 실상은 죽은 자라 하셨습니다. 이렇게 판단하신 근거는 사데교회의 행위였습니다.

내가 네 행위를 아노니 … 내 하나님 앞에 네 행위의 온전한 것을 찾지 못하였노니 계 3:1,2

"원수도 용서하고 사랑하게 되었는가? 어떤 상황에서도 기뻐하고 감사하는가? 하나님의 나라를 소유하였으니 보화를 발견한 농부같이 기쁜가? 죽음도 두렵지 않고 고난이 축복임이 믿어지는가? 은밀한 죄는 사라졌고, 음란물과 술과 담배와 도박과 게임은 더 이상 유혹이 되지 않는가? 성공하고 출세하고 부자 되는 것보다 예수님이 더 좋은가? 사는 이유가 영혼 구원과 선교 완성인가? 자아가 죽었는가? 가난하게 사는 법, 부자로 사는 법을 다 배웠는가?"

이렇게 제 삶을 점검하다보니 하디 선교사가 왜 그렇게 애통하며 회개하였는지 알 것 같습니다. 하디 선교사는 사역의 열매가 없는 것이 당시 조선 교회와 조선 사람들 탓인 줄 알았습니다. 그런데 자신이 예수님을 믿지 않았기 때문임을 깨달은 것입니다. 예수님을 믿고도 삶의 열매가 없는 것은 예수님을 영접하였다 하더라도 예수님이 그의 왕이 아니시기 때문입니다. 이것이 우리가 속히 그리고 철저히 회개하여야 할 일입니다.

그러므로 이르시기를 잠자는 자여 깨어서 죽은 자들 가운데서 일어나라 그리스도께서 너에게 비추이시리라 하셨느니라 엡 5:14

오순절 마가 다락방에 모인 120문도에게 성령이 임하셨고, 1738년 5월 24일 존 웨슬리에게 성령이 임하셨고, 1903년 8월 24일 하디 선교사에게 성령이 임하셨습니다.

저도 큰 소리로 외치고 싶습니다.

"예수님은 나의 생명이십니다!"

"예수님은 나의 주님이십니다!"

"예수님은 나의 왕이십니다!"   *20130822*

강 한 자 아 가 죽 은 사 람

우리는 항상 자신이 약하다고 생각하는 경향이 있습니다. 어려서부터 끊임없는 비교의식 때문에 이런 생각이 굳어버렸습니다. 그래서 끊임없이 강하신 하나님이 도와주시기를 기도하고 기다립니다. 그러나 하나님께서는 좀처럼 역사해주지 않으시는 것 같습니다. 적어도 자신의 삶에 있어서는 분명히 그랬습니다. 그래서 영적으로 방황하고 하나님을 의심하고 좌절합니다.

그러나 하나님께서 도와주지 않으시는 것이 아니라 도와주지 못하신다는 것을 알아야 합니다. 우리가 너무 강하기 때문입니다.

'나는 왜 잘하는 것이 없을까?'

저도 열등감으로 몸부림치던 때가 있었습니다. 제 자신이 너무나 초라하고 약해 보였습니다. 그때 주님은 내가 약한 것이 아니라 너무 강하여 주님이 역사하지 못한다는 말씀을 하셨습니다. 충격이었습니다.

우리가 약한 것은 차라리 다행입니다. 주님은 약한 자를 들어 강하게 쓰시기 때문입니다.

세상의 약한 것들을 택하사 강한 것들을 부끄럽게 하려 하시며 고전 1:27

우리의 문제는 약해서가 아니라 너무 강한 것입니다. 열등감에 사로잡힌 것도 우리 자아가 너무 강한 증거입니다. 낙심도 좌절도 우리가 너무 강하기에 생기는 것입니다. 우찌무라 간조는 "내가 아직도 약한 것은 내가 아직 너무 강하기 때문이다"라고 했습니다. 우리가 아무리 강한들 하나님께서 역사하지 못할 정도로 강할까요? 저도 그렇게 생각하였습니다. 우리는 실제로 너무나 연약한 존재입니다. 스스로 깨닫지 못할 정도로 약한 존재입니다. 그러나 유독 하나님과의 관계에서만큼은 너무나 강합니다. 천지를 만드신 하나님께서 오직 하나 마음대로 못하시는 것이 우리입니다. 자식 이기는 부모가 없다고 하지 않습니까?

자신이 강한지 아닌지는 확인해보면 금방 알 수 있습니다. '기도하라', '성경 읽으라', '용서하라', '전도하라', '기뻐하라', '감사하라', '두려워하지 말라'라는 말을 들어본 적이 있습니까? 그래서 말씀대로 했습니까? 믿음은 좋아 보이는데 영적으로는 완고한 사람이 많습니다. 하나님께서는 우리에게 말씀하신 후에는 회개하고 순종하기를 기다리실 뿐입니다. 아담과 하와만이 아니라 우리도 하나님보다 죄를 더 좋아하고 마음에 하나님 두기를 싫어합니다.

많은 사람이 자신이 이처럼 강하다는 것을 모릅니다. 스스로 속고 삽니다. 영적인 완고함입니다. 강하다는 것은 하나님께 반응하지 않는 성품입니다. 우리는 "안 돼요", "못해요", "힘들어요", "죽겠어요", "왜 나만 하라고 하세요"라고 합니다. 그래서 24시간 주님을 바라보라고 하신 것입니다.

십자가를 통과한 사람, 자아가 죽은 사람이 좋은 사람입니다. 주님이 그를 통하여 말씀하고 역사하실 수 있기 때문입니다. *20130823*

예 수 가 누 구 인 가 ?

오늘날 세상 사람들이 그리스도인들에게 요구하는 것은 자꾸 "예수 믿으라"라고 전도만 하지 말고 한국 사회의 현실에서 "예수가 누구인지 보여달라"는 것입니다. 수많은 예배당과 신학교와 기독교 단체들이 있고 주위에 그리스도인들도 많지만 예수님이 누구인지 잘 모르겠다는 말입니다.

여기에 한국 교회의 위기가 있습니다. 선뜻 대답을 하지 못하는 것입니다. 우리가 주 예수님의 일이라고 대답하는 것은 다른 종교나 단체나 사람들도 거의 다 하는 일들뿐입니다. 그런데 우리가 사람들에게 주 예수님을 보여줄 수 있을까요?

예수님께서 제자들에게 놀라운 약속을 하셨습니다.

> 내가 진실로 진실로 너희에게 이르노니 나를 믿는 자는 내가 하는 일을 그도 할 것이요 또한 그보다 큰일도 하리니 이는 내가 아버지께로 감이라
> 요 14:12

성경은 그리스도인을 가리켜 세상 사람들에게 주신 '그리스도의 편지'라고 하였습니다.

> 너희는 우리로 말미암아 나타난 그리스도의 편지니 이는 먹으로 쓴 것이 아니요 오직 살아 계신 하나님의 영으로 쓴 것이며 또 돌판에 쓴 것이 아니요 오직 육의 마음판에 쓴 것이라 고후 3:3

갈라디아서 4장 19절에서 사도 바울은 "다시 해산하는 수고를 한다"고 했습니다.

나의 자녀들아 너희 속에 그리스도의 형상을 이루기까지 다시 너희를 위하여 해산하는 수고를 하노니 갈 4:19

사도 바울이 해산의 수고를 하면서 이루고 싶었던 것은 갈라디아 교인들에게서 그리스도의 형상을 이루는 것이었습니다. 곧 그리스도인을 보면 예수님을 보는 것같이 되어야 한다는 것입니다.

아내에게 묻겠습니다.

"예수님 믿는 남편을 볼 때마다 예수님을 보는 것 같습니까?"

남편에게 묻겠습니다.

"예수님 믿는 아내를 볼 때마다 예수님을 보는 것 같습니까?"

자녀들은 예수님 믿는 부모에게서 예수님을 보는 것 같을까요? 부모들은 예수님 믿는 자녀에게서 예수님을 보는 것 같을까요? 주 예수님이 그 마음에 계신데, 어떻게 아내나 남편이 모를 수 있습니까? 어떻게 자녀와 부모가 모를 수 있습니까?

사도 바울은 예수 그리스도께서 친히 자신을 통하여 역사하셨다고 고백했습니다.

그리스도께서 이방인들을 순종하게 하기 위하여 나를 통하여 역사하신 것 외에는 내가 감히 말하지 아니하노라 롬 15:18

어떻게 주님은 사도 바울에게 그렇게 역사하셨을까요? 그가 십자가를 통과한 사람이기 때문입니다.

담벼락 하나

내가 그리스도와 함께 십자가에 못 박혔나니 그런즉 이제는 내가 사는 것이 아니요 오직 내 안에 그리스도께서 사시는 것이라 이제 내가 육체 가운데 사는 것은 나를 사랑하사 나를 위하여 자기 자신을 버리신 하나님의 아들을 믿는 믿음 안에서 사는 것이라 갈 2:20

이것이 하디 집회를 앞두고 제 마음에 돌덩어리처럼 무거운 기도의 눌림이었습니다. 오늘날 한국 교회에 주어진 어려움은 오직 교회와 그리스도인들이 예수를 한국 사회와 국민 앞에 보여주어야만 극복될 수 있을 것입니다. 우리가 이 문제를 회피하지 않고 진지하게 주님께 나아가 기도하면 반드시 성령의 역사로 한국 교회가 세상의 소금과 빛이 되는 새 부흥을 주실 것입니다. *20130824*

왕이신 예수님을
사랑하라

예 수 나 의 왕

예수님은 어떻게 우리 안에 오시는 것일까요? 요한계시록 3장 20절 말씀을 보면 "볼지어다 내가 문밖에 서서 두드리노니 누구든지 내 음성을 듣고 문을 열면 내가 그에게로 들어가 그와 더불어 먹고 그는 나와 더불어 먹으리라" 했습니다. 분명히 우리가 예수님께 마음을 열어야 예수님께서 들어오시는 것임을 알 수 있습니다.

많은 그리스도인들이 교회만 다니면 예수님은 어느 순간 알아서 우리 안에 들어오시는 줄 압니다. 언제 어디서 주 예수님께 '마음을 열고 그분은 마음에 오시도록 영접하였다'는 기억이 없습니다. 그러고도 예수님이 마음에 계신다고 믿는 것입니다. 그것은 주 예수님이 모든 그리스도인 안에 계신다는 말씀을 들어서 그런 줄 아는 것이지, 실제 예수 그리스도께서 그 안에 계심을 알기 때문에 믿는 것이 아닙니다. 많은 그리스도인에게 있어서 예수님은 라오디게아교회처럼 마음문 밖에서 문을 두드리기만 하실 뿐입니다. 우리가 마음을 연 적이 없기 때문입니다.

어떤 그리스도인들은 자신이 분명히 마음을 열었다고 생각합니다. 그러나 이것도 한번 점검해보아야 합니다. 어느 집회 때나 기도 시간에 예수님을 마음에 영접하여야겠다는 감동이 있어서, 그것이 예수님께서 마음의 문을 두드리시는 것임을 깨닫고, "주 예수님 영접합니다! 제 안에 오세요" 하면 마음을 연 것인 줄 압니다. 아닙니다. 마음을 여는 것은 그런 것이 아닙니다. 그렇게 예수님을 영접하였으니 예수님을 영접하고도 주님과 동행하는 삶이 이루어지지 않는 것입니다.

주 예수님이 마음에 임하셨다고 믿기만 한다고 해서 주님과 동행하는 것이 아닙니다. 여전히 자신이 주인이면 예수님은 포로 신세가 될 뿐입니다. 내가 하는 대로 내가 가는 대로 주님은 꼼짝없이 따라오셔야만 하는 동행은 없습니다. 그래서 요한복음 15장 4절에 우리가 먼저 '주님 안에 거하면' 주님이 우리 안에 거하신다고 하신 것입니다. 우리가 먼저 예수님 안에 거한다는 것은 자신의 삶의 주인은 예수님이시라는 분명한 결단입니다.

사실 마음을 연다는 것은 가장 힘들고 두려운 일입니다. 여러분은 누구에게 마음을 열어보았습니까? 또 열고 싶다고 되는 일이었습니까? 마음을 연다는 것은 그렇게 간단하고 쉬운 것이 아닙니다. 주 예수님께 마음을 연다는 것은 예수님께서 정말 마음에 임하시는 것을 믿으며 예수님을 왕으로 섬기며 예수님의 통치를 받아들이겠다는 결단입니다. 마음을 예수님께 드리는 것입니다. 예수님을 왕으로 모시고 살겠다는 것입니다.

바울은 골로새서 3장 4절에서 '우리 생명이신 그리스도'라고 하였습니다. 생명은 단순히 함께하는 것 이상의 깊은 것입니다. 또 갈라디아서 2장 20절에서 사도 바울은 "내가 그리스도와 함께 십자가에 못 박혔나니 그런즉 이제는 내가 사는 것이 아니요"라고 고백한 다음에 "오직 내 안에 그리스도께서 사시는 것이라"라고 했습니다. 이것이 주 예수님 안에 거하는 것이고 마음을 여는 것입니다. 그렇습니다. 주 예수님이 진정 우리의 생명이 되시고 왕이셔야 합니다. 그럴 때 주님이 우리 안에 임하셔도 문제가 없는 것입니다.

그런데 주 예수님을 믿어도 왜 삶이 변화되지 않습니까? 아직 마음을 열고 주 예수님을 왕으로 영접하지 않았기 때문입니다. 우리는 어른이 된 후 왕이 없었습니다. 왕을 두는 것을 싫어합니다. 마음대로 살고 싶기 때문입니다. 여러분은 누구를 왕이라 여기며 살아보셨습니까?

주 예수님에 대하여도 마찬가지입니다. 우리는 주 예수님을 믿으면서도 예수님을 왕이라고 여기지 않습니다. 말만 그렇게 할 뿐입니다. 예수님을 믿고 받은 가장 큰 복은 만왕의 왕이신 주님이 우리 안에 오신 것입니다. 이것은 이상한 일이 벌어지는 것이 아닙니다. 하나님이 창조하신 본래 상태로 회복되는 것입니다. 하나님께서 우리 안에 오셔서 우리와 함께 행복하게 동행하시는 것이 우리를 지으신 하나님의 목적이었기 때문입니다.

우리의 죄는 예수님을 믿고도 왕으로 섬기지 않는 것입니다. 어떻게 보면 허랑방탕한 죄보다 더 큽니다. 허랑방탕한 사람은 자신이 죄인인 줄은 압니다. 그러나 주 예수님을 왕으로 섬기지 않으면서 신앙생활을 열심히 한 사람은 자신이 죄인인 줄도 모르고, 오히려 역사해주지 않으

담벼락 하나

신다고 하나님만 원망하게 되기 때문입니다. 실제로는 자신이 주님으로 일하지 못하시게 하고 있는 것을 모르기 때문입니다.

만왕의 왕 예수님께서 믿는 이들 안에 영원히 거하시게 되었습니다. 주 예수님은 우리가 왕으로 인정하든 안 하든 왕이십니다. 만왕의 왕이십니다. 그러나 우리가 예수님을 왕으로 인정하지 않으면 예수님이 우리 마음 안에서 결코 왕이 되실 수 없습니다.

그러므로 예수님을 영접할 때, 우리가 해야 할 일이 있습니다. 바로 예수님을 왕으로 모시고 우리의 생각과 감정조차 주님께 복종할 결단을 하는 것입니다. *20130827*

믿음의 실험을 하라

다니엘은 바벨론 궁전에 포로로 잡혀가서 너무나 난감한 처지가 되었습니다. 우상에게 바쳐진 고기를 먹어야 하는 것이었습니다. 그때 다니엘은 자기를 담당한 환관에게 채식만 할 수 있도록 간청했습니다. 단 10일간만 지켜봐달라고 요청하여 허락을 받습니다. 조건은 10일 후에 채식만 한 자신의 얼굴이나 몸이 육식을 한 다른 소년들과 차이가 날 정도로 쇠약해 보이면 자신도 육식을 하겠다는 것이었습니다.

다니엘은 결코 10일간만 채식을 할 생각은 아니었을 것입니다. 그 상황에서는 제한된 기간 동안만 믿음의 실험을 할 수밖에 없었기에 그리한 것입니다. 하나님께서 다니엘의 10일간의 믿음의 실험에 응답해주셨습니다. 그것이 그 상황에서는 믿음이자 전심이었기 때문입니다.

전에는 예수님이 내 안에 계신다는 것만으로도 황홀했습니다. 그래서 24시간 주님만 바라보며 살려고 애를 썼습니다. 그것으로도 많은 변화와 열매가 있었습니다. 그러나 얼마 전부터 더 중요한 단계로 부르시는 것을 느꼈습니다. 그것은 예수님을 왕으로 모시고 사는 것입니다. 예수님이 단지 우리 안에 거하기만 원하시는 것이 아니라 우리의 생명이 되고 우리의 왕이 되기 원하신다는 것을 깨달았습니다.

어떻게 하면 예수님이 우리의 생명이 되고 왕이 되실 수 있을까요? 사도 바울은 갈라디아서 2장 20절에서 "내 안에 그리스도께서 사시는 것이라"라고 고백했습니다. 그러나 그 이전에 "이제는 내가 사는 것이 아니요"라고 했습니다. 바로 이것입니다! 그리스도께서 우리의 생명이 되시고 우리의 왕이 되시려면 우리에게 "이제는 내가 사는 것이 아니요" 하는 분명한 태도가 필요합니다. 그래서 예수님이 "나는 포도나무요 너희는 가지라"(요 15:5) 하시기 전에 "내 안에 거하라"(요 15:4) 하고 먼저 요구하셨던 것이고, 그리하면 "나도 너희 안에 거하리라"라고 하신 것입니다.

예수님 안에 거하는 것은 "나는 죽었습니다" 하고 고백하는 것입니다. 그것은 예수님을 왕으로 모시고 살기로 결단하는 것입니다. 부목사님들과 한 달 동안 예수님을 왕으로 섬기며 보내기로 약속했습니다. 왜 한 달로 기간을 제한했는가 하면, 솔직히 예수님을 왕으로 섬기며 평생을 사는 것에 대하여 우리 안에 두려움과 부담스러움이 있었기 때문입니다.

예수님을 왕으로 섬기며 살아가면 인생에 낙이 다 없어지고 가난에 찌들리고 자녀들은 거지가 되고 하고 싶은 것을 포기해야 하고 하기 싫은 것만 평생 하다가 순교로 삶을 끝낼 것 같은 생각이 자꾸 드는 것입니다. 그래서 많은 그리스도인들이 예수님을 왕으로 모시고 살 결단을 하지 못하고 평생을 허송하며 사는 것입니다. 부끄럽지만 우리의 믿음이 그 정도라면 그 정도에서라도 전심으로 반응하자는 의미에서 부목사님들에게 한 달만 주 예수님을 왕으로 섬기며 살아보자고 제안한 것입니다.

"예수님께 완전히 복종만 하며 한 달만 살자!"

목사님들이 다 동의해주었습니다. 저도 그랬지만 목사님들도 아마 '한 달만이니까!' 하는 마음이 있었을 것입니다.

'예나왕' 믿음의 실험을 했던 한 달 동안 제겐 엄청난 은혜가 있었습니다. 지난 하디 집회 때 저는 주님이 제게 얼마나 놀랍게 역사하셨는지를 깨달았습니다. 그리고 이제야 알았습니다. 예수님을 왕으로 섬기며 사는 것이 진정한 구원의 삶이라는 것을! 주 예수님께 복종만 하고 사니 너무나 행복했습니다. 사실 더 편안했습니다. 더 안전했습니다. 진정한 열매가 맺어졌습니다. 이제는 평생 예수님을 왕으로 모시고 살고 싶어집니다. 뒤돌아가고 싶지 않습니다.

여러분 중에도 예수님을 왕으로 모시고 사는 것이 힘들게 여겨지는 분이 있다면 한 달만 살아보라고 하고 싶습니다. 그 대신 믿음의 실험을 하는 동안만은 정말 철저히 그리고 매사에 왕 되신 주님께 복종하고 또 순종하며 살아보는 것입니다. 마음의 생각에서부터 말입니다. 실족해도 즉시 다시 일어나면 됩니다. 하나님은 실패를 책망하시는 것이 아니라 시도도 하지 않는 것을 안타까워하십니다.

오직 실패를 정확히 기록하고 원인을 점검하며 다시 주님을 바라보기만 하면 됩니다. *20130828*

성공이 아니라 승리다!

여주 동지방에서 지방연합 집회를 인도하면서 저는 제가 주 예수님을 인격적으로 만났던 1984년 4월 광주통합병원 수술 대기실에서의 일이 선명하게 생각났습니다. 저는 그날 비로소 거듭남을 체험하였습니다. 주님께 저를 종으로 드리는 결단도 하였습니다. 그런데 제가 그곳에서 고개를 들 수 없을 만큼 부끄러움과 죄송함을 느낀 것은 여주에서 첫 목회를 하였을 때는 제가 거듭나기 전이었기 때문입니다.

그때 저는 착한 것이 믿음이고 성실하면 좋은 목사인 줄 알았습니다. 그러나 제 내면에는 흉악하고 무서운 죄가 도사리고 있었습니다. 그것은 자아 추구였습니다. 제 마음의 목표는 큰 교회 담임목사가 되어 목회에 성공하는 것이었습니다. 저는 그것이 죄인 줄도 몰랐습니다. 성령의 역사로 주님을 바라보는 눈이 뜨이고 난 다음에서야 그것이 얼마나 큰 죄인지 깨달았고 밤새 회개하였던 것입니다. 그리고 30년이 지나 당시 교인들 앞에서 속죄하는 마음으로 설교를 하였습니다.

저는 주님을 만나고 정말 충격적으로 깨달은 것이 있습니다. 그것은 바로 하나님께서는 우리가 얼마나 성공했느냐를 보지 않고 우리가 이기었느냐를 보신다는 것입니다. 우리가 주님 앞에서 보고드릴 내용은

담벼락 하나

오직 하나뿐임을 알았습니다.

"주님, 우리는 이겼습니다! 피곤을 이기고 추위를 이기고 나태를 이기고 낙심을 이겼습니다. 우리가 죄를 이기고 마귀를 이기고 세상을 이기고 자아를 이겼습니다."

우리에게 성공이 있다면 반드시 승리 뒤에 성공이 와야 한다는 것을 명심해야 합니다. 승리하지 못하고 성공한 사람은 반드시 타락합니다. 안타깝게도 많은 사람이 성공과 축복만 바라봅니다. 그러나 승리 없는 성공이 우리를 망하게 한다는 것을 알아야 합니다. 성공한 자는 더 이상 이기려고 하지 않습니다.

어느 목사님께서 물으셨습니다.

"당신이 성공하기 위하여 대가 지불이 필요하다면 당신은 무엇을 내어놓겠습니까? 시간입니까? 가족입니까? 건강입니까? 친구입니까? 영혼입니까?"

가만히 생각해보아도 우리의 삶에 성공보다 더 소중한 것들이 많습니다. 우리는 성공보다 승리를 바라야 합니다. 하나님 앞에 갔을 때 남은 것은 승리뿐입니다. 정말 소중한 것을 보는 눈이 열려야 합니다. *20130902*

왕 을 사 랑 하 라

기도하면서 '예수님은 나의 왕이시라' 고백하였을 때, 제 마음 깊은 곳에서 '너는 그것을 감당할 수 없어' 하는 소리가 있었습니다. 순간 가슴이 철렁하였습니다. 그리고 예수님을 왕으로 모시고 산다는 것은 도무지 제 힘으로 감당할 수 없는 일이라는 것이 깨달아졌습니다. 제게는 그런 능력이나 담력이나 재주가 없습니다. 그렇습니다. 제가 어떻게 주님을 왕이라 부르며, 주님을 따르며, 주님이 하는 일을 감당할 수 있겠습니까?

'아, 나는 예수님을 왕으로 모시는 것조차 허락받지 못하는 자이구나!'

답답한 마음으로 기도할 때, 제 마음에 또 들려오는 소리가 있었습니다.

"왕이신 주를 사랑하라!"

갑자기 눈물이 났습니다. 뭐라고 설명할 수 없는 답을 얻은 느낌이었습니다. 그렇습니다. 제가 예수님을 왕으로 모시고 살 수 있는 유일한 길은 '왕이신 주님을 사랑하는 것'뿐입니다!

이 세상에 사랑의 힘보다 더 큰 힘은 없습니다. 시장에 나가보면 다 팔아야 그저 1,2만 원밖에 안 되는 것들, 고구마, 감자, 상추 이런 것을 조금 가져다놓고 그 더운 뙤약볕과 매서운 추위를 견디며 앉아 있는 아주머니들이 많습니다. 이 분들에게는 학교 다니는 자녀들이 있기 마련입니다. 그러나 날이 덥더라도 사랑하는 아들을 생각하면 안 더운 것입니다. 사랑하는 딸을 생각하면 안 추운 것입니다. 사랑하는 이가 없는 사람은 시장에 안 나옵니다. 그런 분들은 더위를 못 이기고 추위를 이길 수 없습니다. 지루함을 이길 수가 없고 적은 돈 때문에 앉아 있지 못합니다. 그러나 사랑에 힘이 있는 것입니다.

사랑에 빠진 사람은 힘이 들지 않습니다. 사랑하는 사람을 위한 일이

담벼락 하나

라면 수고하는 것조차 쉽고 즐거운 일이 되기 때문입니다. 만약 주님 뜻대로 사는 것이 힘들고 두렵게 느껴진다면 이유는 오직 하나입니다. 예수님을 믿는다고 하지만 사랑에 빠진 것은 아닌 것입니다.

앨란 후드 목사님이 "무시로 기도하라는 것은 기도의 방법을 가르치신 것이 아닙니다. 사랑을 말씀하신 것입니다"라고 했듯이, 예수님을 사랑하면 무시로 기도하게 됩니다.

로마서 8장 28절에는 놀라운 약속이 나옵니다.

> 우리가 알거니와 하나님을 사랑하는 자 곧 그의 뜻대로 부르심을 입은 자들에게는 모든 것이 합력하여 선을 이루느니라 롬 8:28

"모든 것이 합력하여 선을 이루느니라." 정말 놀라운 축복이 아닐 수 없습니다. 그런데 이 약속에는 조건이 있습니다. "그의 뜻대로 부르심을 입은 자들에게" 이루어지는 일입니다. 여러분은 '하나님의 뜻대로 부르심을 입은 자'입니까? 아마 자신이 없는 이들이 많을 것입니다.

'나는 어쩌다 태어난 인생이야, 나는 부모도 원치 않는 자식이었어! 나는 실패작이야.'

자신이 하나님의 뜻대로 부름받은 자라는 증거를 도무지 찾을 수 없는 사람도 있을 것입니다. 그러면 우리가 정말 하나님의 뜻대로 부름을 받은 자인지 아닌지 어떻게 알 수 있을까요? 성경은 간단명료하게 답을 줍니다. "하나님을 사랑하는 자!"라는 것입니다. 다른 것은 못해도 이것은 할 수 있지 않겠습니까? 하나님을 사랑하기만 하면 하나님의 뜻대로 부름받은 자인 것입니다.

그러나 하나님을 사랑하는 것조차 그리 간단한 문제는 아닙니다. 하나님은 우리가 사랑하기에는 너무 크고 부담스러우신 분입니다. 게다가 우리는 늘 죄책감이 눌려 지냅니다. 그러니 우리가 어떻게 하나님을 사랑할 수 있겠습니까?

그러나 성경은 계속하여 "하나님을 사랑하라"고 하십니다. 십자가는 하나님께서 우리와 사랑의 교제를 원하신다는 강력한 메시지입니다. 하나님의 독생자가 왜 십자가에 죽으셔야 합니까? 우리를 향한 하나님의 사랑이 아니면 설명할 수 없는 일입니다. 우리는 하나님을 사랑하도록 용납받은 자라는 것입니다. 저는 잠잠히 "왕이신 주님, 제가 주님을 사랑합니다!"라고 고백하였습니다. 그 순간 마음에 울림이 있었습니다. 생각만 하는 것과 고백하는 것은 정말 다른 것이었습니다.

다윗이 하나님의 사랑을 많이 받은 이유는 그가 사랑을 표현하는 사람이었기 때문이라는 생각이 듭니다. 다윗은 수도 없이 "내가 주를 사랑하나이다"라고 고백했습니다. 다윗은 하나님 앞에서 왕의 체통이 깎일 정도로 덩실덩실 춤도 추었습니다.

그러나 저는 어릴 때부터 표현이 없는 사람이었습니다. 목사의 아들로 자라면서 좋고 싫은 감정을 누르고 살아야 했던 것이 습관이 된 것입니다. 돌아가신 어머니에게도 사랑한다는 말도 못해보았습니다. 아내와 딸 지영이, 하영이에게도 사랑한다는 말을 잘 못했습니다. 마음으로 사랑하면 된다고 생각했습니다. 그런 제게 성령님께서는 사랑을 표현하도록 굳은 마음을 깨뜨리기 시작하셨습니다.

저는 아내에게 사랑한다는 말을 해야겠는데 그게 얼마나 어려웠던지, 며칠 동안 고민하고 결국 기도까지 하면서 겨우 "여보, 사랑해" 하고 고백하였습니다. 그러나 "사랑한다"고 말하고 나니 마음으로만 품고 있을 때와 다른 것을 느꼈습니다. 왕이신 주님을 향한 사랑도 고백을 하면서 점점 뜨거워짐을 느낍니다.

20130907

그러므로 함께 하늘의 부르심을 받은 거룩한 형제들아

우리가 믿는 도리의 사도이시며 대제사장이신 예수를 깊이 생각하라

히브리서 3장 1절

담 벼 락
둘

예수님을 깊이 생각하는 삶

10

예수님 안에
거하는 법

상처가 사명이 되는 은혜

교회에 위로와 은혜를 받으려고 왔다가 오히려 상처받는 일이 흔하게 일어납니다. 그래서 어떤 사람들은 아예 교회생활을 소극적으로 하려고 작정하기도 합니다. 또 상처받을까 두려운 것입니다. 그러나 상처를 그대로 품으려 하지 말고 반드시 극복해야 함을 명심해야 합니다.

자동차 사고를 경험한 사람들 중에 다시는 운전을 하지 않으려는 이들이 있습니다. 마음에 대단한 충격과 상처를 받았기 때문입니다. 그러나 이런 경우일수록 다시 핸들을 잡아야 합니다. 마음의 상처는 극복되어야 합니다. 그렇지 않으면 그는 운전을 통한 많은 유익함을 잃어버리게 될 것입니다. 그러나 상처가 극복된다면 사고의 경험이 안전한 운전 습관을 갖게 하는 유익을 가져다줄 것입니다.

제가 갓난아이일 때, 창문 뒤로 넘어져 머리에 깊은 상처가 났었습니다. 지금까지 상처 자국은 남아 있지만 멀쩡하게 회복되었습니다. 군

훈련 중에 다리가 부러지는 중상을 당했지만 지금은 아무 문제도 없습니다. 오히려 제가 거듭나는 인생의 전환점이 되었습니다. 그동안 몇 번 심하게 앓은 적도 있습니다. 어떨 때는 정말 죽을 듯 아팠지만 그 또한 얼마 지나면 나았습니다. 그러나 몸만 그런 것이 아닙니다. 마음도 마찬가지입니다. 심하게 마음 몸살을 앓는 것같이 힘들 때가 있었습니다. 어머니가 일찍 돌아가신 후 눈앞이 캄캄하기도 했지만, 시간이 지나면서 그 또한 다시 회복되어 제가 하나님나라에 대하여 일찍 눈이 뜨이는 계기가 되었습니다.

교회에서 받은 상처도 마찬가지입니다. 저는 어릴 때 교회에서 받은 상처가 커서 목사 되는 것이 죽기보다 싫었습니다. 그러나 그 아픔들이 제가 제자훈련 목회를 하고 교인들에게 24시간 예수님을 바라보게 하는 사명이 되었습니다.

교회 모임에서 상처받았다면 모임을 거부하기보다 그것을 사명으로 승화시키려는 주님의 뜻을 붙잡아야 합니다. 교회에서 시험이 들어 "나는 교회에 안 나간다!" 하는 분들이 있습니까? 어떤 이유에서든지 교회에 안 나오는 사람만 손해입니다. '죽어라!' 하고 교회에 나와야 합니다! 교회에서 겪은 이런저런 아픔과 상처가 많더라도 그것 때문에 교회의 축복을 놓쳐서는 안 될 것입니다. 마음의 상처에 묶이지 않고 오히려 사명이 되는 은혜를 받으려면 삶의 목적이 오직 주 예수님 한 분이 되어야 합니다.

세상에는 초강력 회복 메커니즘이 있습니다. 그 메커니즘을 작동하시는 분이 예수 그리스도이십니다.

그가 찔림은 우리의 허물 때문이요 그가 상함은 우리의 죄악 때문이라 그
가 징계를 받으므로 우리는 평화를 누리고 그가 채찍에 맞으므로 우리는
나음을 받았도다 우리는 다 양 같아서 그릇 행하여 각기 제 길로 갔거늘
여호와께서는 우리 모두의 죄악을 그에게 담당시키셨도다 사 53:5,6

하나님이 세상을 이처럼 사랑하사 독생자를 주셨으니 이는 그를 믿는 자
마다 멸망하지 않고 영생을 얻게 하려 하심이라 요 3:16

오늘도 24시간 예수님을 바라보며 사시기를 축복합니다. 20130923

여 물 통 을 엎 으 시 는 하 나 님

애틀랜타 집회에 가서 많은 목사님들을 만나며 깨달았습니다. 한결
같이 고난을 겪지 않으신 분이 없다는 것입니다. 암으로, 사랑하는 가족
과의 사별로, 목회의 실패로, 사람에게 배신을 당하고, 꿈의 좌절 등 아
픔들이 있었습니다.

저는 이런 생각을 해보았습니다.

'하나님께서 쓰시는 종에게 왜 이런 고난이 있는 것일까?'

그런데 그들의 한결같은 고백은 그 아픔을 통하여 사역과 삶의 방향
이 크게 바뀌었다는 것입니다.

시골집에서 불이 나면 외양간의 소를 끌어내는 것이 큰일이랍니다.
소가 절대로 밖으로 나오려고 하지 않기 때문입니다. 아무리 힘센 장사

담�벼락 둘

가 끌어내도 말입니다. 그러나 꿈쩍도 않는 소를 밖으로 신속하게 끌어내는 방법이 하나 있는데, 바로 소의 여물통을 엎는 것입니다. 그러면 소가 '이제는 이곳에 소망이 없구나, 이곳에는 더 이상 내가 먹을 것이 없구나'라고 생각하는지 제 발로 밖으로 나온다는 것입니다.

그래서 주님도 주님이 원하시는 방향으로 우리를 이끌려고 하실 때 고난을 사용하시는 모양입니다. 우리가 외양간의 소 같아서 살길로 인도하시는 주님께 순순히 순종하지 못하기 때문입니다. 우리가 "예수님 한 분이면 충분합니다" 하고 고백하지만 스스로 알지 못하고 고백하는 것입니다. "주 예수보다 더 귀한 것은 없네"라고 찬송하지만 사실은 거짓말입니다. 생각과 말로는 모두 다 버리고 내려놓은 듯하지만, 실상은 그렇지 않습니다.

애틀랜타 한인교회에서 주일 설교를 하면서, 예수님을 모시고 살아서 정말 행복한지 도전하였습니다. 많은 그리스도인들이 예수님을 믿지만 진정 행복하다고 여기지 못하고 삽니다. 오히려 여물통을 엎으시는 하나님 때문에 영적으로 무너진 이들도 있습니다. 그러나 여물통을 엎지 않으면 불에 타 죽을 수 있음을 알지 못합니다. 여물통을 엎으시는 하나님은 우리를 죽이려 하는 것이 아니라, 우리를 살리려 하는 것입니다. 여물통이 엎어지지 않았는데 "나는 죽었습니다!"라고 고백할 사람이 있겠습니까? 여물통이 엎어지지 않았는데 24시간 예수님을 바라볼 사람이 있겠습니까? 여물통을 그대로 놔둔 채 "예수님은 나의 왕!"이라고 외칠 사람이 있을까요? 여물통이 엎어졌으니 새벽에 일어나 기도하는 것입니다.

하나님이 여물통을 엎으실 때 우리는 많이 힘들고 아픕니다. 사는 것보다 죽는 것이 낫다는 생각이 들기도 합니다. 그러나 고통은 잠깐이요 생명은 영원합니다. 엎어버린 여물통 대신에 주님이 우리의 여물통이 되심을 깨닫게 됩니다.

주님은 지금도 우리의 여물통을 "내어놓으라" 하십니다. "이것만은 건드리지 마세요" 하고 악착같이 붙잡고 있는 여물통을 건드리십니다. 그러나 우리는 나중에 알게 됩니다. 그것이 사랑이라는 것을! 그리고 이제 더 이상 여물통에 연연하지 않게 됩니다. 여물통이 엎어져도 행복합니다!

20130916

이슬만 먹고 살 수는 없잖아요?

애틀랜타 목사님들과 만남의 시간을 가질 때, 한 목사님께서 이런 질문을 하셨습니다.

"주 예수님을 바라보며 산다고 해도 이슬만 먹고 살 수는 없잖아요? 목사님께서는 아무것도 없는 상황에서 살아본 적이 있나요?"

이민 목회 현장에서 부딪히는 어려움을 단적으로 표현하신 말이라 여겨졌습니다. 그러나 한국 교회의 현실도 크게 다르지는 않다고 여겨집니다. 돌아보니 저는 극한 가난을 경험해보지는 못했다는 생각이 들었습니다. 군목 훈련 중 부상으로 퇴교당한 후 목발을 짚고 다니며 저를 써줄 교회를 찾아 돌아다니다 찾지 못하고, 3개월 내내 기도만 하던 시절이 있었습니다. 그러나 그때에도 밥을 굶지는 않았습니다. 그래서 저는 가난의 고통을 겪는 사역자들에게 말할 자격이 없는 사람입니다.

그렇지만 저희 할아버지께서 목회를 시작하셨을 때는 정말 먹고살기 어려운 가난을 겪으셨다고 들었습니다. 견디다 못해 목회 현장을 떠나 평북 영변 장터 좌판에서 빵을 파시기도 했다고 합니다. 그러던 어느 날 할머니가 "여보, 우리 교회로 돌아갑시다" 하신 말씀에 두말하지 않고 좌판을 거두고 다시 교회로 돌아오셨다는 말씀을 들었습니다. 그렇게 다시 시작하신 목회는 6.25 전쟁 때 순교하시며 끝을 맺으셨습니다. 아버지의 목회 역시 고생스러우셨습니다. 제가 어릴 때는 변변한 집에서 살아보지 못했습니다. 빌딩 사무실이나 학교 교실에 칸막이를 하여 살았던 적도 있었습니다. 철없는 어린 나이 때에는 그런 생활이 재미있기도 했지만 돌아보니 불쌍했던 시절이었습니다. 결국 어머니는 제가 신학생 때 돌아가셨습니다.

제게는 왜 극한 가난이 없었는지, 때로 할아버지와 아버지의 눈물의 씨앗 때문이 아닌가 하는 생각을 해봅니다. 가난하게 사는 법도 부유하게 사는 법도 다 우리가 배워야 할 중요한 과목입니다. 예수님께서 이것을 가르치십니다.

사도 바울은 빌립보서 4장 11,12절에서 "어떠한 형편에든지 나는 자족하기를 배웠노니 나는 비천에 처할 줄도 알고 풍부에 처할 줄도 알아 모든 일 곧 배부름과 배고픔과 풍부와 궁핍에도 처할 줄 아는 일체의 비결을 배웠노라"고 했습니다. 예수님의 제자는 비천에 처하는 법을 배운 사람이고 풍부에 처하는 법을 배운 사람입니다. 항상 넉넉한 형편에서만 살기 원하는 것은 주님의 종의 자세가 아닙니다. 그런 종은 주님이 쓰시기에 부담스러울 뿐입니다.

그러나 가난하게 사는 것만이 주님의 뜻은 아닙니다. 부자로 살게 하실 때가 있습니다. 문제는 부자로 사는 법을 배웠느냐 하는 것입니다. 부자가 된 후 나누어주는 것을 사명으로 알고 사랑하고 겸손하다면 배운 것입니다. 비천에 처하는 법을 배우는 것은 어렵습니다. 그러나 부유함에 처하는 법을 배우기는 더 어렵습니다. 그런데 비천에도 풍부에도 처하는 일체의 비결이 있는데, 바로 '예수님 안에서 거하는 법'을 배우는 것입니다.

내게 능력 주시는 자 안에서 내가 모든 것을 할 수 있느니라 빌 4:13

우리에게 어떤 상황이 주어지면 상황을 바꾸어달라고 기도하기 전에 먼저 그 상황에 적응하는 비결을 배우게 해달라고 기도해야 합니다. 가난한 때, 억울한 때, 사람들에게 잊혀진 때, 고통스러운 때가 있습니다. 물론 이런 상황은 우리가 원하는 것이 아닙니다. 그러나 그런 상황에 적응하는 비결은 반드시 배워야 합니다. 그래야 주님이 마음대로 쓰시는 종이 될 것입니다.

우리는 하나님께서 우리의 환경을 바꾸어주시고 일할 기회를 주시기를 기다립니다. 그런데 주님은 우리가 어떤 처지에서도 적응하는 비결을 배우기를 원하십니다.

나는 포도나무요 너희는 가지라 그가 내 안에, 내가 그 안에 거하면 사

담벼락 둘

람이 열매를 많이 맺나니 나를 떠나서는 너희가 아무것도 할 수 없음이라

요 15:5 *20130917*

작심삼일을 극복하라

많은 그리스도인들이 주님과의 연합에 확신이 없는 것은 주님과의 친밀함이 작심삼일(作心三日) 수준이기 때문입니다. 주님을 바라보며 살아야지 하다가도 생활이 바쁘고 이런저런 일로 마음이 흐트러지다보면 주님을 바라보는 태도가 어느새 흐지부지되고 마는 것입니다.

기도원에 들어가거나 훈련 프로그램에 참여하지 않고도 일상생활에서 온전히 하나님과 24시간 동행할 수 있다면 얼마나 좋겠습니까? 우리가 6개월만 구원의 투구를 쓰고 주님을 생각하며 산다면 주님과의 친밀함에 놀라운 변화가 일어날 것입니다. 이것은 비현실적인 생각이 아닙니다. 모든 그리스도인에게 허락된 축복입니다.

하나님께서는 사람을 하나님과 인격적이고 친밀한 관계 속에서 살도록 만드셨습니다. 항상 하나님을 바라보며 살도록 만드신 것입니다. 이것이 죄로 인하여 파괴되었고, 십자가에서 회복된 것입니다.

예수님은 자신이 떠나가는 것이 제자들에게 유익하다고 말씀하시며 보혜사 성령님을 보내주시겠다고 약속하셨습니다. 무엇이 더 유익하다는 것입니까? 바로 24시간 주님과 동행하게 되는 것입니다. 예수님은 2,000년 전 팔레스타인 땅에 잠시 계셨지만, 보혜사 성령님은 2,000년 동안 계속 '지금 여기'(here and now) 모든 그리스도인들과 함께 계시므

로, 예수님이 떠나가시는 것이 우리에게 유익했던 것입니다. 성경에 나오는 모든 하나님의 사람들은 하나님과 동행하는 삶을 허락받은 사람들이었습니다.

2009년 안식월을 보낼 때 다른 것은 하지 않고 오직 한 달 동안 예수님만 묵상하고 지냈는데, 정말 유익한 시간이었습니다. 주님을 바라보는 눈이 뜨이자 안식월이 끝나가도 초조함, 아쉬움, 두려움이 없었습니다. 담임목사직을 내려놓아도 아무 문제가 안 되는 행복이 있었습니다. 늘 함께하시는 예수님에 대한 확신 때문이었습니다.

안식월을 보내고 돌아온 뒤로 한동안 교회 사역으로 바쁘게 지내면서 24시간 예수님과 동행하는 리듬이 깨어졌습니다. 너무나 아쉬운 마음에 다시 안식월이 기다려졌습니다. 점점 목회를 그만두고 예수님만 바라보며 살면 좋겠다는 생각까지 들었습니다. 그러다가 안식월에만 예수님과 동행할 수 있다면 그것은 정상이 아니라는 생각이 들었습니다. 그래서 일상생활 중에 24시간 예수님을 바라보는 삶에 도전하였습니다.

제가 주님을 계속 바라볼 수 있었던 것은 영성일기 때문이었습니다. 그동안 주님을 사모함으로 친밀한 교제를 원했지만 문제는 작심삼일이었다는 것입니다. 여러분도 주님을 사모함이 있을 것입니다. 그 사모함이 주님을 갈망하게 만듭니다. 그렇지만 작심삼일로 그치고 맙니다. 그러면 주님을 영접한 지 10, 20년이 지났다 하더라도 주님과의 친밀함의 수준은 3일 정도 깊이밖에 안 되는 것입니다. 목사요 장로라고 해도 주님과의 친밀함은 3일 정도밖에 안 되는 분들이 많습니다.

24시간 주님을 바라보는 것이 작심삼일 수준이 안 되도록 도와주는 도구가 영성일기입니다. 오늘도 "예수님은 나의 왕!"이라고 외치며, 오직 주님의 인도하심에 순하게 반응해보시기 바랍니다.

20130921

11

주님 안에서
발견되기

임 마 누 엘 하 신 예 수 님

미국 집회를 통하여 미국의 많은 목회자들과 성도들이 엠마오로 가는 두 제자와 같은 영적 상태에 있음을 느꼈습니다. 주 예수님을 믿었지만 좌절감에 사로잡혀 있었기 때문입니다.

"안 된다! 못하겠다! 끝이다!"

두 제자는 메시아로 믿고 따르던 예수님이 십자가에서 허망하게 죽는 것을 보고 충격을 받고 절망하여 엠마오로 내려가고 있었습니다. 그때 부활하신 예수님이 그들의 슬픈 여정에 합류하셨고 그들을 다시 일으키시고 회복시키셨습니다.

예수님은 엠마오로 가는 두 제자를 만나 성경에 기록된 모세와 예언자들의 글을 자세히 설명해주셨습니다. 예수님이 십자가에서 처형되어 죽은 것은 나약함, 무기력의 결과가 아니라 하나님 아버지의 뜻에 대한 절대 복종의 결과였음을 확신시켜주셨습니다. 예수님이 십자가에서 죽으신 것은 그리스도일 가능성이 원천 봉쇄된 사건이 아니라 정반대라는 것입니다. 예수님 자신이 '십자가에 못 박혔기 때문에(하나님께 죽기까지 복종했기 때문에) 그리스도일 수 있다'는 것을 깨닫게 하신 것입니다.

그 결과 제자들의 마음이 뜨거워졌고 하나님의 아들 나사렛 예수가 먼저 고난을 당하고 그다음 영광을 입게 되는 것, 먼저 죽고 다음에 부활할 것에 대하여 눈이 뜨이게 됩니다. '죽고 다시 사는' 십자가 복음이 완전히 이해가 된 것입니다. 그리고 예수님의 부활을 확신하게 되었고, 그 결과 하나님에 대한 열정이 회복되었습니다.

> 그들이 서로 말하되 길에서 우리에게 말씀하시고 우리에게 성경을 풀어 주실 때에 우리 속에서 마음이 뜨겁지 아니하더냐 하고 눅 24:32

그리고 그들은 예루살렘으로 다시 돌아가게 되었습니다. 극적 반전이 일어난 것입니다. 집회 때도 '나는 죽고 예수로 사는 십자가 복음'으로 주님은 많은 목회자와 성도들에게 말씀하셨습니다. 초점은 부활하셔서 임마누엘하시는 예수님과 성경 말씀입니다.

엠마오로 낙향하던 제자들이 그렇게 단시간에 사명자로 재빠르게 전환될 수 있었던 가장 큰 이유는 부활하신 예수께서 성경을 풀어주셨기 때문입니다. 그러므로 우리도 '나는 죽고 예수로 사는 믿음'으로 임마누엘하신 주님을 바라보며, 성경을 읽는 일이 너무도 중요합니다.

지금도 살아 계셔서 우리와 함께하시는 주님은 죄와 죽음이 지배하는 일상의 현장에서 비틀거리는 자들을 성경을 통하여 다시 일으키십니다.

그리고 거친 고난과 치열한 사명의 현장으로 되돌아가게 만들어주십니다. 우리에게도 길에서 성경을 풀어주시는 부활하신 예수님과 성경을 읽는 시간이 반드시 필요합니다.

길은 현재진행형인 우리의 삶입니다. 우리는 출발은 했지만 아직은 목적지에 도착하지는 못한 도상(途上)의 존재입니다. 우리는 현재진행형인 일상의 상황에서, 아직 종료되지 않은 문제의 상황에서, 아직 종료되지 않은 고통의 여정에서, 나는 죽고 예수로 사는 십자가 복음 위에 굳게 서서 24시간 주 예수님을 바라보며 성경을 읽어야 합니다. 그때 주님께서 성경을 풀어 가르쳐주시도록 기도해야 합니다.

임마누엘하신 예수님이 우리의 일상생활 속에 임재하시고 동행하시는 가장 현저한 증거가 성경을 읽을 때 마음이 뜨거워지는 것입니다. 예수님이 성경을 풀어주시면 마음이 뜨거워지고 우리가 도망쳐 나온 예루살렘 마가의 다락방으로 한걸음에 되돌아갈 힘이 생깁니다.

나는 죽고 예수로 사는 사람들에게는 성경을 읽을 때 말씀이 달리 읽힙니다. 꼭 실천 가능한 말씀으로 읽힙니다. 반면 나는 죽고 예수로 사는 사람이 아닌 경우는 실천하기 어렵고 짜증나고 답답하고 믿어지지 않고 이해할 수 없는 말씀으로 읽힙니다. 나는 죽고 예수로 사는 사람에게는 말씀에 대한 완전한 순종이 준비되어 있기 때문입니다. ₂₀₁₃₀₉₂₆

자 연 스 러 워 질 때 가 온 다 !
'과연 주님과 친밀함을 가질 수 있을까?'

'주님과 동행한다는 것은 무엇인가?'

저도 처음에는 막연하기만 하였습니다. 특별한 사람에게만 선택적으로 주어지는 복인 줄 알았습니다. 그러나 지금은 저 자신뿐 아니라 모든 그리스도인에게 허락된 은혜임을 알게 되었습니다.

그동안 저는 늘 주님께 제가 하는 일을 도와달라고 기도하였습니다. 그것이 주님의 일이라 할지라도 주님께 저를 도와달라고 기도하였습니다. 언제나 주인은 저였고 주님은 저를 도와주시는 분이었습니다. 주님이 친히 역사하시고 인도하시고 다스리시는 것을 경험하지 못하였기 때문입니다.

그런데 영성일기를 쓰며 24시간 주님을 바라보는 삶을 살아가면서 주님의 인도하심을 경험하는 데 놀라운 진보가 일어났습니다. 모든 상황에서 오직 주님을 주목하게 되었고, 저는 그저 주님께서 하시는 일에 참여하게 되었습니다. 처음에는 막연하기만 했지만, 3년이 지난 지금은 많이 자연스러워졌습니다. 뿐만 아니라 주님께서 친히 역사하시는 놀라운 경험을 하게 되는 일이 점점 많아지고 있습니다.

목회를 시작한 지 30년이 넘어가는 지금에야 이 눈이 뜨인 것이 너무나 부끄럽습니다. 좀 더 일찍 이런 삶을 살지 못한 것이 안타깝습니다. 그런 점에서 후배 목회자들을 볼 때마다 부럽기도 하고 안타깝기도 합니다. 많이 늦었지만 이제라도 예수님 안에 거하고, 예수님을 바라보고, 예수님만 따라가는 법을 훈련받으려고 합니다.

제가 가진 자그마한 소원이 있다면 은퇴할 때 교회가 주님의 정확한 인도를 받아 후임 담임목사를 선정하도록 돕는 일이고, 저 또한 분명한 주님의 인도를 받아 은퇴 이후의 삶을 시작하는 것입니다. 마지막만큼은 제대로 마무리해보고 싶은 것입니다.

부목사님들과 기도회를 가지면서 저는 주님의 인도하심이 아주 작게 느껴지더라도 그것을 공개적으로 드러내어 철저히 순종해보시라고 도전했습니다. 주님과 친밀하게 동행하며 철저히 주님의 인도하심을 받는 삶은 훈련이 필요합니다. 하루아침에 특별한 깨달음이나 체험으로 주어지는 것이 아닙니다.

운동선수가 어떤 동작이 자연스러워지기까지 계속하여 반복 훈련을 하는 것처럼 주님을 바라보며 주님과 친밀히 동행하는 것도 마찬가지로 훈련이 필요합니다. 모든 상황에서 "나는 죽었습니다!" 고백하며, 영성 일기를 매일 쓰면서, 24시간 예수님을 바라보는 삶을 살며, 예수님이 왕이심을 선포하는 삶을 계속 살아가는 것이 얼마나 중요한지 모릅니다. 처음에는 물 위를 걷는 것과 같은 믿음과 순종이 필요하지만 곧 자연스러워질 때가 옵니다.

20130927

세 상 에 서   가 장   아 름 다 운   곳

여행을 다니면서 느끼는 것인데, 세계 곳곳에는 참 아름다운 곳이 많습니다. 때로는 황홀해서 모든 스트레스가 다 사라지는 듯합니다. 그래서 여행을 다니는 모양입니다.

아름다운 자연 풍광을 볼 때마다 이런 생각을 하게 됩니다.

'이 모든 것을 지으신 하나님은 얼마나 아름다우실까?'

담벼락 둘

참 이상한 것은 여행을 하면서 보게 되는 아름다운 자연으로 인하여 여행의 욕망이 자꾸 일어나야 할 텐데 정반대입니다. 오히려 멋있는 자연 풍경으로 인한 감동이 점점 사그라지는 것 같습니다. 가장 아름다운 곳을 발견하였기 때문입니다. 햇빛 아래에서 아름다운 전구가 빛을 잃는 것과 같은 의미입니다. 제가 발견한 가장 아름다운 곳은 주 예수님 안입니다.

처음 읽을 때는 도무지 이해할 수 없는 말씀이 있었습니다. 사도 바울이 자신에게 유익하던 모든 것을 배설물처럼 버렸다는 고백입니다.

> 모든 것을 잃어버리고 배설물로 여김은 그리스도를 얻고 그 안에서 발견되려 함이니 빌 3:8,9

그런데 주님 안에 거하게 되면서 이 말씀이 너무나 공감되는 말씀이 되었습니다. 예수 그리스도 안에 거하는 눈이 뜨이니 오직 예수님 안에만 있고 싶어집니다. 너무 금욕적이고 염세적인 생각에 빠지지 않을까 걱정이 될 정도입니다.

그러나 설명할 수 없는 기쁨과 감사가 마음 깊은 곳에서 계속 일어나는 것을 느끼면서 '내가 잘 살아가고 있구나!' 하고 깨달아집니다. 정말 모든 염려는 다 주님께 맡겼고 오직 사랑만 하며 사는 복을 받았음을 깨닫습니다.

24시간 주님을 바라보니 이제는 주님 안에 거하지 않으면 그것이 금방 제 마음에 느껴집니다. 잔느 귀용 부인의 말이 이해가 됩니다.

"우리가 추운 바깥에 있다가 집 안으로 들어가면 방 안의 따듯함과 쾌적한 분위기를 즉시 느낄 수 있습니다. 그러나 집 안에 한참 있다보면 자신이 집 안에 있다는 것을 의식하지 못할 정도로 익숙해집니다. 그저 편안하다는 느낌만 가지게 됩니다. 그러나 다시 바깥으로 나가는 순간 우리는 집 안에 있지 않다는 사실을 의식하게 됩니다.

이처럼 우리가 주 안에 거하는 것도 처음에는 매우 강력한 느낌으로 다가오며, 잠도 안 오고 마음이 묘한 흥분 상태에 빠집니다. 그러나 점점 익숙해집니다. 요란하지 않지만 영적으로 평안하고 행복하고 기쁨을 느낍니다. 그러다가 우리가 주 안에 거하지 못하게 될 때, 곧 우리는 무엇인가 이상이 생겼음을 느낍니다."

한번은 찬양 중에 주님의 임재 안에 거하는 강력한 느낌을 받았습니다. 저도 모르게 "주여, 제가 원하는 것은 이것입니다!" 하고 기도하였습니다. 모든 근심, 염려, 무거운 짐, 다 벗어버리고 오직 주의 임재를 누리며 찬양하는 이 상태가 영원히 계속되기를 원하는 마음의 갈망이 생겼습니다. 그러면서 이런 생각을 했습니다.

'주님 앞에 가면 이렇게 영원히 살 수 있겠지!'

그때 주님이 이런 말씀을 주셨습니다.

"너의 매일매일의 삶 속에서도 이 은혜 가운데 거할 수 있다!"

그리고 주님은 "그렇게 되어야 한다"라고 말씀하셨습니다.

주님의 말씀을 듣고 울면서 고백했습니다.

"주여, 그렇습니다."

완전한 안식, 십자가에서 이미 허락하신 은혜입니다. 주님 안에 거하는 자가 누리는 놀라운 축복은 모든 그리스도인들에게 허락된 축복입니다. 그러나 동시에 의무이기도 함을 알아야 합니다.

사람이 내 안에 거하지 아니하면 가지처럼 밖에 버려져 마르나니 사람들이 그것을 모아다가 불에 던져 사르느니라 요 15:6   *20130928*

언제 어디서나
주님을 바라보는가?

감방이나 장식하고 사십니까?

하나님의 나라를 바라볼수록 어떻게 사는 것이 잘 사는 것인지, 우리가 얼마나 어리석은 삶을 살고 있는지 더욱 드러납니다.

찰스 듀튼이라는 유명한 영화배우가 있습니다. 그는 사람을 죽이고 감옥에 갔던 사람입니다. 그런 사람이 성공하리라고는 그 누구도 상상하지 못했습니다. 그가 어떻게 그토록 놀라운 삶을 살게 되었는지에 대한 질문에 그는 이렇게 대답했습니다.

"나는 한 번도 다른 죄수들처럼 감방을 장식하지 않았소."

감옥에 갇힌 사람은 너무나 무료하기 때문에 감방을 장식하는 일에라도 마음을 쏟기 원합니다. 그러나 찰스 듀튼은 자신의 감방을 장식하지 않았다고 했습니다. 감방은 자신이 살 곳이 아니라고 생각하였기 때문입니다. 그는 감옥에서 책을 읽었고 기술을 배웠습니다. 그는 감방이 아니라 자신의 미래를 꾸민 것입니다.

우리가 꼭 교도소에 가야만 감옥생활을 하는 것은 아닙니다. 비록 감방에 갇혀 있지는 않지만 감방이나 장식하고 사는 사람들이 많습니다. 현재의 가정이나 직장이 감방일 수도 있습니다. 미움과 불평, 분노와 좌절에 빠져 사는 것, 깨어진 관계나 과거의 학대, 어린 시절의 지독한 가난, 스스로 자초한 상처, 술, 담배, 음란 동영상, 도박, 인터넷, 스포츠 중독 등 우리 마음을 가두어놓는 것은 다 감옥입니다.

그러나 꼭 고통스런 삶을 사는 사람만 영혼의 감방에서 사는 것은 아닙니다. 사람들이 부러워할 만큼 잘 사는 것 같아도 감방이나 꾸미고 사는 것 같은 사람들이 많습니다. 사사기를 큐티 하는데, 자녀를 많이 낳았다는 기록 하나만 남긴 사사들이 여럿 있었습니다. 당시로는 그들이 그것을 얼마나 복되게 여겼을까요? 요즘은 사람들의 관심이 온통 먹는 것에 있는 것처럼 보입니다. 먹는 것은 중요한 일이지만 아무래도 정상은 아닌 것 같습니다. 영적으로 무료하기 때문이 아닌가 생각됩니다.

교회 전통은 왜 탐식을 7가지 큰 죄의 하나로 꼽았을까요? 청나라 말기에 서태후는 300명분의 음식을 혼자 먹었다고 합니다. 어떻게 그 음식을 다 먹을 수 있었겠습니까? 첫째는 관상용 음식이라고 해서 보기 좋은 음식을 잔뜩 차렸습니다. 그렇게 식욕을 돋우었지요. 둘째는 냄새만 좋게 나는 음식을 차려 식욕을 더 돋게 했습니다. 그런 다음에 실제로 먹었다고 합니다. 탐식의 결론은 결국 이렇게 되는 것입니다.

열왕기상 4장에 보면 솔로몬이 하루에 소비하는 음식의 양은 고운 밀가루가 30가마, 굵은 밀가루가 60가마, 살진 소가 10마리, 송아지가 20마리, 양이 100마리, 그 외에 수십 마리의 수사슴, 암사슴, 노루, 살진

새가 있었습니다. 물론 이런 삶을 부러워할 사람도 있겠지만, 하나님 앞에 서보면 끔찍할 것입니다.

하나님의 나라를 보는 눈이 열리지 않으면 우리는 감방이나 장식하고 사는 꼴이 되고 맙니다. 우리는 세상이나 원망하고 낙심하고 분노하며 살다가 죽으려고 이 땅에 태어난 것이 아닙니다. 맛있는 것만 찾아다니며 실컷 먹다 죽으려고 태어난 것도 아닙니다. 이것은 다 영혼의 감옥에 갇혀 사는 사람의 삶입니다.

우리는 영혼의 감옥에 갇혀 살 사람이 아닙니다. 하나님은 우리에게 감옥의 문을 열 수 있는 열쇠를 주셨습니다. 예수 그리스도이십니다. 오늘, 주님이 허락하신 복된 하루를 감방이나 장식하지 말고 주님과 동행하면서 주 예수님이 왕이신 놀라운 나라의 삶을 살아보시기를 축복합니다.

20131003

일 터 에 서 도   동 행 하 시 는   하 나 님

하나님을 체험하는 데 가정과 교회와 일터가 다를 수 없습니다. 몸이 아프면 가정이나 교회나 일터에서 다릅니까? 우리는 먼저 '교회에서는 하나님을 체험하는가?', '가정에서는 하나님을 체험하는가?' 물어야 합니다. 교회나 가정에서도 하나님을 체험하지 못한다면 당연히 일터에서 하나님을 체험할 수 없을 것입니다.

제가 부산에서 목회할 때, 한번은 일간 신문기자로부터 전화를 받은 적이 있습니다. 그는 한마디로 그 교회에 신문에 보도할 만한 어떤 놀라운 일이 없는지 물었습니다. 이따금 교계 신문기자들이 이런 전화를 걸어온 적은 있었지만 일간 신문기자가 전화를 해온 적은 처음이었습니다.

'그에게 보여주고 들려줄 것이 무엇인가?'

순간 저는 당황했습니다. 하나님이 지금도 역사하고 계심을 보여줄 수 있는 절호의 기회가 아니겠습니까? 그러나 저는 비참해짐을 느꼈습니다. 그에게 성경을 읽어주면 감동을 받겠습니까? 교회 안에 있었던 이런저런 일들을 말해줄 수는 있겠지만, 신문기자로서 그는 하품을 할 것 같았습니다.

그 기자는 당시 교회가 운영하던 무료 급식소를 취재해 갔습니다. 그때가 IMF 사태로 온 나라가 어려울 때라 교회에서 운영하는 무료급식소 사역이 취재거리라고 여긴 것 같았습니다. 그는 "참 대단합니다. 큰일을 하십니다" 하고 갔지만, 저는 너무나 안타까워서 속으로 울었습니다. 세상의 일간 신문기자라도 "이것은 정말 하나님께서 하셨군요!"라고 고백할 일이 교회에 없음이 안타까웠습니다.

만약 교회와 가정에서는 하나님을 체험하는데 일터에서는 하나님을 체험하지 못한다면 그 역시 문제입니다. 자신의 체험이 아니라 다른 사람들의 체험을 구경만 한 것에 불과한 것이기 때문입니다. 그는 은혜로운 가정이나 교회 환경 때문에 자신도 그런 믿음의 사람인 줄 착각하고 있을 뿐입니다.

예수님은 우리 마음에 계십니다. 그렇다면 우리가 어디에 있든지 상관없이 우리는 예수님과 동행하게 됩니다. 오히려 일터에서 주님은 더 놀랍게 드러나십니다. 만약 삶의 대부분의 시간을 보내는 일터에서 하나님을 체험하지 못하고 간증이 없는 삶을 살고 있다면 '자신이 정말 하나님을 믿고 있는지' 근본적으로 재점검해야 할 것입니다. *20131004*

바 라 보 기 때 문 에 기 다 릴 수 있 다

믿음으로 살 때 가장 힘든 고비는, 믿는 것이 실재가 되기까지 기다리는 것입니다. 막연히 응답의 날이나 좋은 날이 오기를 기다렸다가는 중간에 쓰러지고 맙니다. 믿는 바가 이루어지기를 기다리려면 하나님의 약속을 친히 이루실 주 예수님이 함께하심을 바라보는 눈이 뜨여야 합니다. 막연히 말씀이 이루어지기를 기다리는 것과 주 예수님이 함께하심을 바라보며 기다리는 것은 정말 다른 것입니다!

중동에 선교사로 나간 젊은이교회 자매가 힘든 시절을 보내는 중에 쓴 메일입니다.

깊은 기도 가운데 울부짖는데, 주님이 제게 물으신 질문이 있었습니다. "너는 내가 어떠한 모습으로 네 앞에 나타나도, 네가 원하지 않는 모습으로 다가와도 나를 사랑하겠느냐? 어느 누구도 그렇게 나를 사랑하지 않는다. 너는 그렇게 나를 사랑할 수 있겠느냐?"
처음에는 주님의 말씀이 어떤 의미인지 잘 깨달아지지 않았습니다. 그러나 그 순간 십자가에 달리신 그분이 그려졌습니다. 너무나도 초라하고 힘이 없고 이해할 수 없는 모습으로 오신 그분 말입니다. 믿는다 하지만 여전히 자신의 삶의 영역 속에서는 자기가 원하는 것만을 바라는 이 세대

담벼락 **둘**

로 인하여 슬퍼하시는 음성이었습니다.

제가 그랬습니다. 그동안 힘들다고 느꼈던 모든 것들이 제가 원하는 주님의 모습으로 저를 도와주지 않으셨기 때문임을 알았습니다. 제가 원하는 주님의 형상이 아니라 그분 그대로를 경외하고 사랑하는 제가 되도록 기도해주시기 바랍니다.

이 선교사님은 주님을 바라보았기에 그 어려움 중에도 기다릴 힘을 얻을 수 있었습니다. 하나님의 자녀들은 죽고 난 다음이나 주님이 재림하신 후가 아니라, 지금부터 하나님의 나라를 누려야 합니다. 하나님의 나라는 이미 시작되었기 때문입니다.

그러나 하나님의 나라는 항상 기쁜 일만 있고, 주위에 좋은 사람들만 있고, 따뜻하고 풍요하고 부족함이 없는 나라가 아닙니다. 그렇게 생각하니 이미 시작된 하나님나라를 보지 못하는 것입니다.

하나님나라는 예수님이 왕이 되신 나라입니다. 그러므로 나는 죽고 예수로 살며 24시간 예수님을 바라보며 예수님께 전적으로 순종하는 사람과 공동체에는 이미 하나님의 나라가 시작된 것입니다.

간절하게 기도해도 주님을 만나지 못한다는 분이 있습니다. "왜 나는 안 만나주시는 건가요?" 하며 눈물 흘리며 기도하시는 분이 있습니다. "목사님, 울며불며 기도해도 아무 일도 안 일어나요" 하시는 분이 있습니다. 안타까운 심정은 충분히 이해하지만, 우리가 아무 때나 우는 사람이 아니며, 별일도 없는데 간절해지지도 않는다는 것을 알아야 합니다. 주님을 만나지 못하였는데 마음이 간절해질 리가 없습니다. 주님이 역사하지 않았는데 눈물이 날 리가 없습니다. 주님이 인도하지 않았는데 교회에 가서 앉아 있을 리 없습니다. 이 모든 것은 주님이 당신의 영혼을 만지시기 때문입니다.

성령충만을 달라고 기도만 할 것이 아니라 진작 '예나왕'을 실천하려고 힘썼다면 훨씬 빨리 응답받았을 것입니다. 주님의 인도하심이 아주 미약하게 느껴질지라도 갈망 자체가 성령의 역사임을 믿고, 예수님이 왕 되심을 고백하고, 깨닫게 하시는 것은 무조건 100퍼센트 순종하기로 결단하며 살아갔다면 훨씬 일찍 분명하고 강력하고 충만한 성령의 역사를 누렸을 것입니다.

우리 안에 예수님이 오셨습니다. 그래서 세상이 아무리 악하고 암울해도 우리는 낙망하지 않습니다. 오히려 세상에서 살면서 희망을 노래합니다. 선하게 사는 것을 보여줍니다. 그러므로 세상만 묵상하지 말고 예수님을 바라보시기 바랍니다. 절망에서 오히려 사명을 발견하게 될 것입니다.

20131005

13

내가 할 수 있는
전부

마 음 의 주 인 이 누 구 인 가 ?

우리는 왕 없이 사는 데 익숙해졌습니다. 자신의 삶에 누군가가 왕이 되는 것을 싫어합니다. 마음대로 살고 싶기 때문입니다. 여러분은 누구를 왕이라 여기며 살아보셨습니까? 예수님은 어떻습니까?

전도사님 한 분이 설교 때 친구를 만난 이야기를 하셨습니다.

"얼마 전 오랜만에 한 친구를 만났습니다. 좋은 직장에 다니며 정말 사랑하는 사람을 만나 결혼을 하고 예쁜 자녀까지 있는 대한민국의 평범한 가정의 가장이었습니다. 대화를 하면서 그는 직장생활을 하면서 술자리가 너무나 많다고 털어놨습니다. 하지만 문제는 술을 먹다보면 어쩔 수 없이 돈을 주고 다른 여자와 잠을 자기도 한다는 것입니다.

저는 그 친구에게 혹 아내를 사랑하지 않느냐고 물었습니다. 친구는 긴 한숨을 쉬면서 아내를 여전히 사랑하며, 자신의 행동이 아내에게 죄인 것을 안다고 고백하였습니다. 친구에게 이제 끊어보자고 말했습니다. 그러자 순간 그 친구가 눈을 반짝이며 '미안! 오늘은 진짜 안 돼! 오늘은 중요한 술자리가 있거든. 내일부터 할게!' 하고 대답했습니다."

그러나 세상 사람만 그런 것이 아닙니다. 예수님을 믿는 사람들 중에도 대부분은 왕이 없는 삶을 삽니다. 예수님을 믿는다고 하지만, 예수님을 왕으로 여기지 않습니다. 말만 그렇게 할 뿐입니다.

"하나님, 무슨 말씀이신지 알겠는데요. 미안해요! 오늘은 안 돼요!"

연회 감독님께서 영국에서 열린 세계 감리교협의회에 다녀오신 이야기를 하셨습니다. 감독님은 영국 감리교회를 섬기는 한국 목사님 댁에 머무셨는데, 그 목사님이 동성애자 결혼 주례를 하려 한다는 것을 알고는 깜짝 놀랐다고 하셨습니다. 그 목사님을 불러 어떻게 된 일이냐고 묻자, 영국은 동성애자 비율이 10퍼센트가 넘는 사회이고, 동성애자 부부의 결혼 주례를 하지 않겠다고 하면 한국 목사라 그러느냐고 비난받을 것이 두려워서 허락하였다는 것입니다. 그러면서 영국 목사들은 다 그렇게 한다고 하더랍니다.

감독님이 그 목사님을 엄히 책망하였답니다.

"이렇게 할 것이면 왜 굳이 영국 교회에 와서 목회를 하려느냐? 어떻게 삼위일체 하나님의 이름으로 남자와 남자가 부부가 되었음을 공포하겠다는 말인가? 영국 교회 목사들이 하지 못하는 것을 할 수 있기에 한국 목사가 영국 교회에서 목회하는 것이 아니냐? 만약 그래서 교회에서 쫓겨 나와야 한다면 한국으로 돌아오라. 임지를 책임지겠다."

이 목사님의 문제는 단순히 동성애 문제나 시대 상황과 환경의 문제

담벼락 둘

가 아니라, 예수님이 왕 되신다는 것을 믿지 못하는 데에 있습니다. 우리가 철저히 예수님이 왕인 삶을 훈련하지 못하면 상황과 환경에 따라 얼마든지 빗나갈 수 있습니다.

예수님께서 통치하지 못하시는 사람의 마음의 주인이 누구인지 아십니까? 마귀입니다. 마귀는 우리 마음이 얼마나 중요한지 잘 압니다. 그래서 우리의 마음을 지배하면서 주님을 진정으로 마음에 영접하지 못하게 하는 것입니다. 그래서 불륜에 빠진 목사가 나오는 것입니다. 부정한 방법으로 사업하다가 구속되는 장로가 나오고, 뇌물을 받아 퇴직하게 된 권사가 나오고, 먹고살기 어렵다고 술집에 나가는 여집사들이 나오고, 일이 많다고 교회 사명을 내려놓는 교인이 생기고, 헌금이 줄었다고 선교사 후원을 줄이기로 결의한 교회가 나오는 것입니다.

유혹이 너무 강하고 굶어 죽을 것같이 어려운 것이 문제가 아닙니다. 예수님께서 마음의 왕이 아니시기 때문입니다. 마음을 마귀에게 빼앗기고 살기 때문입니다. *20131010*

주 예수님으로 살아라

어느 모임에서 대표기도를 하시는 분이 참으로 애통한 마음으로 많은 내용의 죄를 구구절절 고백하시는 것을 들었습니다. 실제로 우리가 하나님 앞에 부끄럽게 살고 있는 일들이 얼마나 많습니까? 그 모든 죄를 어떻게 다 회개할 수 있을까 싶습니다.

그러나 기도하면서 깨달아지는 것은 우리가 회개할 죄가 그리 많은 것이 아니라는 것입니다. 우리가 짓는 많은 죄는 한 가지 죄에서 나오는 것입니다. 그것은 우리가 예수님 안에 거하지 못한 것입니다.

사람이 내 안에 거하지 아니하면 가지처럼 밖에 버려져 마르나니 사람들이 그것을 모아다가 불에 던져 사르느니라 요 15:6

우리가 여전히 죄의 종노릇하는 것은 오직 예수님의 죽음과 연합하지 못했기 때문입니다.

우리가 알거니와 우리의 옛 사람이 예수와 함께 십자가에 못 박힌 것은 죄의 몸이 죽어 다시는 우리가 죄에게 종노릇하지 아니하려 함이니 롬 6:6

목회자 기도 모임에서 조별 나눔의 시간이 되어 몇 분의 목회자가 모였는데, 한결같이 어려운 문제들을 가지고 있었습니다. 개척한 지 오래되었지만 교인이 다 떠나간 교회의 담임목사님이 계셨고, 늦은 나이에 이제 교회를 개척한 목사님이 계셨고, 적은 수의 청년부를 맡아서 부흥시켜야 할 책임을 맡은 부목사님이 계셨고, 도무지 따라갈 수 없을 정도로 열정적인 목사님과 동역하는 전도사님이 계셨고, 부흥을 일으킨 어떤 목사님의 후임으로 간 목사님이 계셨습니다.

이 중에 누가 제일 어려울까요? 저는 기도 중에 예수님 안에 거하지 못하는 목사가 가장 어려운 목회자라고 결론 내렸습니다.

전도사님 한 분이 어린 시절 집안이 너무 가난하여 부자가 되는 것이

담벼락 둘

꿈이었답니다. 고등학교 시절 아버지께 크게 혼이 나고 가출을 하였는데, 돈을 많이 벌어 떵떵거리며 금의환향해보고 싶었답니다. 그러나 가출한 고등학생이 일할 수 있는 곳은 없었고, 결국 나쁜 짓을 하다가 구치소에 수감되어 10일 정도 지내는 일이 있었답니다. 자신의 인생에서 지워버리고 싶을 만큼 그 비참한 시간에 자신이 할 수 있는 일이라고는 기다리는 일밖에는 없었답니다.

그때 처음으로 주기도문을 예배가 아닌 시간에 외워보았답니다. 기도는 해야겠는데, 어떻게 기도해야 하는지도 몰랐기에 그냥 어렸을 때부터 교회에서 외웠던 주기도문을 외우고 또 외웠던 것입니다. 그러다가 주기도문 외우는 것마저 포기했습니다. 아무짝에도 쓸모없는 일이라고 생각되었기 때문이라고 했습니다.

그러면서 그는 고백했습니다.

"지금 생각해보면 가난했던 가정도 너무 비참했고 구치소에서의 10일은 더욱 처참했지만, 무엇보다 비참했던 것은 어머니 배 속에서부터 교회를 꼬박꼬박 다녀놓고도 예수님과 어떻게 대화하는지조차 몰랐던 제 영적인 실상이었습니다."

우리가 저지르는 가장 위험한 죄는 주님 안에 거하지 않고 사는 것입니다.

많은 성도들이 주일예배를 드리고 예배당을 나가면서 주님과 이런 대화를 합니다.

"예수님, 왜 이러세요? 왜 자꾸 따라오시려고 하세요? 그러시는 거 아니에요. 여기 잠잠히 계세요. 세상으로 따라오시는 거 아니에요."

주님 안에 거하지 않으면서 죄를 안 짓고 살려는 것은 더 깊은 좌절에 빠져드는 일입니다.

워싱턴 한인교회 김영봉 목사님이 설교 중에 미국에 있는 어느 식당 벽면에 그림과 함께 씌어진 글에 대하여 말씀하셨습니다.

"만일 당신이 구덩이에 빠졌다면, 가장 먼저 할 일은 더 파고들어가기를 멈추는 것이다"(If you find yourself in a hole, the first thing to do is stop digging).

'미움'이라는 구덩이에 빠지면 우리는 더 깊이 파고들어가 '앙심'으로 만들어버립니다. '외로움'이라는 구덩이에 빠지면 더 깊이 파고들어가 '고독'과 '소외'를 자초합니다. 자신에 대하여 '실망'하게 되면 자신을 '저주'하고 '심판'하기까지 구멍을 더 깊이 파고들어가려 합니다.

우리에게는 오직 하나가 필요합니다. 주 예수님 안에 거하는 것입니다. 주 예수님으로 사는 것입니다.

> 내가 여호와께 바라는 한 가지 일 그것을 구하리니 곧 내가 내 평생에 여호와의 집에 살면서 여호와의 아름다움을 바라보며 그의 성전에서 사모하는 그것이라 시 27:4

주 예수님은 우리 안에 계시고, 우리 몸이 성전이니 우리가 평생 여호와의 집에 사는 것입니다. 주님 안에 거하는 것은 24시간 예수님을 바라보는 것입니다.

20131011

어떤 사람이 "'24시간 예수님만 바라보라'는 것은 너무 소극적이지 않습니까?" 하고 질문하였습니다. 만약 지금도 살아 역사하시는 주님을 믿지 않는다면 주님만 바라보는 것은 소극적인 태도일 것입니다. 그러나 정말 나와 함께하시는 주님을 믿는다면, 주님만 바라보는 것은 하나님의 뜻대로 사는 가장 적극적인 태도이며 유일한 방법입니다.

경건하게 살고자 성경을 몇 시간 읽거나 기도를 몇 시간 하고, 금식할 날을 정하고, 여러 가지 생활 규칙을 정해서 항상 자기 점검표를 가지고 노력하고 또 노력해봅니다. 물론 이런 노력은 귀합니다. 하지만 이렇게 노력하면서 오히려 더 깊은 좌절을 경험합니다. 다른 사람은 칭찬할지 모르나 자신은 압니다. 위선자요 교만한 자요 율법주의자가 되어버리고 만다는 것을!

어느 목사님께서 이런 고백을 하셨습니다. 어릴 때부터 성경을 많이 읽어 성경 시험만 보면 우등상을 탔고, 중고등부 회장과 청년부 회장을 했고, 교사로 봉사하고 밤을 새워 기도하니, 다들 자신에게 "믿음이 너무 좋다"고 하더랍니다. 그런데 그 말을 들을 때마다 '이것이 믿음이 좋은 것이라면 진정한 믿음은 어디에 있는가?' 하고 안타까웠다는 것입니다.

노력해서 주님과 더 친밀해졌습니까? 노력해서 죄를 이겼습니까? 죄 죽이기를 하면서 죄가 죽어졌습니까? 자신은 압니다. 노력해서 변화되는 것은 아무것도 없습니다.

왜 사도 바울은 "내가 그리스도와 함께 십자가에 못 박혔나니, 이제는 내가 산 것이 아니요"라고 고백했을까요? '내가 죽었다'는 것은 노력으로 성취하는 것입니까, 아니면 믿음으로 누리는 것입니까? 성령의 9가지 열매는 성품의 변화입니다. 우리가 다 경험해서 알지만 성품이 변한다는 것은 기적입니다. 의의 열매나 구원의 열매도 마찬가지입니다. 성령께서 역사하셔야만 이루어지는 것입니다. 이것이 노력으로 된다면 성령의 열매가 될 수 없을 것입니다.

시편 59편에서 다윗은 주님만 바라본다고 했습니다.

> 하나님은 나의 요새이시니 그의 힘으로 말미암아 내가 주를 바라리이다
> 시 59:9

사람의 면면으로는 부족함이 많지만 하나님이 그를 쓰실 수 있었던 것은 오직 그가 주님만 바라보는 자였기 때문입니다. 어린아이가 자라는 것이 노력해서 되는 것입니까? 계속 생명이 유지되면 성장은 저절로 이루어지는 것입니다. 성장을 위하여 우리에게 필요한 것은 생명을 유지하는 것뿐입니다.

그렇습니다. 24시간 주님만 바라보면 사는 것이 우리가 할 수 있는 전부입니다.

> 내 안에 거하라 나도 너희 안에 거하리라 요 15:4

주 예수님을 바라보는 것이 쉬운 것입니까? 정말 소극적인 것입니까? 실제 그렇게 해보지 않았기 때문에 소극적이라고 여기는 것입니다. 주

예수님만 바라보려고 할 때 누구나 겪는 경험은 그것이 너무나 어렵다는 것입니다. 마음이 이미 무엇인가로 꽉 차 있음을 깨닫게 되는 것입니다. 마음을 채우고 있는 것이 자신이 바라보는 것입니다. 정말 마음이 주님으로 충만하다면 주님은 우리의 삶을 변화시키십니다.

그러나 겉으로는 경건해도 속마음은 전혀 주님을 바라보지 않을 때가 얼마나 많습니까? 돈, 음란, 오락, 평판, 성공 등을 바라보지 않습니까? 그러니 주 예수님을 바라보며 사는 것은 놀라운 삶입니다. 능력 있는 삶입니다. 마음이 바뀌는 기적의 삶입니다. 주 예수님이 우리 안에 계시며 우리와 동행하시기 때문입니다.

오늘도 완전한 승리를 주신 후 우리와 동행하시며, 우리를 인도하시는 주 예수님만 바라봅시다. 20131007

나와 예수님을 바꾸시는 하나님

사사기 16장은 삼손의 마지막 장면입니다. 참으로 비장하였습니다. 삼손은 부끄러운 삶을 살았지만 마지막에 회개하고 자신의 사명을 감당하려고 스스로 죽음의 길을 갔습니다.

말씀 기도를 하면서 붙잡은 말씀입니다.

삼손이 죽을 때에 죽인 자가 살았을 때에 죽인 자보다 더욱 많았더라

삿 16:30

참으로 진리입니다. 우리가 죽었을 때는 살았을 때보다 더 많은 일을 하게 됩니다. 그러나 예수 그리스도 안에서 우리의 육신이 죽었을 때만 죽는 것이 아닙니다. 우리는 믿음으로 예수 그리스도 안에서 죽고 다시 사는 자가 되었습니다.

무릇 그리스도 예수와 합하여 세례를 받은 우리는 그의 죽으심과 합하여 세례를 받은 줄을 알지 못하느냐 그러므로 우리가 그의 죽으심과 합하여 세례를 받음으로 그와 함께 장사되었나니 이는 아버지의 영광으로 말미암아 그리스도를 죽은 자 가운데서 살리심과 같이 우리로 또한 새 생명 가운데서 행하게 하려 함이라 롬 6:3,4

우리가 할 일은 이 복음을 '나의 복음'으로 고백하며 사는 것입니다.

내가 그리스도와 함께 십자가에 못 박혔나니 그런즉 이제는 내가 사는 것이 아니요 오직 내 안에 그리스도께서 사시는 것이라 이제 내가 육체 가운데 사는 것은 나를 사랑하사 나를 위하여 자기 자신을 버리신 하나님의 아들을 믿는 믿음 안에서 사는 것이라 갈 2:20

하나님께서는 우리를 고치는 것이 아니라 바꾸려 하십니다. 십자가에서 그 일을 하십니다. 나와 그리스도를 바꾸시는 것입니다.
왜 이렇게 하십니까? 우리는 고쳐서는 새로워질 수 없기 때문입니다. 중생이란 바뀌는 것입니다. 나와 예수님이 바뀌는 것입니다. 우리가 예

담벼락 둘

수 그리스도와 연합하여 죽을 때, 우리가 살았을 때와 비교할 수 없는 열매를 맺게 됩니다.

이제부터 그리스도의 온유가 나의 온유입니다. 그리스도의 거룩함이 나의 거룩함입니다. 그리스도의 기도생활이 나의 기도생활입니다. 이기지 못할 큰 죄가 없고 이기지 못할 시험도 없습니다. 왜냐하면 승리는 내가 아니라 그리스도이기 때문입니다.

승리는 은혜의 선물이지 노력의 대가가 아닙니다.

> 우리 주 예수 그리스도로 말미암아 우리에게 승리를 주시는 하나님께 감사하노니 고전 15:57

우리는 그동안 '어떻게 하면 이 시험을, 내 성질을, 이 미움을 이길 수 있을까?' 하고 괴로워하며 노력하고 몸부림쳤습니다. 말씀대로 살아보려고 애를 썼습니다. 그러나 그렇게 노력해도 한 발짝도 못 움직이고 그대로였습니다.

그런데 그렇게 노력하면서도 안 해본 것이 하나 있습니다. 자신이 예수님과 함께 죽었음을 인정하는 것입니다! 이제 그렇게 해보시기 바랍니다. 삼손은 육신이 죽는 순간에서야 죽었지만 우리는 예수님을 믿는 순간에 죽습니다. 용서하려고, 참으려고, 진실하려고 노력하지 말고 예수님과 죽었음을 고백하십시오. 아직도 염려가 됩니까? 너무 쉽거나 너무 간단해서 믿어지지 않고, 그러면 잘못될 것 같고, 이루어지지 않을 것 같습니까? 이제 진짜 예수님을 믿고 주님께 여러분의 삶을 맡겨야 합니다.

예수께서 큰 소리로 불러 이르시되 아버지 내 영혼을 아버지 손에 부탁하 나이다 하고 이 말씀을 하신 후 숨지시니라 눅 23:46

예수님께서 영혼을 하나님 아버지께 맡기셨습니다. 우리도 우리 삶을 하나님께 맡길 수 있습니다. 아니, 맡겨야 합니다. 죽음은 완전히 맡기는 것입니다. 만일 우리가 노력하며 이루려고 한다면 100년이 지나도 못할 것입니다. 그러나 우리 안에 주 예수님이 계심을 믿고 "제 인생 나머지를 다 주님께 맡깁니다" 하고 오직 주님의 감동대로만 살면 놀라운 승리가 임합니다. 예수님께서는 요한복음 19장 30절에서 "다 이루었다"고 하셨습니다. 하나님은 신실하십니다. 하나님의 약속은 반드시 이루어집니다.

선교단체 WEC(Worldwide Evangelization for Christ)의 설립자인 스터드(C. T. Studd) 선교사가 아내와 자녀를 두고 홀로 식인종이 기다리고 있는 아프리카로 떠나는 것은 그 어떤 시련보다 극복하기 어려운 일이었을 것입니다. 교통과 통신이 발달되지 못한 당시 상황은 지금과는 사뭇 달랐습니다. 선교는 곧 순교라는 말이 그 당시에는 조금도 과장된 말이 아니었습니다.

출발하기 전날 밤 한 젊은이가 스터드에게 다가와 이런 질문을 던졌습니다.

"쉰세 살의 나이에 조국과 부인과 자녀들을 두고 떠나신다는 것이 사실입니까?"

스터드 선교사가 말했습니다.

담벼락 돌

"자네는 오늘 밤 우리 주 예수 그리스도를 위한 희생에 대하여 말하지 않았는가? 예수 그리스도께서 하나님이시며 그가 나를 위해 죽으셨다면 그분을 위한 어떤 희생도 결코 크다고 할 수 없네."

그가 남긴 이 고백은 훗날 WEC의 정신을 대변하는 슬로건이 되었습니다. 또 스터드가 부인 프리실라에게 편지를 남겼는데, 내용은 이러했습니다.

"헤어질 때 본 당신의 눈물과 하나님의 위로로 흘린 당신의 기쁨의 눈물을 생각하니 나도 눈물이 나는구려. 앞으로도 계속 입술뿐 아니라 삶으로 하나님께 감사를 드립시다. 당신은 잘 모를 것이오. 당신이 가장 큰 대가를 치르고 있음을 내가 얼마나 잘 알고 있는지 말이오. 감히 이런 말을 할 수 없지만…. 사랑하오, 여보. 영원히 사랑하리다. 하나님께서는 백 배로 갚아주실 것이며 희생의 크기에 맞는 상급을 주실 것이오. 처음에 그랬던 것처럼 끝까지 서로 사랑합시다. 단, 예수님을 조금 더 사랑합시다." *20131009*

14

주님을 위해
포기하는 것이 있다

육 신 대 로 살 지 않 는 유 일 한 길

몇몇 목사님들과 교단 선거 문제에 대하여 이야기하다가 "이것이 현실이에요. 어쩔 수가 없다고요"라고 말하는 것을 들었습니다. 자신도 그렇게 해서는 안 되는 줄 알지만 현실이 그러하니 어쩔 수 없이 그렇게 한다는 것입니다.

우리는 "현실 때문에 어쩔 수 없다"는 말을 흔히 듣기도 하고 사용하기도 합니다. 술자리 접대, 돈 봉투 접대와 같은 접대 문화도 어쩔 수 없는 현실이라고 말합니다. 사회가 그래서, 조직 문화 속에서 살아남고자 어쩔 수 없이 적당히 악한 일은 모른 체할 수밖에 없다고도 합니다. 그러나 이것은 현실 때문이 아닙니다.

우리는 독약에는 유혹을 받지 않습니다. 먹으면 죽는 줄 알기 때문입니다. 그런데 하나님이 기뻐하지 않으신다는 것을 알면서도 어쩔 수 없다고 생각하는 것은 그렇게 하면 죽는 줄 모르기 때문입니다.

너희가 육신대로 살면 반드시 죽을 것이로되 영으로써 몸의 행실을 죽이면 살리니 롬 8:13

우리는 이 말씀이 하나님께서 아담과 하와에게 하신 말씀과 같다는 것을 압니다. 우리는 아담과 하와가 선악과를 따 먹고 어떻게 되었는지 분명히 압니다. 그러나 우리는 그 말씀에서 아무것도 배우지 못하고 깨닫지 못하고 있는 것입니다.

우리가 육신대로 사는 것이 어쩔 수 없는 일이라고 생각하는 것은 오직 하나, 하나님의 나라와 심판과 함께하시는 주님을 바라보는 눈이 뜨이지 못했기 때문입니다. 만약 누군가 여러분을 죽음의 구렁텅이로 끌고 간다면 어떻게 할 것입니까? 어쩔 수 없는 현실이라고 생각하며 끌고 가도록 내버려둘 사람이 누가 있겠습니까? 끌려가지 않으려고 발버둥 치며 죽을힘을 다해 저항할 것입니다. 영의 눈이 뜨이지 않으니 자신이 육신에 끌려 사는 줄 모르는 것입니다. 어쩔 수 없는 현실 때문이라고 판단하는 것 자체가 완전히 미혹받고 있는 것입니다. 마음과 생각조차 마귀에게 지배당하고 있는 것입니다.

하나님이 기뻐하지 않으신다는 것을 알면서도 여전히 그렇게 사는 것은 너무나 심각하고 두려운 일입니다. 조금이라도 그것이 하나님이 기뻐하지 않으실 것이라는 생각이 있다면 즉시 주님께 기도해야 합니다. 마음에 계신 성령께서 근심하고 계시는 것이기 때문입니다.

24시간 주님을 바라보도록 힘써야 합니다. 육신대로 살지 않을 수 있는 유일한 길은 주님을 바라보는 눈이 뜨이는 것입니다. 주님을 바라보면 '현실 때문에'라는 말이 없어집니다. 어떠한 현실에서도 진리이신 주님과 동행하게 됩니다. 세상과 다르게 살 힘은 오직 주님을 인격적으로 친밀히 아는 것뿐입니다.

안타깝게도 많은 성도들이 예수님을 믿고도 세상의 영에 붙잡혀 살고 있습니다.

> 그중에 이 세상의 신이 믿지 아니하는 자들의 마음을 혼미하게 하여 그리스도의 영광의 복음의 광채가 비치지 못하게 함이니 그리스도는 하나님의 형상이니라 고후 4:4

현실이 너무 커 보이고 세상과 다르게 사는 것이 너무 두렵다면 지금부터 주님을 바라보는 삶을 시작해보시기 바랍니다. 주님에 대해 들어 안다고 주님을 바라보는 눈이 뜨이는 것은 아닙니다. 주님이 함께하심을 믿고 24시간 주님을 바라보려고 하면 반드시 주님을 바라보는 눈이 뜨입니다. 그다음은 주님이 하실 것입니다. 최춘선 할아버지가 "예수는 나의 힘이요!"라고 하셨듯 주님만이 세상을 이기는 능력입니다! *20131016*

정 말 소 중 한 것 을 보 는 눈

신학교를 다닐 때, 제게 있어서 가장 중요한 것은 성공이었습니다. 제가 원하여 간 길은 아니었지만 이왕 갔으니 성공해야 한다고 생각했습니다. 당시에 성공이란 지극히 세상적이어서 큰 교회 담임목사가 되거나,

세계적인 부흥사가 되거나, 인정받는 신학교의 교수가 되는 것이었습니다. 그것이 부끄러운 일이고 심각한 문제라는 생각조차 하지 못하였습니다. 더 중요한 것이 있는지 몰랐기 때문입니다. 그런데 24시간 주님을 바라보면서 비로소 세상 성공이 얼마나 하찮은 것인지 깨닫게 되었습니다.

담임목사로서 엄청난 스트레스를 받는 목사님 한 분과 식사를 하였습니다. 그 목사님께 성공을 목적으로 목회하지 말라고 간곡히 말씀드렸습니다. 교회 부흥과 목회 성공을 위하여 살면 목회자는 죽습니다. 교만과 좌절을 계속 겪으면서 스트레스로 영도 죽고 마음도 몸도 무너집니다.

목회자에게 교회 부흥보다 더 중요한 것이 있습니다. 주 예수님과 한 몸이 되고 친밀해지는 것입니다. 예수님과 더 깊이 친밀해지는 것이 얼마나 놀라운 삶의 목표인지 모릅니다. 목회자가 모든 스트레스에서 구원받는 것입니다.

예수님은 나를 위하여 하늘 보좌를 버리고 인간이 되셨고 십자가를 지셨습니다. 그러니 그런 분과 교제한다는 것은 얼마나 행복한 일이겠습니까? 주님을 친밀히 알게 되면 더 이상 목회 현장과 사역이 크든지 작든지, 사람들로부터 인정을 받든지 그렇지 않든지 상관이 없습니다.

나는 비천에 처할 줄도 알고 풍부에 처할 줄도 알아 모든 일 곧 배부름과 배고픔과 풍부와 궁핍에도 처할 줄 아는 일체의 비결을 배웠노라 내게 능력 주시는 자 안에서 내가 모든 것을 할 수 있느니라 빌 4:12,13

주님과 친밀해진 자여야 그 속에서 생수의 강이 흘러나오게 됩니다. 예수님은 사도행전 1장 8절에서 "내 증인이 되리라" 하셨습니다. 단순히 예수님에 대하여 가르치는 선생이 아니라 '예수님을 직접 만나고 전하는 자'가 된다는 것입니다. 세상 사람들은 예수님이나 예수님의 말씀을 전해주는 사람을 원하지 않습니다. 주님을 드러내는 자가 누구인지 알고 싶어합니다. '나는 죽고 예수로 사는 사람'은 어디서나 환영을 받습니다. 정말 중요한 것이 보이지 않아서 방황하는 것입니다.

어떤 분이 "성공에 대가 지불이 필요하다면 당신은 무엇을 내어놓겠습니까?" 하고 물은 적이 있었습니다. 그래서 다들 '성공, 성공' 하는데, 과연 성공을 위하여 희생할 수 있는 것이 무엇일까 생각해보았습니다.

"시간? 가족? 건강? 친구? 영혼?"

성공이 아무리 중요하다 해도 성공보다 더 중요한 것이 많습니다.

자, 이런 상상을 한번 해봅시다. 월드컵 축구 경기에서 우리나라가 결승전에 진출하여 2대2 동점인 상황일 때 어떤 선수가 연장 후반에 골을 넣었다면, 이때는 얼마나 흥분된 순간일까요? 그렇지만 이 장면이 하늘을 둘러싼 허다한 증인들이 보기에는 얼마나 사사로운 일일까요? 아마도 하품 나는 일일 것입니다. 우리나라 국민뿐만 아니라 모든 인류가 주목하고 환호할 일이라 할지라도 하늘의 수많은 증인들은 외면할 일이 많을 것입니다.

〈전쟁의 외침〉(The War Cry)에 실린 WEC의 창립자 스터드 선교사의 선교 간증입니다.

식인종, 술주정꾼, 도둑, 살인자, 강간범, 욕쟁이들이 하나님나라의 문으로 몰려 들어왔다. 그들이 비록 짐승 같은 삶을 살았을지라도 그들의 영혼 역시 하나님의 형상을 간직하고 있었다.

죄를 자백하는 집회에서 사람들이 간증을 하였다.

"저는 가슴에 담을 수 없는 많은 죄를 지었습니다. 저는 세 살 때 아버지가 사람을 죽인 것을 기억합니다. 바로 제 형을 죽였거든요. 저는 그 고기를 함께 나누어 먹었습니다."

"저는 죽은 사람의 손톱으로 마술을 부렸습니다. 그리고 약을 먹여 사람을 죽이기도 했습니다."

스터드 선교사의 선교관에도 많은 사람들이 찾아왔다. 나는 그들에게 말했다.

"당신들이 원하는 것이 무엇입니까? 여기엔 돈이 없습니다. 우리가 해줄 수 있는 것은 하나님에 대해 가르쳐주며 그분의 말씀을 들려주는 것뿐입니다."

그들은 대답했다.

"돈은 조금도 관심 없습니다. 제가 원하는 것은 하나님입니다."

우리는 정말 소중한 것을 놓치고 있지는 않은지 항상 자신을 살펴야 합니다. 무엇이 가장 소중한 것입니까? 주님만이 그것을 알게 해주십니다.

정말 어리석은 일은 주인 자리를 주님께 내어드리지 못하는 것입니다. 죽기를 두려워하여 영생의 삶을 누리지 못하는 것입니다. 사랑을 나누도록 허락하신 사람들을 짐으로 여긴 것입니다. 사명의 축복을 알지 못하여 회피하고 살았던 것입니다. 더 중요한 것을 보는 눈이 뜨이지 않아서 그렇습니다. *20131017*

아 직 살 아 있 다 !

'아직 살아 있다'는 것에 새삼 감사합니다. 아침에 눈을 뜨면 "주님!" 하고 부르다가 오늘도 살아 있다는 사실에 감사를 드립니다. 사경을 헤매는 처지가 된 것도 아니고 죽을 것을 진지하게 생각해야 할 나이가 된 것도 아니지만, 요즘 살아 있다는 것의 의미를 유난히 깊이 생각하게 됩니다.

영화나 드라마에서 주인공은 가장 오랫동안 살아남아 있습니다. 소설가 이외수는 저서 《감성사전》에서 "주인공이란 작중인물 중에서 목숨이 가장 끈질긴 존재"라고 정의하기도 했습니다. 그리고 이기는 자가 강한 자가 아니라 살아남은 자가 강한 자라는 말도 있습니다.

어떤 점에서 보면 인생에서 가장 소중한 일은 살아 있는 것인지도 모르겠습니다. 생존을 결코 가볍게 여겨서는 안 됩니다. 하지만 단순히 죽지 않아서 감사한 것은 아닙니다. 물론 그랬던 적도 있습니다. 그러나 24시간 주님을 바라보려고 애쓰면서 죽음에 대한 두려움이 사라지는 것을 느낍니다.

하나님나라에 눈이 뜨이면서 점점 오래 살고 건강하게 살고 부유하게 살려고 발버둥치는 것이 얼마나 헛된 것인지 깨달아졌습니다. 사도 바울의 고백이 제 고백이 되었습니다.

> 우리가 담대하여 원하는 바는 차라리 몸을 떠나 주와 함께 있는 그것이라
>
> 고후 5:8

그럼에도 불구하고 아직 살아 있다는 것에 감사한 것은 아직 끝이 아니기 때문입니다. 그것은 주님을 위하여 일할 수 있는 기회가 여전히 제게 주어졌다는 것입니다.

56년 동안 살면서 주님 위하여 무엇 하나 제대로 한 것이 없다는 것이 두렵습니다. 열심히 산 것 같아도 결국 저 자신을 위하여 산 것뿐입니다. 주님을 위하여 열심히 목회했다고 생각했지만, 솔직히 '정말 주님을 위하여 한 것이었나?' 고민이 됩니다.

24시간 주님을 바라보면서 주님께서 나를 통하여 일하신 것이 아닌 것은 결국 '내 마음대로', '내가 옳다고 생각한 대로', '나의 성취 욕구 때문에' 일한 것뿐임을 깨달았습니다. 이제야 하나님나라의 영광을 보는 눈이 뜨이기 시작하였고, 주님과 하나 되어 주님과 동행하는 삶에 눈이 뜨였는데, 이렇게 죽으면 얼마나 억울하고 부끄럽고 후회스런 일이겠습니까?

제 친구 목사가 간암으로 세상을 떠나기 며칠 전이었습니다. 제가 문병 갔을 때 제 손을 붙잡고 정신 나간 사람처럼 하던 말이 잊혀지지 않습니다.

"유 목사, 주님이 나를 고쳐주실 거야. 내가 이제야 깨달았거든. 그동

안은 정말 바보처럼 살았어. 엉터리처럼 살았어. 그러나 이제 고침 받으면 나, 정말 주님의 종으로 살 거야! 이제 두고 봐, 나 가장 어려운 곳에 가서 정말 주님 뜻대로만 살 거야!"

죽음이 눈앞에 다가오면 비로소 정말 중요한 것이 무엇인지 깨달아지는 모양입니다. 그러나 죽을 때 가서야 그것을 깨닫는 것은 얼마나 두렵고 후회스러운 일일까요? 주님을 바라보면서 가장 복되고 좋은 것은 하나님의 나라를 위하여, 다른 사람들을 위하여 사는 것임이 마음 깊이 깨달아집니다.

사도 바울도 그런 마음을 고백한 적이 있었습니다.

내가 그 둘 사이에 끼었으니 차라리 세상을 떠나서 그리스도와 함께 있는 것이 훨씬 더 좋은 일이라 그렇게 하고 싶으나 내가 육신으로 있는 것이 너희를 위하여 더 유익하리라 빌 1:23,24

우리는 결코 그저 생존하기 위해 이 땅에 태어난 것이 아닙니다. 성공하고 형통하고 번영하는 삶을 살기 위해 태어난 것도 아닙니다. 하나님 나라의 삶을 살며 하나님나라를 위하여 살려고 태어난 것입니다.

우리는 주 안에서 사랑받고 사랑하기 위해 태어났습니다. 많은 사람을 복되게 하기 위해 태어났습니다. 주님께서 저를 얼마나 더 살게 하실지 모르겠습니다. 그러나 오직 하나, 아직 주님의 일을 할 수 있으며 사랑할 시간이 있다는 것이 행복합니다.

20131015

담벼락 둘

가 지 치 기 의   은 혜

제 아내의 생일날이었습니다. 결혼한 지 31년, 돌아보니 지난날이 다 감사하였습니다. 물론 힘들고 어려워 휘청거리던 때도 여러 번 있었습니다. 13년 전 아내가 암 수술을 받은 적이 있습니다. 암이라는 진단 결과를 들은 후 수술하고 퇴원하기까지 한 달, 그사이에 저와 제 아내에게는 너무나 큰 변화가 있었습니다. 한마디로 가지치기가 된 것입니다.

저는 부흥되는 교회를 목회하다가 건강하게 은퇴하게 되리라 생각했습니다. 그저 그렇게 될 것이라고 믿고 있었던 것 같습니다. 그러나 아내의 암 수술을 겪으면서 언제든 그만둘 수 있음을 알았습니다. 그것을 알고 나니 교회 부흥, 목회 성공이 아무것도 아님을 깨닫게 되었습니다.

그동안 제게 고민이 되고 스트레스를 주던 많은 것들이 너무나 분명히 정리되었습니다. 한 길만 뚜렷이 보였습니다. 오직 한 길이었습니다. 주님을 믿고 순종하고 사랑만 하다가 주님께 가는 것입니다. 그렇게 분명한 것을! 다른 것들은 다 가지가 쳐졌습니다. 우리가 복된 인생을 살려면 포기해야 할 것이 있습니다. 모든 것을 다 할 수 없기 때문입니다.

설교할 때, 아내로부터 가장 많이 지적당하는 것이 설교를 좀 더 짧게 하라는 것입니다. 저도 늘 후회하는 일입니다.

'조금 더 짧게 했으면 좋았을 것을!'

실제로 교인들은 설교를 짧게 하는 것을 좋아하는 것 같습니다. 그래서 짧게 설교해보았지만, 단순히 설교가 짧다고 해서 은혜로운 것이 아니었습니다. 잘라낸 것이 많아서 짧아진 설교가 은혜로운 것이었습니다. 설교 준비를 얼마나 일찍 끝내느냐가 관건입니다. 그리고 그 원고를 가지고 많이 기도할수록 설교 원고에 가지치기가 됩니다. 그렇게 준비된 설교가 은혜로웠습니다. 그래서 긴 설교는 설교 준비를 한 시간이 부족한 설교인 것입니다.

좋은 대표기도도 잘라낸 것이 많은 기도입니다. 그 말은 대표기도를 위하여 오랫동안 준비한 기도라는 뜻입니다. 부부도 서로 잘라낸 만큼 행복합니다. 행복한 부부가 많지 않은 이유는 배우자를 위하여 희생한 것이 없거나 희생하려고 하지 않기 때문입니다.

미국 뉴욕의 정신과 의사인 집사님 한 분이 한국에 다녀가신 후 글을 올리셨는데, 저를 가리켜 "앞에서 보아도 목사고, 옆에서 보아도 목사고, 뒤에서 보아도 목사더라"고 했습니다. 그 글을 읽고 많은 생각을 했습니다. 왜냐하면 그것이 제 열등감이었기 때문입니다.

저는 노래도 잘 못하고, 놀기도 잘 못하고, 운동도 잘 못합니다. 지금까지 내내 제가 그렇다는 것을 부끄럽게 생각했습니다. 노래를 하면 가수같이 하고, 운동을 하면 선수같이 하고, 공부를 하면 수재같이 할 수 있다면 얼마나 좋을까요? 그러나 지금은 감사합니다. 살면 살수록 둘도 아닌 하나라도 잘하고 하나님께 가면 성공임을 알았기 때문입니다. 재주가 없으니 한눈팔 데가 없습니다. 결국 목회에 전념할 수 있었으니 감사합니다.

제 경험으로 말씀드리는데, 하나님 앞에서 "안 돼요, 못해요" 하면 할수록 점점 더 허전해집니다. 주님이 여러분을 하나님나라를 위해 부르실 때 "예, 주님" 하시기 바랍니다. 하나님께서 저의 가장 소중한 것 하나를 요구하셨던 적이 있습니다. 그때 저는 고민을 많이 했습니다. '하나님께서는 왜 나에게 이런 고민을 하게 하시나?' 했습니다. 그러나 생각해보니 저는 목사요 주의 종이라고 하면서도 하나님께 드린 것이 아무것도 없었습니다. 그래서 울었습니다. 그래서 나의 모든 것을 다 드리겠다고 했습니다. 그런데 더 많은 것을 주셨습니다. 자꾸 드릴수록 하나님은 더 주십니다.

가지치기가 잘되십니까?

"예수님 한 분이면 충분합니다!"

"예수님은 나의 왕입니다!"

이런 고백들은 가지치기가 된 사람들의 고백입니다. 지금 힘들어하시는 분은 주님께서 여러분을 위하여 가지치기를 도와주시는 것일지도 모르는 일입니다. 오늘도 범사에 감사한 마음으로 주님을 바라보며, 순종함으로 나아가보시기 바랍니다.

20131018

주 예수님께
집중하는 삶

한 말씀이라도 말씀대로 살라

이번 제 생일 전날이 주일이라 장로님들과 부목사님, 전도사님들, 교우들과 청년들의 축하를 많이 받았습니다. 부족한 사람인데도 축복해주시고 격려해주시고 위로해주시니 눈물 나게 감사했습니다. 특히 젊은이교회에서 받은 축하는 감동이었습니다. 오랫동안 잊지 못할 것입니다.

그러나 생일을 맞이했어도 마음은 편치 않았습니다. 장로회에서 마련해주신 저녁 식사 자리에서 인사말을 하라 하시는데, 솔직히 어디로 가서 숨고 싶은 마음이었습니다. 잔치가 꼭 즐거운 자리만은 아님을 깨달았습니다. 탕자가 잔치 자리에 앉았을 때 이런 마음이었겠구나 싶었습니다.

솔직히 받고 싶은 생일 선물이 하나 있기는 합니다. 용서입니다. 생일을 맞아 지난 한 해 제가 잘못한 것, 마음 아프게 해드린 것, 실수한 것들을 용서해주시는 것입니다. 제가 정말 용서받고 싶은 분은 주님이십니다.

누가 썼는지는 알지 못하지만 유난히 생각나는 글이 하나 있습니다.
〈그러자 예수께서는 우셨다〉라는 글입니다.

그때 예수께서 제자들을 산으로 데리고 올라가 곁에 둘러앉히시고 이렇
게 가르치셨다.

"마음이 가난한 사람은 행복하다. 하늘나라가 그들의 것이다. 온유한
사람은 행복하다. 슬퍼하는 사람은 행복하다. 자비를 베푸는 사람은 행
복하다. 옳은 일에 주린 사람은 행복하다. 박해받는 사람은 행복하다.
고통받는 사람은 행복하다. 하늘나라에서의 보상이 크니 기뻐하고 즐거
워하라."

그러자 시몬 베드로가 말했다.

"이 말씀을 글로 적어놓고 싶습니다."

그리고 안드레아가 말했다.

"이 말씀을 외워야 하지 않을까요?"

그러자 야고보가 말했다.

"그걸 갖고 우리끼리 시험 쳐보겠습니다."

그리고 빌립보가 말했다.

"이 말씀을 더 자세히 알 수 있는 참고 서적이 있습니까?"

그리고 바돌로매가 말했다.

"이 말씀을 다른 사람들에게 전해줘야 할까요?"

그러자 요한이 말했다.

"다른 제자들한테는 이런 걸 알려줄 필요가 있을까요?"

그러자 마태오가 말했다.

"이제 하실 말씀이 다 끝나셨나요?"

그리고 유다가 말했다.

"이 말씀이 현실과 어떤 관계가 있는 걸까요?"

그리고 그 자리에 참석했던 바리새인 하나는 예수에게 앞으로 하실 수업 계획서를 달라고 요청하면서, 그 가르침의 최종적인 목표가 무엇이냐고 물었다.

그러자 예수께서는 우셨다.

제가 꼭 이렇게 했던 것 같습니다. 열심히 한다고 했지만 지나고 보니 주님을 우시게 해드린 일만 많이 한 한 해를 보냈습니다. 말씀을 읽고 은혜를 받았을 때 교인들에게만 설교한다, 가르친다, 제자훈련시킨다 했지, 정작 제 자신에게는 말씀을 적용하고 살지 못한 것 같아 너무나 죄송하였습니다. 자격 없는 자임에도 또 한 해를 허락해주셨으니 말쟁이가 아니라 한 가지라도 말씀대로 사는 자가 되기를 소원합니다.

20131021

스 스 로 속 지 말 라

황대연 목사님의 〈칭찬인 줄 알았습니다〉라는 글을 읽고 공감 가는 부분이 많았습니다.

"너 없으니까 일이 안 된다."

칭찬인 줄 알았습니다. 내가 정말 필요하고 중요한 존재라는 생각에 기분 좋았던 말입니다. 그렇지만 내가 없으면 공동체가 무너질 정도로 공동체를 나에게 의존하게 만든 것은 나의 이기적 만족일 수 있습니다.

"너만 있으면 된다."

칭찬인 줄 알았습니다. 내가 아주 능력이 많은 사람이라는 생각에 어깨가 으쓱했던 말입니다. 하지만 이것은 독재를 하고 있다는 말일 수 있습니다.

"야! 너 천재구나!"

칭찬인 줄 알았습니다. 기발한 아이디어가 풍부한 똑똑한 사람이라는 생각에 코가 높아졌습니다. 그러나 이것은 다른 사람들을 세워주지 못하고 있다는 말일 수 있습니다.

"시키는 대로 잘하네!"

칭찬인 줄 알았습니다. 내가 말 잘 듣고 착한 천사와 같다는 생각에 기뻤습니다. 그런데 이 말은 새 생각을 하지 못하며 변화를 두려워하는 사람이 되었다는 말일 수 있습니다.

오늘도 진정한 리더로 나아가기 위해서 저는 칭찬을 다시 한 번 새겨 듣습니다. 우리는 참 혼란스러운 시대에 살고 있습니다. 이런저런 주장도 많고, 너도나도 다 주님으로부터 온 교훈을 말하고 있습니다. 어느 누구도 악한 영으로부터 지시를 받았다는 사람이 없습니다. 그런데 결과는 혼란스럽습니다. 그만큼 악한 영의 역사가 많다는 것입니다. 성령님은 혼란케 하시는 분이 아니기 때문입니다.

우리가 정말 조심해야 할 것은 스스로 속고 사는 것입니다. 악한 영에 휘둘려 살면서도 자신은 성령으로 말하고 행한다고 여기는 상태에 빠지는 것입니다. 평소에 성령님의 역사를 잘 분별하여 사는 훈련이 필요합니다. 마음에 원망, 불평, 미움, 두려움, 염려가 있으면 사람이나 환경을 탓하지 말고 영을 분별해야 합니다.

우리는 성령님도, 악령도 어떻게 역사하는지 알 수 없습니다. 그러나 결과를 보면 알 수 있습니다.

"성령의 역사이구나!"

"악령의 역사이구나!"

몸속에 세균이 어떻게 들어오는지 모르지만 열나고 통증이 있고 체중이 줄어들면 '무슨 병이 있구나!' 하고 아는 것과 같습니다. '가난의 영', '두려움의 영', '미움의 영', '우울한 영'이 보이지는 않지만 역사하는 것은 아는 것입니다. 열매는 볼 수 있으니 말입니다.

깨달았으면 즉시 예수님의 이름으로 대적해야 합니다. 속고 산 것이 너무 억울하잖아요! 지긋지긋하잖아요!

20131022

귀를 씻고 삽시다

어느 목사님께서 사람이 나이가 들면 몸에서 냄새가 나는데, 그 이유 중 하나가 잘 씻지 않기 때문이라고 했습니다. 그러므로 나이가 들수록 씻는 일을 게을리하지 말아야 한다고 하면서 특히 귀 뒤를 잘 씻어야 한

담벼락 둘

다고 했습니다. 귀 뒤에 독특한 체취가 나는 부분이 있는데 세수를 할 때 거기까지 씻는 것을 소홀히 하기 쉬워서 냄새가 난다는 것입니다.

귀를 씻는 일은 몸에서 나는 냄새를 막기 위해서만은 아닙니다. 우리의 마음을 지키기 위해서도 너무나 중요한 일입니다. 어려서 들었던 말한마디가 오랫동안 그 사람의 마음을 사로잡고 고통스럽게 합니다. 분노와 두려움, 슬픔과 열등감 등으로 힘들어하는 사람 중에서 많은 사람들이 언젠가 들은 말 때문에 그와 같은 고통을 당하고 사는 것입니다. 그러므로 몸 냄새 때문만이 아니라 우리 마음을 지키기 위하여 귀를 씻고 살아야 합니다. 듣는 말을 조심하라는 것입니다.

우리는 인생을 살아가면서 온갖 말들을 듣습니다. 그중에는 우리의 영혼을 파괴하려는 악한 말들도 있습니다. 생각으로 듣는 말도 조심해야 합니다. 마귀는 가룟 유다에게 예수를 팔 생각을 집어넣었다고 했습니다.

마귀가 벌써 시몬의 아들 가룟 유다의 마음에 예수를 팔려는 생각을 넣었더라 요 13:2

안타까운 것은 말을 들을 때 가려듣지 않는다는 것입니다. 떠오르는 생각을 조심하지 않는 것입니다.

한번은 어떤 분이 제가 잘 아는 사람에 대하여 험담을 하였습니다. 제가 그 분에게 말했습니다.

"제가 그 사람을 나쁜 사람이라 생각하게 하려고 하시는 말입니까?"

그 분께서 그것은 아니라고 하셨습니다. 그래서 저는 다음과 같이 부탁드렸습니다.

"그렇다면 그 말을 그만해주시기 바랍니다."

듣는 말은 우리 마음을 사로잡는 힘이 있습니다. 그러므로 무엇보다 조심해야 할 일입니다. 아무것이나 보이는 대로 다 먹습니까? 먹는 음식에 대하여 우리는 얼마나 까다롭습니까? 아무나 집에 들어오게 합니까? 우리는 누군가 집에 들어오게 할 때 얼마나 조심합니까? 무슨 말을 듣는다는 것은 그보다 더 중요한 일임을 알아야 합니다. 그래서 어떤 사람을 만나느냐 하는 것도 조심해야 하며, 어떤 글을 읽거나 방송을 듣는 것조차 조심해야 합니다.

그러나 들리는 말을 어떻게 다 통제할 수 있겠습니까. 혹시 어떤 말이 마음을 상하게 하였다면 즉시 대적해야 합니다.

"사탄아, 예수님의 이름으로 명하니 내게서 나가라!"

그리고 기도해야 합니다.

"주님의 보혈로 나의 마음을 씻어주소서!"

우리가 항상 귀를 씻고 사는 비결은 주님께 집중하는 것입니다. 주님은 항상 우리에게 말씀하시는 분입니다.

내 양은 내 음성을 들으며 나는 그들을 알며 그들은 나를 따르느니라

요 10:27

들지 말아야 할 말을 듣지 않기 위해 애쓰는 것보다 들어야 할 주님의

음성에 집중하는 것이 훨씬 지혜로운 태도입니다. 주님을 마음에 모시고 하루를 지냈는데 주님의 음성을 듣지 못하였습니까? 그렇다면 무엇엔가 정신을 팔고 살았다는 뜻입니다. 시급히 자신의 마음을 점검해보아야 합니다.

2013.10.23

주님을 바라보는
기도 훈련

도 대 체   나 는   누 구 인 가 ?

해야 할 일이 많다보니 제가 주도적으로 제 삶을 살아가는 것이 아니라 주어진 일정에 제가 끌려 사는 것 같은 생각이 종종 듭니다. 정신을 차리지 않으면 인생 헛살기 쉽겠습니다.

느낌과 감정이 자꾸 저를 속이는 것을 느낍니다. 그래서 늘 기도합니다.

"하나님이 보시는 눈으로 보게 하소서. 하나님께서 헛되다고 하신 것이 나의 눈에도 헛된 것으로 보여지고, 하나님께서 중요하다 하신 것은 나의 눈에도 중요하게 비춰지게 하소서."

한번은 한 연구기관에서 한국인들의 행복지수를 조사했는데, 삶에 대한 만족도를 측정하기 위해 건강, 가족·친밀한 관계, 사회성·대인관계, 일·자기계발, 경제적 상황 5개 분야로 나누어 만족도 조사를 실시했습니다. 그 결과 가족·친밀한 관계에서 느끼는 삶의 만족도가 가장 높았고, 가장 부정적인 분야는 직장생활이었습니다.

그런데 참 모순된 결과입니다만, 소중하다고 꼽은 배우자와 자녀가 피곤한 느낌을 주는 사람들 중에도 상위에 꼽혔다는 사실입니다. 또 일을 안 하고 놀고 싶다는 생각에 많은 사람들이 동의했지만 아무 일도 하지 않고 지내는 것을 가장 견딜 수 없어 한다는 결과가 나왔습니다. 그래서 우리 인생이 혼란스러운 것입니다.

우리의 판단과 느낌과 감정은 신뢰할 것이 못 됩니다. 부부싸움을 한 사람들이 공통적으로 하는 이야기가 있는데, 하나같이 '생각해보면 아무것도 아닌 것을 가지고 싸웠다. 도대체 왜 싸웠는지 모르겠다'고 하는 것입니다. 얼마든지 양보하고 덮어주고 웃어넘길 수 있는 문제들도 자존심 때문에, 지기 싫어서 싸우는 경우가 대부분입니다. 여러분 중에 마음이 상하거나 근심과 걱정과 슬픔에 빠진 사람이 있다면, 혹시 자신이 쓸데없는 것에 마음이 묶여버린 것은 아닌지 먼저 생각하시기 바랍니다.

우리는 정말 신비한 존재입니다. 아무 생각 없이 그저 하루하루를 살면 모르지만 '나는 누구인가?', '인간은 도대체 어떤 존재인가?' 하고 질문을 하는 순간 미궁에 빠지게 됩니다. 많은 인간학자들이 '인간이란 도대체 누구인가?'에 대해 여러 각도로 조명을 해보지만, 한마디로 정확하게 정의를 내리지는 못하고 있습니다. 이것이 인간학의 한계입니다.

우리 스스로 자신이 누구라고 정확히 설명하지 못합니다. 자기가 자기를 모르는 것입니다. 다른 사람이 자기를 평가하는 것을 들으면 당황합니다.

'내가 생각하는 것과 저렇게 다를 수 있나?'

자기가 나온 사진이나 비디오를 볼 때 낯설게 느껴집니다.

"어, 저게 나야…?"

자기 목소리를 녹음해서 들으면 또 놀랍니다.

"어, 이게 내 목소리야?"

'내가 생각하는 나'와 '다른 사람이 보는 나'는 같지 않다는 것입니다. 그러면 도대체 나는 누구입니까?

너의 하나님 여호와가 너의 가운데에 계시니 그는 구원을 베푸실 전능자 이시라 그가 너로 말미암아 기쁨을 이기지 못하시며 너를 잠잠히 사랑하 시며 너로 말미암아 즐거이 부르며 기뻐하시리라 하리라 습 3:17

우리는 하나님께서 보시고 즐거워하는 자입니다. 도무지 믿어지지 않는 말씀입니다. 그러나 이 진리가 가장 정확한 우리 자신에 대한 진실입니다. 하나님의 말씀이니까요! 어떻게 하나님께서는 우리를 그렇게 보시는 것일까요?

예수께서 세례를 받으신 후에 하나님께서 말씀하셨습니다.

하늘로부터 소리가 있어 말씀하시되 이는 내 사랑하는 아들이요 내 기뻐 하는 자라 하시니라 마 3:17

그렇습니다. 예수님을 보시는 하나님의 마음이 사랑스럽고 기쁘신 것 입니다. 이제야 깨달아집니다. 왜 하나님께서 저와 여러분을 보시며 그렇게 사랑스러워하시는지 말입니다. 십자가 때문입니다. 십자가에서 우리는 예수님과 연합한 자가 되었기 때문입니다.

그러므로 우리가 그의 죽으심과 합하여 세례를 받음으로 그와 함께 장사되었나니 이는 아버지의 영광으로 말미암아 그리스도를 죽은 자 가운데서 살리심과 같이 우리로 또한 새 생명 가운데서 행하게 하려 함이라 롬 6:4

자신과 자신의 인생에 대하여 혼란스러운 분이 계십니까? 오직 십자가만 붙잡으시기 바랍니다. 그러면 여러분은 하나님께서 사랑스런 눈으로 보시는 가장 행복한 자입니다.

내가 그리스도와 함께 십자가에 못 박혔나니 그런즉 이제는 내가 사는 것이 아니요 오직 내 안에 그리스도께서 사시는 것이라 이제 내가 육체 가운데 사는 것은 나를 사랑하사 나를 위하여 자기 자신을 버리신 하나님의 아들을 믿는 믿음 안에서 사는 것이라 갈 2:20 *20131028*

시험에 들지 않게 깨어 기도하라

예상치 못한 큰 어려움을 겪는 이들이 주위에 많습니다. 이런 일을 만나면 누구나 당황스러워하고, 두려워하고, 억울해하고, 분노합니다. 요즘 들어 부쩍 시험당할 때를 준비해야 한다는 마음이 듭니다. 주님의 마음이기도 합니다.

예수님이 십자가를 지시기 전에 겟세마네 동산에서 기도하실 때, 제자들에게 신신당부하신 말씀이 시험당할 때를 준비하라는 것이었습니다. 그렇게 피곤해하는 제자들에게 '졸려도 기도해야 할 이유'에 대하여 말씀하시기를 "너희가 나와 함께 한 시간도 이렇게 깨어 있을 수 없더냐 시험에 들지 않게 깨어 기도하라"(마 26:40,41) 하셨습니다.

우리는 항상 편안하고 좋은 일만 생기기를 바라지만, 하나님의 계획은 그렇지 않은 것 같습니다. 우리가 거쳐야 할 시련도 있고 지나가야 할 사망의 음침한 골짜기도 있습니다. 문제는 우리가 이런 어려운 일을 만났을 때, 시험에 드느냐 아니냐 하는 것입니다. 야고보 사도는 "내 형제들아 너희가 여러 가지 시험을 당하거든 온전히 기쁘게 여기라"(약 1:2)고 했는데, 이렇게만 될 수 있다면 시험이 무슨 문제가 되겠습니까?

여러분은 시험에 들어보셨습니까? 예기치 않은 어려운 일이 생기고 그런 어려운 일이 여러 가지로 겹쳐 일어나면 마음도 믿음도 무너지는 것입니다. 예수께서 십자가의 길을 가시는데, 예수님을 외면하고 도망가고 부인하고 저주까지 했던 제자들처럼 되는 것입니다. 십자가 구원의 은혜를 받았고 임마누엘의 축복을 받고 있으면서도 감사와 기쁨이 사라지고, 불평과 원망, 낙심과 좌절, 심지어 하나님조차 부인하는 상태에 이르는 것입니다. 이런 일이 여러분에게 일어난다면 어떻겠습니까? 시험에 빠지는 고통을 안다면 차라리 평소에 기도의 수고를 할 것입니다! 기도가 힘들지만 시험에 드는 것보다는 훨씬 낫기 때문입니다.

주님은 우리의 "육신이 약하다"고 말씀하셨습니다. 육신이 약하다는

담벼락 둘

말은 마음은 원치 않지만 자꾸 육신에 끌려간다는 것입니다. 기도하지 않으면 이렇게 됩니다. 기도하지 않으면, 우리 육신은 전혀 문제를 느끼지 못합니다. 오히려 육신은 더 편안합니다. 고통당하는 것은 우리 안에 거하시는 하나님의 생명입니다. 힘과 감각과 욕구를 잃고 육신이 이끄는 대로 살게 됩니다. 그래서 주님은 피곤해도 기도하라고 그렇게 당부하신 것입니다.

　기도가 어떻게 시험을 이기는 방법일까요? 기도를 통하여 예수님과 계속 접촉하게 되기 때문입니다. 기도는 실제로 예수님과 하나 되는 시간입니다. 겟세마네 동산에서 예수님이 제자들에게 기도하라고 말씀하신 것을 자세히 읽어보면, 주님은 정확히 "깨어 주님과 함께 앉아 있으라"라고 말씀하셨습니다.

> 이에 예수께서 제자들과 함께 겟세마네라 하는 곳에 이르러 제자들에게 이르시되 내가 저기 가서 기도할 동안에 너희는 여기 앉아 있으라 하시고
> 마 26:36

예수님은 자신이 기도하는 동안 제자들이 주님 곁에 앉아 있기를 원하셨던 것입니다. 그러므로 우리가 기도할 때, 기도하는 행위 자체에 만족하지 말고 주님을 바라보는 훈련을 해야 합니다. 우리가 기도하는 것은 엄밀히 말하면 기도하시는 예수님을 바라보면서 앉아 있는 것입니다.

　우리에게 필요한 것은 24시간 주님을 바라보는 훈련입니다. 시험이 닥쳤을 때는 누구나 허둥지둥하게 됩니다. 주님을 바라보고 싶어도 뜻

대로 되지 않습니다. 그러나 평소에 24시간 주님과 동행하게 된 사람에게는 시험이 오는 것이 두렵지 않은 것입니다.

20131029

기 도 응 답 보 다 더 중 요 한 주 님 과 의 관 계

오스왈드 챔버스(Oswald Chambers) 목사님은 "기도 때문에 치러야 할 불편을 불편이라 생각하지 마라. 하나님은 당신을 기도하게 하기 위하여 모든 것을 희생하셨다"고 했습니다. 하나님께서 십자가를 통하여 주신 가장 큰 축복이 기도의 문을 열어주신 것입니다.

그러나 우리는 '구하기 전에 다 아시는 하나님'(마 6:8)께서 왜 기도하라고 하셨을까 생각해보아야 합니다. 기도의 목적은 응답받는 것이 아닙니다. 예수께서 십자가를 지시기까지 하시면서 우리에게 기도의 축복을 주신 것은 하나님과의 교제의 길을 열어주시려는 것이었습니다. 사도 바울이 기도하라고 권할 때, 예수님은 이해가 안 되는 말씀을 하십니다. 쉬지 말고 기도하라(살전 5:17), 기도에 항상 힘쓰며(롬 12:12), 항상 성령 안에서 기도하고(엡 6:18), 기도를 계속하고(골 4:2), 모든 일에 기도와 간구로 하나님께 아뢰라(빌 4:6)고 하십니다. 이것은 24시간 예수님과 동행하라는 의미임을 깨달을 때 비로소 이해되는 말씀입니다.

기도의 목적은 하나님을 가까이하고, 하나님과 대화하고, 하나님과 온전하게 하나가 되는 것입니다. 기도 응답은 선물일 뿐입니다. 많은 사람들이 기도를 무엇인가를 얻기 위한 수단으로 여깁니다. 그래서 기도에 실망하고 하나님을 원망하는 것입니다. 만일 우리가 응답받기 위

담벼락 둘

해 기도한다면, 우리는 하나님과의 관계에서 허탈감을 느낄 수 있습니다. 어린아이들이 선물을 목적으로 아버지 어머니를 바라보면 그렇게 귀한 부모님에게 늘 불만족이듯이 말입니다.

우리가 기도하면서 영적으로 허탈해졌다면, 우리가 응답받으려고 기도했지 주님과 하나 되기를 원했던 것은 아니었다는 사실을 보여줄 뿐입니다. 우리는 기도하면서 너무나 자주 하나님을 원망하고 하나님께 따지고 하나님을 의심합니다.

"하나님, 왜 기도 응답해주지 않으세요? 하나님, 이렇게 해주셔야 하잖아요? 하나님, 왜 이 모양이에요?"

이렇게 하는 것은 그 사람이 진정으로 하나님과 교제하는 사람이 아니라는 증거입니다. 하나님 앞에서 그렇게 할 수 있는 사람은 아무도 없을 것이기 때문입니다.

우리는 놀라운 예수님의 약속에 의심을 합니다.

너희가 내 이름으로 무엇을 구하든지 내가 행하리니 이는 아버지로 하여금 아들로 말미암아 영광을 받으시게 하려 함이라 요 14:13

이 말씀은 매우 어리석게 보이기도 합니다.
'예수님이 우리의 기도에 따라 행하신다니!'
그러나 이 놀랍기도 하고 한편 위험해 보이는 약속은 실제로 어떤 조건을 충족할 경우에 이루어지는 것입니다.

내 이름으로 무엇이든지 내게 구하면 내가 행하리라 요 14:14

이 약속을 이루기 위하여는 기도가 예수님의 이름에 합당한 기도여야 합니다.

너희가 내 안에 거하고 내 말이 너희 안에 거하면 무엇이든지 원하는 대로 구하라 그리하면 이루리라 요 15:7

이 약속이 이루어지기 위하여는 우리가 예수님 안에 거하고 주님의 말씀이 우리 안에 거해야 합니다.

무엇이든지 구하는 바를 그에게서 받나니 이는 우리가 그의 계명을 지키고 그 앞에서 기뻐하시는 것을 행함이라 요일 3:22

이 약속이 이루어지기 위하여는 우리가 주님의 계명을 지키고 주님이 기뻐하시는 삶을 사는 자여야 하는 것입니다.

우리가 진정 예수님 안에 거하고 '나는 죽고 예수로 사는 사람'이 되어 예수께서 우리의 기도를 인도하신다면, 우리가 무엇을 구하든지 하나님께서 다 이루어주실 것입니다. 그러므로 우리는 기도할 때 항상 예수님과의 관계를 점검해야 합니다.

우리가 365일 24시간 사람만 상대하고 세상만 바라보며 살면 우리의 영은 숨이 막혀 못 삽니다. 답답해서 못 삽니다. 사람과 세상만 보면 마귀에게 사로잡혀 살 수밖에 없습니다. 세상 사람과 조금도 다름이 없는 천한 존재가 되고 맙니다. 우리는 세상에 살지만 24시간 주 예수님을 바라보아야 합니다. 그래야만 우리의 영이 소생하게 되고 계속 깨끗해집니다. 세상을 이길 힘을 공급받게 됩니다. 우리에게 이런 기도의 복을 주시려고 주님께서 십자가에 죽으신 것입니다. *20131030*

죄를 이기고
승리하는 비결

고난보다 더 크신 예수님

24시간 주님 바라보기에 힘쓰면서 제 마음에 일어나는 변화 중 하나는 고난에 대한 두려움이 극복된다는 것입니다. 죽는 것이 사는 길이요, 고난이 축복이요, 완전한 순종이 능력임이 믿어지는 것입니다. 왜 진작 이것을 몰랐을까요!

지난 연회 전도사 영성훈련 때, "목회에 성공하도록 도와달라고 기도하지 말고 하나님의 나라를 위하여 죽게 해달라고 기도하십시오. 아무도 안 가겠다는 곳이 있다면 주님 제가 있지 않습니까, 저를 보내달라고 기도하십시오"라고 전하였습니다. 이제 막 목회의 길에 들어선 전도사들에게는 잔인한 말처럼 들렸겠지만, 지금에서야 '진작 그런 자세로 목회를 하였다면 저도 살고 교회도 살았을 텐데…' 하고 깨달아졌기 때문입니다.

일제시대 신사참배 문제로 두 사람이 재판을 받았습니다. 판결은 주

범이 6년, 종범이 3년 형이었습니다. 그때 종범인 젊은 전도사가 벌떡 일어나 6년 형을 받은 사람에게 큰절을 하면서 "형님 부럽시다. 천국에서 큰 상을 받을 것을 생각하니 정말 부럽시다" 했다고 합니다. 몇 번을 읽어도 마음에서 무엇인가 뛰는 것이 느껴지는 일화입니다.

복받으려고, 잘되려고, 문제 해결을 받으려고 예수님을 믿는 것은 진정 예수님을 믿는 것이 아니었습니다. 그래서 예수님을 믿고도 계속 방황하고 갈등하고 자신도 힘들고 남도 힘들게 한 것입니다. 예수님을 믿었으니 이미 충분히 행복해진 것입니다. 예수님을 믿었으니 이젠 죽어도 좋은 것입니다. 받을 것은 다 받았습니다. 이제 남은 삶은 주님을 위하여 살아야 합니다.

예수를 믿어도 정신 똑바로 차리고 믿어야 하겠습니다. 고난 앞에서 갈등하고 타협하고 주저하게 되는 것은 그가 진정으로 주 예수님을 바라보지 못하는 상태라는 증거입니다. 하늘과 세상을 동시에 사모할 수는 없습니다. 하나님과 물질을 동시에 추구할 수는 없습니다.

모든 짐을 벗어버리면 훨훨 날 것같이 자유로울 줄 알았습니다. 그러나 하고 싶은 대로 하고 마음대로 살다보면 쓸쓸히 가슴을 치는 신세로 전락하고 만다는 것을 알았습니다. 주님은 살아 계시고 인격적인 분이기에 사명의 무거운 짐이 오히려 감사하고, 고생이 감사하고, 고난이 감사한 것입니다.

우리는 주님 앞에 설 때 얼마나 복을 받았느냐 하는 것으로 평가받지 않고 주님을 위해서, 다른 영혼을 위해서 얼마나 희생했느냐 하는 것으로 판단받게 될 것입니다. 우리는 다른 사람이 나보다 더 좋은 집에 사는 것, 다른 사람이 나보다 더 많은 돈을 버는 것으로 시기하지 말고 주님을 위해서 더 많은 것을 잃어버리고, 더 많은 것을 포기하며, 더 많은 고통을 받는 것을 보고 시기 질투하는 자가 되어야 할 것입니다.

김용의 선교사님에게 어떤 교인이 이렇게 말했답니다.

"나도 할 만큼 했어요."

그래서 선교사님이 되물었다고 합니다.

"만약 하나님께서 '나도 너에게 할 만큼 했다'고 말씀하시면 어떻게 하시렵니까?"

행복한 결혼은 좋은 사람을 만나야 이루어지는 것이 아닙니다. 자신이 좋은 사람이 되면 결혼생활은 충분히 행복해집니다. 진작 이것을 알았다면 많은 부부가 좋은 사람을 찾기보다 자신이 좋은 사람이 되는 일에 더 힘썼을 것입니다. 마찬가지로 하나님께서 언제 응답하시고 언제 복을 주실지 기다리지 말고 주님과 동행하고 예수님이 왕이신 삶을 사는 데 더 힘썼으면 훨씬 복된 사람으로 살았을 것입니다.

두려운 것은 처음 예수님을 믿고 따를 때는 주님을 위해서 모든 것을 잃은 것 같았는데 시간이 흐를수록 잃은 것이 아무것도 없다는 것입니다. 주님 앞에 설 때 존귀한 성도들은 희생의 증거를 가지고 주님을 맞이하러 나올 텐데, 아무것도 잃거나 포기한 것이 없으면 어찌 그 영광된 무리들 가운데서 주님 앞에 나아갈 수 있겠습니까?

그러나 고난보다 더 크신 주 예수님을 바라보지 못하면 아무리 고난이 축복임을 알아도 두려움을 극복할 수는 없을 것입니다. 스데반이 자신에게 돌을 던지는 자들을 축복하며 순교할 수 있었던 것은 주 예수님을 바라보았기 때문입니다. 오늘도 잠잠히 주 예수님만 바라봅니다.

20131202

주님은 죄를 이기게 하신다

매주 목요일 새벽이면 남자 성도들이 교회 식당에서 모임을 가졌습니다. 이름하여 '믿음으로 사는 남자들'입니다. 남자들이 믿음으로 살아야 할 일들이 많지만, 가장 먼저는 '죄, 이길 수 있다!'는 것이 가장 먼저 실험해야 할 믿음입니다. 많은 남자 성도들이 죄에 끌려 다니기 때문입니다. 믿음으로 살려면 가장 먼저 죄와 싸워야 합니다. 그래서 처음에는 '회개하며 사는 남자들' 모임이 되기도 했습니다.

하나님께서는 다윗이 부하인 우리아의 아내와 간음할 때나 충성스러웠던 우리아를 죽게 만들었을 때도 다 지켜보고 계셨습니다. 이때 하나님의 마음이 어떠셨는지 하나님은 나단을 통하여 말씀하셨습니다.

> 그러한데 어찌하여 네가 여호와의 말씀을 업신여기고 나 보기에 악을 행하였느냐 삼하 12:9

죄는 하나님을 업신여기는 일임을 명심해야 합니다. 무신론자들이 영국 시내버스에 노골적인 광고를 했습니다.

"신은 없는 것 같으니 걱정하지 말고 인생을 즐겨라."

무슨 걱정을 하지 말라는 것인가요? 어떻게 인생을 즐기라는 것인가요? 하나님을 믿지 않으면 죄짓지 않고 살 이유가 없습니다. 사단은 죄를 즐거운 것이라고, 죄짓지 않고 사는 인생은 수도원생활과 같이 답답한 삶이라고 우리를 속이고 있습니다. 그러나 실제로 죄지으며 즐겁게 사는 사람을 찾아보십시오. 없습니다!

누가 죄를 즐거운 것이라고 했습니까? 주위에 죄짓고 고통당하는 사람은 수도 없이 찾아볼 수 있습니다. 분명히 알아야 합니다. 하나님은 죄를 싫어하십니다. 미워하십니다. 분노하십니다! 예수님은 우리의 죗값 때문에 십자가를 지셔야 했습니다. 그러나 우리의 힘으로는 죄를 이기지 못합니다. 이길 수 있다면 십자가가 필요 없었을 것입니다.

하지만 죄를 이길 길이 아예 없는 것은 아닙니다. 십자가 속죄의 복음을 믿고 임마누엘하신 예수님을 바라보는 것입니다. 그러면 주님이 죄를 이기게 해주십니다.

우리가 다 수건을 벗은 얼굴로 거울을 보는 것같이 주의 영광을 보매 그와 같은 형상으로 변화하여 영광에서 영광에 이르니 곧 주의 영으로 말미암음이니라 고후 3:18

"그(주 예수님)와 같은 형상으로 변화하여"라고 하였습니다. 이것이 하나님의 계획이고 우리 안에 오신 주님의 역사입니다. 요셉은 보디발의 아내의 적극적인 유혹을 이길 수 있었습니다. 정욕이 없어서가 아니었습니다. 함께하시는 여호와를 바라보았기 때문입니다.

결국 마음 싸움입니다. 마귀는 끊임없이 죄악의 생각을 집어넣어 주고 있습니다. 그러므로 음욕, 탐심, 미움, 원망 등을 품는 것이 무서운 일임을 알아야 합니다. 생각은 죄 같지 않으니 더 무서운 것입니다. 그러나 생각은 반드시 결실하게 됩니다.

우리는 무엇보다 더욱 마음을 지켜야 합니다(잠 4:23). 마음을 지키는 유일한 방법이 예수님을 바라보는 것입니다. 생각을 지키면 삶은 바뀌게 되어 있습니다. 죄와의 싸움에서 승리하게 되는 것입니다. *2013.12.06*

말 씀 대 로   사 는   그 리 스 도 인

말씀을 전할 때마다 제 자신은 말씀대로 사는지, 회중들은 또한 말씀대로 살려고 하는지 깊이 고민하게 됩니다. 많은 그리스도인들에게 철저히 말씀대로 살아야 한다는 결단이 없습니다. 말씀대로 살다가도 힘들면 그만하고 맙니다. 그러면서 자신은 할 만큼 했다고, 어쩔 수 없는 현실이라고 생각합니다.

안타까운 것은 말씀대로 살지 않아도 된다, 하나님도 이해하신다고 생각하는 이들도 있다는 것입니다. 믿음으로 의롭다 인정받는다는 복음을 왜곡하여 이해하고 있는 것입니다. 말씀대로 살려는 결단이 없다면 부흥회를 아무리 많이 한들 무슨 소용이 있겠습니까?

열심히 교회 봉사도 하고 신앙생활도 오래했는데 영적으로는 점점 더 침체되는 사람이 있습니다. 이유는 말씀대로 철저히 살지 않았기 때문입니다. 갚을 수 없을 만큼 빚이 많아진 사람, 해야 할 숙제가 밀린 학생과 같은 심정인 것입니다. 그런 점에서 기독교인이 아니지만 간디에게서 도전받을 점이 있습니다.

하루는 한 여인이 어린 아들을 간디에게 데리고 와서 부탁을 했습니다. 아이가 설탕을 너무 좋아하니까 설탕이 몸에 좋지 않다는 것을 말해달라고 한 것입니다. 간디가 말하면 아들이 말을 잘 들을 것이라 기대했기 때문입니다. 그러자 간디는 일주일 후에 다시 오라고 했습니다. 여인은 '일주일 후에 오면 뭔가 특별한 것이 있는가 보다'라고 생각했습니다.

일주일 후 그 여인과 아들이 다시 왔을 때, 간디는 아이에게 "얘야, 설탕을 먹지 말거라. 설탕은 몸에 좋지 않단다"라고 말했습니다. 여인은 그 말을 해주려거든 지난주에 해주지 왜 일주일이나 기다리라고 했는지 이해할 수가 없었습니다.

의아해하는 여인에게 간디는 한마디를 했습니다.

"일주일 전에는 저도 설탕을 좋아했습니다."

목회자가 이런 자세로 설교하고 성경을 가르쳤다면 주님의 역사는 엄청났을 것입니다.

간디에게 비노바 바베라는 추종자가 있었는데, 간디는 그에게 '바라다드 기타'를 산스크리트 원어로 배우고 있었습니다. 매일 저녁 시간에 기도를 마치면 그는 비노바에게 가서 강의를 들었습니다.

그러던 어느 날 간디가 아무런 통고(通告)도 없이 결석을 했습니다. 그리고 계속 수업을 연기하고는 오지 않았습니다. 그렇게 한 달이 지난 어느 날 간디는 비노바에게 내일부터 수업을 다시 시작하자고 말했습니다. 그러면서 자신이 왜 한 달 동안 수업을 할 수 없었는지에 대해 설명했습니다.

"비노바, 나는 수업을 거부한 것이 아니네. 다만 내가 배운 바를 실천하고 싶었네. 지난번 우리가 공부한 구절 말이야. 거기를 보면 '마음에서 일어나는 모든 욕망을 제거해야 하고 사람들은 그것들과 싸울 수밖에 없다'는 말씀이 있었지. 나는 이것을 한 달 동안 나의 삶에서 실천하려고 노력했지. 나는 정말 나 자신과 힘든 싸움을 했네. 이제야 나는 내 욕망을 절제할 수 있게 되었다네. 그래서 계속 배울 수 있는 자신감이 생겼네."

비노바는 간디의 이러한 배움의 자세가 그로 하여금 평범한 인간에서 위대한 영혼(마하트마)을 만들었다고 고백했습니다.

이처럼 그리스도인들이 하나님의 말씀대로 살기를 힘썼으면 하나님의 나라가 이미 우리 가운데 임하였음을 금방 알 것입니다. 지난주에 목사가 선포한 말씀을 교인들이 실천하기도 전에 목사는 또 다른 말씀을 준비합니다. 이에 대해 어느 분이 말했습니다.

"교인들이 지난주에 들은 말씀을 실천하기 위해서 주일예배에 빠진다면, 정말 그런 거라면, 몇 주 안 나와도 하나님은 눈감아주실 텐데…."

그러나 우리가 어떻게 말씀대로 살 수 있겠습니까? 그럴 수 있다면 주님의 십자가가 필요 없었을 것입니다. 우리에게는 오직 말씀대로 살고자 하는 소원이 있을 뿐입니다. 그리고 우리의 생명이요 주님이요 왕이신 주 예수님을 바라볼 뿐입니다. 그때 말씀대로 살아가는 자신을 보게 될 것입니다.

20131203

원 수 도   용 서 하 고   사 랑 하 는   사 람

우리가 반드시 점검해야 할 것은 믿음 소망 사랑이 항상 자신에게 있는가 하는 것입니다. 그리스도인의 삶의 세 기둥은 믿음과 소망과 사랑이기 때문입니다.

그리스도인들은 누구나 믿음 소망 사랑이 귀한 줄 압니다. 그러나 실제 삶에서는 그것을 무시합니다. 돈이냐 믿음이냐, 학교 성적이냐 사랑이냐 하면, 믿음과 사랑이 돈보다 못하고 성적보다 못합니다. 그저 좋은 말씀으로 여길 뿐입니다. 혹시 믿음 소망 사랑을 다 가지고 있는 사람이 주변에 있습니까? 한번 둘러보시고 소개해주시기 바랍니다. 만나보고 싶습니다.

아현교회 집회를 할 때 주님은 우리에게 믿음이 있는지 없는지는 북한 지하교회 성도들과 비교해야 한다는 것을 깨닫게 해주셨습니다. 하나님께서는 우리와 북한 성도들의 믿음의 기준을 다르게 적용하실 리가 없으십니다. 만약 당신이 북한에 있다면 지금처럼 여전히 예수님을 주님이라 고백할 수 있을까요?

소망이란 하나님의 나라가 있고, 지금 하나님의 나라는 시작되었으며, 주 예수님이 반드시 재림하실 것을 믿고 기다리는 것입니다. 그러나 진정한 소망은 단순히 이 사실을 아는 것이 아닙니다. 사도 바울은 빌립보서 3장 7절부터 9절까지에서 자신에게 유익하던 모든 것, 세상 성공과 명예와 축복을 배설물처럼 버렸다고 했습니다. 여러분도 세상 유익이 배설물처럼 여겨집니까? 이것이 소망이 있는지 없는지를 분별하는 기준입니다. 예수님께서는 이것을 마태복음 13장 44절에서 보화를 발견

한 기쁨이라고 하셨습니다.

해외 집회를 다니다보면 한국과 교회와 집이 그립습니다. 신실한 그리스도인 형제자매들과 교제를 나누고 좋은 곳을 구경하고 좋은 것을 먹어도 보지만, 집으로 돌아갈 때가 되면 저는 그 모든 좋은 것들을 다배설물처럼 버려두고 기쁜 마음으로 집을 향하여 갑니다. 이 세상에서 하나님나라에 대한 소망을 가지고 사는 사람의 마음이 이와 같은 것입니다. 진정 하나님의 나라를 발견한 사람이 아니면 결코 이렇게 될 수없습니다. 성도들이 "예수님 한 분이면 충분합니다. 모든 것을 다 배설물처럼 버렸습니다"라고 하지 못하는 이유는 예수님 안에서 진짜 보화를 발견하지 못하였기 때문입니다.

우리가 신앙 점검을 할 때 가장 중요한 부분은 원수도 사랑하게 되었는가 하는 것입니다. 손양원 목사님이 기준입니다.

'교회에서 싸운 사람이 천국 가서는 안 싸울까?'

'집 안에서 새는 바가지 집 밖에서도 새는 것이 아닌가!'

예수님을 믿고도 용서하고 사랑하지 못했는데, 죽고 난 다음에 변화될 가능성이 있을까요? 한국 사람은 일본이나 미국이나 아프리카에 가도 한국 사람입니다. 하나님나라 백성은 이 땅에 살아도 하나님나라 백성입니다. 이 세상에서 살 때는 세상 사람처럼 살다가 죽을 때 하나님나라 백성으로 변화되는 것이 아닙니다. 우리는 죽을 때 거듭나는 것이 아닙니다. 예수님을 믿을 때 거듭나는 것입니다. 하나님의 나라는 죽고 가는 곳이 아닙니다. 예수 믿었으면 이곳에서부터 하나님나라 백성으로 살게 되는 것입니다. 여기에서 사는 대로 하나님나라에서 사는 것입니다.

사랑이 바로 그와 같습니다. 하나님은 지옥에 갈 우리를 위하여 독생자를 주셨고, 예수님은 우리를 죄에서 구원하시기 위해 십자가에서 대신 죽으셨습니다. 우리가 이것을 정말 믿는 사람이라면 원수도 용서하고 사랑하는 사람이 될 수밖에 없고, 원수를 사랑하지 못한다면 십자가 복음을 믿는 사람이 아닌 것입니다.

2013.12.05

주님의 임재 안에
사는 사람

예 수 님 안 에 거 하 지 못 한 죄

아주 가까운 사람에게 갑작스레 어려운 일이 닥쳤습니다. 소식을 들었을 때 망연자실한 마음에 무엇을 해야 할지, 어떻게 해야 할지 모를 정도로 난감하기만 했습니다. 천장을 쳐다보며 생각했습니다.

'지금 하나님께서는 무엇을 하고 계실까?'

순간 가슴에 강하게 밀려드는 대답이 있었습니다.

'하나님께서는 사람을 만들고 계신다!'

저는 자리에서 벌떡 일어났습니다.

하나님께서는 언제나 광야와 같은 어려움을 통하여 하나님의 사람을 만드셨습니다. 우리는 시련의 기간을 두려워하지만 하나님께서는 오히려 우리가 넉넉해지고 편안해질 때를 걱정하셨습니다.

네가 먹어서 배부르고 아름다운 집을 짓고 거주하게 되며 또 네 소와 양

이 번성하며 네 은금이 증식되며 네 소유가 다 풍부하게 될 때에 네 마음
이 교만하여 네 하나님 여호와를 잊어버릴까 염려하노라 신 8:12-14

하나님은 어떤 사람을 만드시는 것일까요? 하나님과 동행하는 사람
을 만드시는 것입니다. 한두 번 하나님의 임재를 체험하는 것이 아니라,
주님과 동행하는 것이 일상적으로 자연스러워지는 것이 관건입니다. 그
래서 고난도 실패도 유익한 것입니다.

우리가 회개해야 할 죄는 이기심, 음란, 탐심, 명예욕, 당을 짓고 분열
하는 것, 복음을 변질시킨 죄 등 이루 말할 수 없습니다. 그러나 기도하
면서 깨달아지는 것은 우리가 회개할 죄가 그리 많은 것이 아니라는 것
입니다. 우리가 짓는 많은 죄는 한 가지 죄에서 나오는 것입니다. 우리
가 예수님 안에 거하지 못한 것입니다.

사람이 내 안에 거하지 아니하면 가지처럼 밖에 버려져 마르나니 사람들
이 그것을 모아다가 불에 던져 사르느니라 요 15:6

예수님 안에 거하지 못한 죄는 모든 죄들보다 더 크고 악한 죄입니다.
얼마 전 어느 목사님께서 농담처럼 말씀하셨습니다.
"유기성 목사와 여행은 다니고 싶지 않습니다. 24시간 예수님을 바라
보는 사람하고 여행하면 무슨 재미가 있겠습니까?"
농담인 줄 알면서도 마음이 무거웠습니다.
'24시간 예수님을 바라보면 함께 여행하기 싫은 사람이 되는 것인가?'

그러면서 저 자신을 돌아보는 계기가 되었습니다. 정말 주님을 바라보는 사람이 되었다면 그런 말을 듣지 않았을 것이기 때문입니다.

예수 그리스도께서 너희 안에 계신 줄을 너희가 스스로 알지 못하느냐 그렇지 않으면 너희는 버림 받은 자니라 고후 13:5

매우 심각한 말씀입니다. 그러므로 지금 확인해야 합니다. 여러분 안에 그리스도가 계십니까? 질그릇 같은 자신 안에 보석 같은 그리스도가 분명히 계십니까? 그분과 친밀하게 교제하며 동행하십니까? *2013.11.13*

주 의   임 재 로   나 아 가 라

부목사님들과의 기도회 때, 영성일기를 쓰는 것이 습관이 되어서인지 생활일기처럼 되어가고 감동도 식어진 듯하다고 안타까워하신 목사님이 계셨습니다. 이런 대화를 두바이 집회 중에 아내와 비슷하게 나누게 되었습니다.

영성일기를 3년 반 정도 쓰다보니 아침에 일어나면 언제나 주님이 먼저 생각납니다. 사람을 만나거나 책을 보거나 혼자 있을 때도 수시로 주님이 마음에 떠오릅니다. 그 자체가 놀라운 일이기는 하지만, 정말 감동이나 놀라움이 처음보다 많이 식어진 듯합니다.

그러면서 이런 생각을 하였습니다.

'이것이 영적 침체인가?'

물론 주님의 임재가 자연스럽게 여겨진다고 해서 그것이 반드시 영적 침체라는 말은 아닙니다. 함께 사는 가족을 소중하게 생각하기는 하지만 매번 처음 만난 것 같은 감동이 있을 수 없고, 심장이 뛰거나 호흡하는 것이 매우 중요하긴 하지만 평소에는 거의 느끼지 못하듯이 말입니다. 그러나 이런 익숙함이 쉽게 영적 침체로 이어질 수 있는 것도 사실입니다.

한번은 어느 청년집회에 갔는데, 청년들이 아주 간절히 찬양하고 있었습니다.

"목마른 나의 영혼, 주님만을 원합니다. 나의 맘 만져주소서."

그러나 함께하시는 주님으로 인한 기쁨과 감동보다는 여전히 주님을 알지 못하는 안타까움으로 가득하였습니다. 그때 주님의 답답함을 느꼈습니다.

"내가 여기 있잖아!"

주님과 함께하면서도 주님을 느끼지 못하는 답답함이 있습니다. 아마도 24시간 주님을 바라보면서 이제 새로운 훈련을 받는 단계로 들어서는 것 같습니다. 주님을 바라보는 것이 자연스러워지는 때에 오는 위기입니다. 주님과 동행하는 감동이 식어지는 것입니다. 이때 잘못하면 영적 침체에 빠지게 됩니다. 교만이나 은밀한 죄, 한눈파는 일 등 죄 같지 않아 보이는 죄가 어느새 마음을 사로잡아버립니다.

영적 침체가 왔는지 그저 익숙해서 그런지는 기도하거나 찬양하면서 알 수 있을 것 같습니다. 주님과 동행하는 삶이 자연스러워진 경우에는 기도를 하거나 찬양을 하면서 금방 마음이 뜨거워집니다. 그러나 영적 침체가 온 경우에는 기도하거나 예배할 때 영적 답답함이 더욱 심해집니다.

주님의 임재 가운데 살아본 사람은 영적 침체가 올 경우 고통스럽습니다. 너무나 답답하고 어둡고 두려운 느낌을 받게 됩니다. 평범하게만 여겨지던 주님의 임재가 얼마나 놀라운 일인지 새삼 감격하게 됩니다. 그래서 어떻게 해서든지 주님 안에 거하는 상태를 회복하려고 몸부림치게 되며, 다시는 그런 유혹이나 영적으로 나태한 상태에 빠지지 않도록 조심하게 됩니다.

만약 기도와 찬양 중에 충만함이 없다면 즉시 주님께 나아가야 합니다. 진리를 깨닫고 감동할 수는 있습니다. 그러나 깨달음을 통한 감동은 금세 사라집니다. 진정한 감동, 지속적인 감동은 인격적으로 주 예수님을 만나 교제하는 데에서만 누릴 수 있습니다.

저는 마음이 메마르다고 느끼면 기도할 뿐만 아니라 찬양하면서 주님만 바라봅니다. 그러면 금방 마음이 달라지는 것을 느낍니다. 근심되고 염려되는 모든 것들과 무거운 짐이 다 벗겨지고 오직 주의 임재를 누리며 찬양하면서, '주님 앞에 가면 이렇게 영원히 살 수 있겠지!' 하는 생각이 듭니다.

성령집회 때도 찬양하면서 이렇게 기도했습니다.

"주여, 이것을 원합니다!"

"이 상태가 영원히 계속되었으면 좋겠습니다."

그때 주님은 "지금 이 찬양하는 시간뿐만 아니라, 너의 모든 사역 중에도 이러한 은혜 가운데 거할 수 있다!" 하시고 "그렇게 되어야 한다"고 말씀하셨습니다. 저는 기쁨으로 "아멘! 주여, 그렇습니다" 하고 응답하였습니다.

20131130

복 음 은 성 공 에 서 우 리 를 구 원 한 다

두바이 한인교회 청년들과 점심을 먹으며 대화하는 시간을 가졌습니다. 그때 한 청년이 그리스도인은 세상에서의 성공에 대하여 어떤 태도를 가져야 하는지 질문하였습니다. 저는 예수님을 믿는 것은 '성공해야 한다는 생각'에서 구원받는 것이라고 대답하였습니다.

사람들은 성공해야 한다는 강박관념에 사로잡혀 삽니다. 그래서 성공보다 훨씬 더 소중한 것들을 잃어버리는 어리석은 삶을 살고 있습니다. 성공하지 못했다고 좌절하거나 겉으로만 성공했을 뿐, 실제로는 실패의 삶을 사는 사람이 너무나 많습니다. 복음은 우리를 성공이라는 신기루에서 구원하는 능력입니다. 진정으로 사랑해야 할 대상인 예수 그리스도를 발견하게 해주기 때문입니다.

제가 목회를 시작할 때 저는 이왕 목사가 되었으니 성공하고 싶었습니다. 그때의 성공은 큰 교회를 담임하는 것이었습니다. 그런데 열심히 목회하면서 딜레마에 빠졌습니다. 교회는 성장하는데 만족이 없는 것입니다. 아니, 점점 더 불만이 커지고 짜증이 많아지고 낙심도 커졌습니다. 스트레스를 엄청나게 받았습니다. 주위 사람들과의 관계가 깨어지기 시작하였습니다.

교회가 더 성장하기를 원했고, 교회 건물이 더 커지기를 원했고, 교인들이 더 많아지기를 원했습니다. 문제는 그 끝이 어디인지 알 수 없다는 것이었습니다. 결국 그런 나를 보면서 두려워지기 시작했습니다.

'이것이 잘하는 것인가?'

무엇인가 중요한 것을 놓치고 있는 것 같았습니다.

한번은 목회자들이 모여 대화하는데 스트레스를 푸는 방법이 주제였습니다. 주일예배를 드린 후 쌓인 스트레스를 어떻게 푸느냐 하는 것이었습니다. 대부분 운동으로 푼다고 하였습니다.

저는 조심스럽게 주일예배가 스트레스가 된다는 것 그 자체가 문제는 아닌지 물었습니다. 삶의 현장에서 스트레스를 받았다가도 예배를 드리면 다 풀어지는 것인데, 예배를 인도하고 설교하는 것이 스트레스가 된다면 이처럼 모순된 일이 어디 있겠습니까?

그때 보게 된 성경이 마태복음 7장 22절과 23절이었습니다. 주의 이름으로 선지자 노릇 하며 주의 이름으로 귀신을 쫓아내며 주의 이름으로 많은 권능을 행하였던 이들에게 주님은 "내가 너희를 도무지 알지 못한다"고 말씀하셨습니다. 분명히 주님의 이름으로 크게 사역하였던 사람들인데, 주님께서는 그들을 도무지 알지 못한다고 하신 것이 충격입니다. 이런 일이 많을 것이라고 하셨습니다.

그리고 요한복음 말씀에서 심각한 도전을 받았습니다.

사람이 내 안에 거하지 아니하면 가지처럼 밖에 버려져 마르나니 사람들이 그것을 모아다가 불에 던져 사르느니라 요 15:6

예배를 드려도 설교를 해도 주님 안에 있지 않으면 스트레스가 될 수 있다는 것입니다. 기가 막힌 일입니다. 그리고 비로소 깨달아졌습니다. 제게 없는 것은 예수 그리스도, 그분을 친밀히 아는 것이라는 것을 말입니다.

그 순간부터 교회의 성장보다 24시간 주 예수님 바라보기를 힘썼습니다. 그랬더니 주님은 제 눈을 열어 주 예수님과 인격적으로 교제하게 해주셨습니다. 그리고 '목회 성공'에 대한 생각으로부터 구원해주셨습니다. 자유해졌습니다.

주님을 바라보는 눈이 뜨이면서 사도 바울의 고백이 이해가 되었습니다.

내 주 그리스도 예수를 아는 지식이 가장 고상하기 때문이라 내가 그를 위하여 모든 것을 잃어버리고 배설물로 여김은 그리스도를 얻고 그 안에서 발견되려 함이니 빌 3:8,9

예수님을 바라보는 자는 성공하지 않는다는 말이 아닙니다. 예수 그리스도 안에서는 더 이상 성공과 실패가 없어진다는 것입니다. *2013.11.26*

참된 삶, 행복한 사람

두바이에서의 집회를 마치고 한국행 비행기를 기다리던 중 유난히 마음에 집히는 이들이 있었습니다. 이곳 중동 땅에서 사역하는 선교사님들

담벼락 둘

입니다.

젊은이교회에서 최근 중동에 파송한 선교사님들이 있습니다. 그중 한 선교사님이 두바이로 찾아와 반갑게 만났습니다. 그 선교사님은 20대 후반 자매입니다.

며칠 후 그 선교사님을 임지로 다시 떠나보내면서 주님의 말씀이 생각났습니다.

> 아무든지 나를 따라오려거든 자기를 부인하고 날마다 제 십자가를 지고 나를 따를 것이니라 눅 9:23

선교사들은 풍토병의 위험, 테러의 가능성, 자녀교육의 어려움, 넉넉하지 않은 후원, 부적절한 의료, 오랜 수고에도 냉담한 선교지 사람들, 비자 거절이나 현지 정부로부터의 추방 등 비록 그 종류는 다르지만 매일 자기부인의 길을 걷고 있습니다.

한 TV 퀴즈 프로그램에서 남녀노소를 망라한 300명을 모아놓고 다음과 같은 질문을 했습니다.

"만약 당신이 일제시대에 태어났다면 독립군이 되었겠느냐?"

이 질문에 3분의 1 정도 되는 89명이 "예"라고 대답하였습니다. 저는 깜짝 놀랐습니다. 생각보다 "예"라고 한 사람이 너무 많았기 때문입니다. 우리는 쉽게 자신이 애국자라고 생각합니다. 그러나 축구시합이나 야구시합 때 열광한다고 해서 다 애국자는 아닙니다. 여러분 같으면 독립군이 되었겠습니까?

이처럼 나라를 위한 희생도 귀한 일입니다. 하나님의 나라를 위한 사명도 마찬가지입니다. 선교사님이 귀국하여 선교 보고를 할 때 모든 교인들이 일어나서 박수를 칩니다. 그러나 대부분 선교사님들은 그 박수를 부담스러워합니다. 선교비를 지원받는 입장에서 '내가 과연 교회에 환영받는 존재인가?' 자신이 없으신 것 같습니다.

그러나 주님은 박수를 칠 마음을 주십니다. 주님 앞에 가면 그렇게 될 것을 깨닫습니다. 그 순간 느낍니다.

'사명이 무거운 십자가만이 아니라 축복이구나!'

여러분은 무엇을 위하여 살아야 할지 분명하십니까? 대부분의 사람들이 아직도 무엇에 자신의 삶을 바쳐야 할지 마음을 정하지 못한 채 살아가고 있습니다. 삶이 허무한 이유가 여기에 있습니다. 진정한 삶의 의미와 목적이 없이 살기 때문입니다.

편하고 재미있고 마음대로 사는 것이 결코 행복한 삶은 아닙니다. 헌신할 대상이 있고 사명이 있는 사람이 행복한 사람입니다. 목적지 없이 거리에 나가보십시오. 발길 가는 대로 갑니다. 편한 길만 찾아갑니다. 그러나 결국 어디에 다다르게 됩니까? 전혀 의미 없는 곳에 다다르게 됩니다. 목적지가 있으니까 좁은 길, 험한 길도 마다하지 않고 가는 것입니다. 가야 할 목적지가 있다는 것이 길을 가는 사람에게 얼마나 편안한지 아십니까? 인생도 그렇게 살아야 합니다.

선교사님만 사명자는 아닙니다. 우리 모두가 다 하나님나라의 사명자들입니다. 사명자는 이루고 싶고 되고 싶은 모든 목표나 욕심을 버리고, 이 세대가 추구하는 가치나 삶의 표준을 따르지 않으며, 어떤 대가

담벼락 둘

를 지불하고서라도 주님과의 동행을 택하는 사람, 날마다 자기를 십자가에 못 박는 사람입니다.

어떤 분은 예수님을 믿기 때문에 집안 식구들로부터 따돌림을 당하기도 하고, 어떤 분은 남편으로부터 괴롭힘을 당하기도 합니다. 세계 도처에서 예수를 믿었다는 것 때문에 마을에서 쫓겨나기도 하고, 복음을 전했다는 이유로 추방을 당하고 살해를 당해도 호소할 데가 없는 사람들이 많습니다.

성령님은 분명히 우리를 고난으로 인도하십니다. 그래서 우리는 성령의 인도하심에 온전히 순종하는 것을 두려워합니다. 그렇지만 고난과 희생이 지나치게 부각된 점이 있습니다. 명심해야 합니다. 성령님은 우리에게 유익하지 않으면 고난으로 인도하지 않으십니다. 성령님께서 우리를 고난으로 인도하시는 것은 그것이 영광으로 가는 길이기 때문입니다.

석사 학위를 포기할 때, 제 마음에 질문 하나가 있었습니다.

'주님을 위하여 희생한 것이 무엇이냐?'

'이것이다'라고 꼽을 수 있는 것이 아무것도 없었습니다. 그래서 석사 학위를 포기했습니다. 그러나 지금 돌아보니 다시 주님을 위하여 희생한 것이 아무것도 없음을 깨닫습니다.

예수님을 인격적으로 알고 난 다음 신비한 것은 헌신한다는 것이 귀하게 여겨지는 것입니다. 우리는 고난을 피하지 않습니다. 그 길이 주님과 동행하는 길이라면 오히려 행복합니다. *20131127*

예 수 님 이   보 입 니 다

두바이 한인교회 신철범 목사님께서 집회 중에 하신 말씀이 잊혀지지 않습니다. 우리가 누군가를 집중하여 바라보면 우리가 바라보는 그 대상이 우리의 눈동자에 비치게 된다는 것입니다. 그러므로 24시간 주님을 바라보는 사람의 눈동자에는 주님이 보일 것이라고 했습니다.

얼마 전 제게 보내온 어느 선교사님의 편지가 생각났습니다. 그 분은 러시아와 중국으로 부름을 받고 사역하다가 여러 번 공안에 발각, 체포되었습니다. 처음 체포될 때는 정말 두려웠다고 합니다. 중범죄인 취급을 받으며 벽에 세워져 사진을 찍는데, 너무나 마음이 참담하고 두렵더랍니다.

바로 그때 카메라 렌즈에 비친 자신의 모습이 십자가를 지신 예수님의 모습으로 보이더랍니다. 순간 '이 일이 곧 예수님 자신의 고난이시구나! 고통과 수치를 당하는 사람은 내가 아니라 예수님이구나!' 깨달아졌다고 합니다. 그리고 그때부터 감사의 눈물이 하염없이 쏟아지더니 마음이 너무나 평안해지더라는 것입니다.

"예수님과 함께하는 것을 깨닫는 순간 두려움도 근심도 다 사라졌습니다."

그런 다음 취조를 받는데, 두려움 때문에 숨길 것이 없어지니 그동안 하나님께서 하신 일들을 담대히 다 말했답니다. 그런데 그것이 오히려 전도가 되어서 조사를 맡은 공안 직원이 예수를 믿게 되고, 친구가 되었다는 것입니다.

누군가가 여러분의 눈을 보면서 예수님을 보게 될까요? 어떤 순간,

누구를 보든지 주 예수님을 함께 바라본다면 그렇게 될 것입니다. 오늘도 주님을 사모합니다! 예수님은 나의 왕이십니다.

내 안에 거하라 나도 너희 안에 거하리라

가지가 포도나무에 붙어 있지 아니하면 스스로 열매를 맺을 수 없음 같이

너희도 내 안에 있지 아니하면 그러하리라

요한복음 15장 4절

담 벼 락

셋

예수님과 온전히 하나가 된다

예수님과
친밀하게 사는 법

무 조 건   순 종 할   결 심 부 터   하 라

만약 "하나님을 믿습니까?" 하는 질문을 받으면 그렇다고 쉽게 대답할 것입니다. "하나님께 기도하십니까?" 하는 질문을 받더라도 대답하기 쉬울 것입니다. 그러나 "하나님께 순종하십니까?"라는 질문을 받는다면 대답하기 어려울 것입니다.

니느웨로 가라는 하나님의 음성을 분명히 듣고도 요나는 어떻게 다시 스스로 도망갈 수 있었을까요? 하나님의 음성을 분명히 들으면 누구나 순종하지 않겠습니까? 아닙니다. 우리도 요나와 크게 다르지 않습니다.

"용서하라, 사랑하라, 하나 되라, 기뻐하라, 감사하라, 전도하라, 거룩하라…."

주님의 음성인 줄 너무나 잘 알면서도 불순종하고 사는 경우가 얼마나 많습니까? 여러분은 하나님께서 명령하시는 것이라면, 무조건 순종하실 결심이 섰습니까? 모든 음란한 영화, 잡지, 책, 인터넷 뉴스들을 다

멀리하겠습니까? 욕심도, 거짓말도, 싸움도 다 끊겠습니까? 그러면 무슨 재미로 사나, 힘들어서 어떻게 하나 하는 마음이 들지 않습니까?

한번은 교역자 수련회 때, 목사님 한 분이 "목회자들인 우리부터 거룩하게 살기를 기도합시다"라고 하였습니다. 저는 어떻게 하는 것이 거룩하게 사는 것인지 고민하다가 "하나님, 저는 어떻게 해야 거룩하게 사는 것입니까?" 하고 질문을 하였습니다. 그 순간 번개같이 주시는 마음이 있었습니다.

"혼자 있을 때 나를 바라보는 것이다."

그 순간 펑펑 울었습니다. 생각나는 일이 있었기 때문입니다.

신학교 1학년 때, 혼자서 몰래 미성년자관람불가 영화를 보았던 적이 있었습니다. 그것이 너무 마음에 가책이 되어 혼자 기숙사 채플에 내려가 회개하며 기도하였는데, 다시는 그런 영화를 안 보겠다는 약속을 주님께 드려야 한다는 마음이 들었습니다.

그러나 차마 그 기도를 드리지 못하고 한 시간 정도 끙끙거리다가 "죄송해요" 하고는 채플을 나오고 말았습니다.

하나님께서는 집요하셨습니다. 25년 만에 제게 물으시는 것입니다.

"죄와 결별할 마음이 분명한가?"

다시 물으신 것입니다.

"이제는 죄의 유혹의 끈을 놓아라!"

이 메시지가 너무 강하게 들리는 것을 느꼈습니다. 25년 전과는 달리 제 고백은 "아멘"이었습니다. 죄의 실상과 그 마지막을 너무나 분명히 알기 때문입니다. 죄의 유혹 앞에서 한가하게 갈등할 때가 아님을 알았습니다. 주 예수님께 복종하는 것, 어렵지 않습니다. 결단하면 너무나 쉽습니다. 매 건마다 생각하면 복잡해집니다. 무조건 순종을 결단하기까지 아직 예수님과 동행하는 삶을 사는 것이 아닙니다.

에녹은 하나님과 동행하다가 죽음을 보지 않고 들림 받은 사람입니다. 동행했다는 말은 만났다는 정도가 아닙니다. 하나님과 동행하려면, 반드시 순종이 있어야 합니다. 두 사람이 끝까지 동행하려면 누군가 한쪽은 그의 의지와 판단에 대하여 죽어야 합니다. 하나님과 나 둘 중에 누가 죽어야 합니까?

에녹은 수도원에서 일평생 하나님과 동행했던 것이 아닙니다. 그에게 가정이 있었다는 사실이 놀랍습니다.

> 므두셀라를 낳은 후 삼백 년을 하나님과 동행하며 자녀들을 낳았으며
> 창 5:22

"하나님과 동행하며 자녀들을 낳았으며", 이 짧은 구절에 얼마나 많은 스토리가 담겨 있는지 아시는지요? 에녹은 우리처럼 일상생활을 하면서 하나님과 동행하며 살았던 것입니다. 자녀를 기르면서 부모는 좌절을 경험합니다. 하나님께 순종하기가 얼마나 어려운지 알게 됩니다.

우리는 순종할 때 예수님을 경험합니다. 사도행전 5장 32절에 "하나님이 자기에게 순종하는 사람들에게 주신 성령"이라고 하였습니다. 사도들은 순종하여 복음을 전했습니다. 그 때문에 매를 맞고 옥에 갇혔습니다. 그러나 매 순간 성령의 역사를 체험했습니다.

담벼락 셋

완전한 순종을 결단하는 것은 실로 엄청난 일입니다. 그러나 그것이 진정 예수님을 영접하는 것입니다. 그리고 삶 전체가 바뀌는 것입니다. 삶의 주인을 바꾸는 것이기 때문입니다.

집에 누구를 데리고 와서 함께 사는 것이 얼마나 큰일입니까? 누구와 결혼하는 것은 더 큰일이지 않습니까? 그러나 예수님을 영접하는 것은 더 크고 심각한 문제입니다. 누군가와 함께 사는 것보다, 배우자를 택하는 것보다, 삶의 주인을 바꾸는 것이 가장 심각한 문제입니다.

순종하는 이가 있고 듣기만 하는 이가 있습니다. 우리의 진정한 문제는 예수님이 간섭해주지 않아서가 아닙니다. "순종하리라!" 하는 결단이 분명히 서 있지 않아서입니다. _2013.12.14_

주님의 겸손과 복종, 우리 구원의 기쁨

최근 읽은 책 중에 가장 깊은 은혜를 받은 책을 꼽으라면 앤드류 머리의 《겸손》입니다. 이 책을 읽으면서 교만과 겸손이 얼마나 중요한 문제인지 새롭게 눈이 뜨였습니다.

아담과 하와가 선악과를 따 먹은 죄의 본질이 교만이었습니다. 하와가 뱀의 말을 듣고 하나님처럼 되고 싶은 갈망을 품었을 때, 인간의 영혼과 피와 생명 속으로 교만이라는 독이 흘러 들어왔습니다. 이 저주받은 지독한 교만에서 세상의 모든 비참한 상황, 인류의 불행이 비롯되었습니다. 국가 간의 전쟁과 유혈 사태, 온갖 고통, 욕심과 질투, 낙심과 적의를 품은 삶, 그리고 매일매일의 불행은 그 기원이 교만에 있습니다.

교만의 근원이 사탄에게 있음을 알아야 교만한 마음이 일어나는 것을 심각하게 여길 수 있습니다. 그리고 즉시 우리를 구원하실 하나님의 어린양께로 향할 것입니다. 사탄과 그의 교만을 몰아내고자 하나님의 어린양이신 그리스도께서 이 땅에 천국의 겸손을 가지고 오셨습니다. 우리의 구원자이신 예수 그리스도께서 보여주신 모든 성품의 근원과 본질은 단 한 가지, 겸손입니다.

하나님이신 그분이 인간이 되신 것, 이 땅에 사신 그분의 삶, 종의 형태를 취하신 것, 그분의 속죄하심 등 그분은 자기를 낮추고 죽기까지 복종하셨습니다. 예수님은 인간의 본성으로 육화(肉化)된 하나님의 겸손입니다. 겸손은 우리가 가장 사모하는 예수님의 성품이자 우리가 그분께 구하는 가장 중요한 것이어야 합니다. 다른 모든 것을 희생해서라도 구해야 할 것입니다.

그리스도인의 삶이 너무나 연약하고 메마르고 열매가 없는 가장 중요한 원인은 '겸손'이 얼마나 중요한지 모르기 때문입니다. 그리스도께서 겸손 안에서 구원의 기쁨을 발견하게 하시려고 이 땅에 겸손을 가져오셨지만, 정작 겸손을 구하는 이가 별로 없습니다. 그러니 구원의 기쁨을 느끼는 이 또한 거의 없는 것이 이상한 일이 아닌 것입니다.

기독교 신앙이 넓은 품으로 세상을 감싸 안기를 바란다면 전제 조건이 있습니다. 다름 아닌 자아의 최후이자 자아의 죽음에 근거한 겸손을 구하는 것입니다. 예수님께서 행하신 것처럼 하나님으로 비롯되는 영광을 구하고자 인간의 모든 명예를 포기하는 겸손을 구해야 합니다.

아직 겸손에 대한 갈급함을 느껴본 적이 없는 이들이 있다면 자신 안에 온유하고 겸손하신 주 예수님의 마음이 있는지 돌아보시기 바랍니다. 사랑이 부족하고 다른 사람들의 요구와 감정과 연약함에 무관심한 모습, 솔직함과 정직함을 구실로 허구한 날 성급한 판단과 발언을 쏟아내는 모습, 있는 대로 성질을 내고 성깔을 부리고 안달하는 모습, 온갖 신랄한 말을 뱉으며 반목을 일으키는 모습이 이기적인 속성을 지닌 교만에 뿌리내리고 있는 것입니다.

거룩한 성도들이 진정 영원토록 예수님의 겸손을 길잡이 삼아 인도하심을 받는다면 과연 그 결과는 어떠할까요? 마음을 다해 밤낮으로 "오! 내 안에, 그리고 나를 둘러싼 모든 곳에 예수님의 겸손이 자리하시옵소서" 하고 울부짖으며 기도한다면 어떤 일이 벌어질까요?

예수님의 삶과 그분의 속죄하심을 통하여 분명히 드러나는 겸손을 보게 되면, 우리 자신에게 진정 부족한 것이 무엇인지 깨닫게 되고, 이를 진심으로 바로잡게 됩니다. 그러나 이렇게 하기까지 그는 여전히 그리스도가 누구인지, 그분의 구원이 무슨 의미인지 제대로 알지 못한 사람입니다.

사랑하는 형제자매 여러분, 주 예수님의 겸손을 배웁시다. 이것이 곧 우리의 구원이 품은 비밀이자 그 구원 안에 감추어진 근원입니다. 날마다 겸손 안에 더 깊이 잠겨야 합니다. 하나님께서 우리에게 보내주신 그리스도, 그분의 거룩한 겸손이 우리 안에서 역사하는 바로 그 순간, 그리스도가 여러분 안에 들어와 거하시며 역사하실 뿐 아니라 하나님 아버지께서 원하시는 모습으로 빚으실 것입니다.

이상은 앤드류 머리의 《겸손》에서 2장(겸손: 구속의 비밀)을 요약한 것입니다. 글을 요약하면서 눈물이 났습니다. 제 영적 상태가 갈망을 가지면서도 왜 충만함이 부족했는지 깨달았기 때문입니다. 제 안에 있는 교만 때문이었습니다.

너희 안에 이 마음을 품으라 곧 그리스도 예수의 마음이니 그는 근본 하나님의 본체시나 하나님과 동등됨을 취할 것으로 여기지 아니하시고 오히려 자기를 비워 종의 형체를 가지사 사람들과 같이 되셨고 사람의 모양으로 나타나사 자기를 낮추시고 죽기까지 복종하셨으니 곧 십자가에 죽으심이라 이러므로 하나님이 그를 지극히 높여 모든 이름 위에 뛰어난 이름을 주사 하늘에 있는 자들과 땅에 있는 자들과 땅 아래에 있는 자들로 모든 무릎을 예수의 이름에 꿇게 하시고 모든 입으로 예수 그리스도를 주라 시인하여 하나님 아버지께 영광을 돌리게 하셨느니라 그러므로 나의 사랑하는 자들아 너희가 나 있을 때뿐 아니라 더욱 지금 나 없을 때에도 항상 복종하여 두렵고 떨림으로 너희 구원을 이루라 빌 2:5-12 20131209

주님을 바라보는 것이 겸손이다

우리를 진정 겸손하게 만드는 것은 첫째는 자신이 말할 수 없는 죄인이라는 사실을 아는 것이고 둘째는 천지만물을 창조하신 하나님의 완전하심과 사랑과 지혜, 권능을 아는 것입니다. 우리는 보통 겸손의 첫 번째 측면만 지나치게 생각해왔습니다. 그래서 자신의 죄성(罪性)과 부족함을 자책하는 것이 겸손이라고 생각합니다. 그 까닭에 그리스도인의 삶 속에 허락하신 많은 축복을 잃고 말았습니다.

겸손은 그리스도인을 비참하게 만드는 것이 아니라 충만하게 만듭니다. 그것은 겸손의 두 번째 측면 때문입니다. 천지만물을 창조하시고 완전하시고 사랑과 지혜, 권능으로 충만하신 하나님을 바라보는 것이 곧 겸손입니다.

한번은 후배 신학생들이 인터뷰를 하러 왔었는데, 왜 나를 인터뷰하려고 하는지 물었더니 겸손해 보이기 때문이라고 하였습니다. 그 말을 듣고 무척 당황했습니다. 그것은 제가 교만함을 해결하지 못하고 있음을 늘 부끄러워했기 때문입니다.

'나는 말할 수 없이 교만한데, 저들은 왜 나를 겸손하다고 보았을까?'

사람들은 저를 착하고 성실하고 온유하다고 보는 것 같습니다. 그것은 전적으로 제가 착하게 생겼기 때문이지 실제 그런 것이 아닙니다. 그래서 하나님께서 사람을 외모로 판단하지 말라고 하신 모양입니다.

그러나 깨달아지는 것이 있었습니다. 그것은 제가 주님만 바라보려고 애를 쓰는 것이 후배 신학생들의 눈에는 겸손하게 보였을 수 있겠다는 것입니다. 겸손은 교만하지 않으려고, 겸손해지려고 애를 써서 되는 것이 아닙니다. 도를 닦아서 이루어지는 경지가 아니라는 말입니다. 자신의 실상을 보는 눈이 뜨이고 주님을 바라보게 되면 누구나 겸손해집니다. 겸손은 자신의 죄성만 깨달아서 되는 것이 아닙니다. 왕이신 주 예수님과 연합하는 자가 되었음을 깨달아야 합니다. 그때 겸손은 기쁨이 됩니다.

예수님께서는 종의 형체를 취하셔서 그분의 영광을 찾으셨습니다. 그리고 우리에게도 말씀하십니다.

너희 중에 누구든지 으뜸이 되고자 하는 자는 너희의 종이 되어야 하리라
마 20:27

예수님께서 말씀하시려는 것은 모든 이들의 종이자 조력자가 되는 것이야말로 가장 거룩하고 기쁨이 가득한 일이라는 것입니다.

겸손이 회개보다 더 높은 차원임을 알아야 합니다. 예수님의 삶에 우리가 동참하는 것이 곧 겸손입니다. 이것을 믿으면 우리는 겸손히 모든 이들의 종이 되는 것이야말로 하나님의 형상을 따라 창조된 인간에게 부여된 하나님의 뜻을 가장 완벽하게 성취해내는 것이며, 우리가 가질 수 있는 가장 고귀한 축복임을 알게 됩니다.

제 경험을 돌이켜보면 겸손이야말로 예수님의 제자 된 이들의 구별된 특징이었습니다. 그러나 안타까운 것은 우리가 열심히 겸손하기를 구하지 않는다는 것입니다. 겸손하려는 갈망이 미미합니다. 예수님과 진정한 교제를 나누려면 겸손이 절대적으로 필요하며, 가장 기본 덕목임을 알지 못하는 것은 정말 안타까운 일이며, 통탄할 수밖에 없습니다.

겸손은 24시간 주님과 동행하는 사람의 부인할 수 없는 특징입니다. 정말 주님과 친밀히 동행하기 원한다면 올바른 신앙고백과 더불어 겸손의 태도를 점점 키워가야 합니다. *2013.12.10*

담벼락 셋

은밀한 죄에서 벗어나는 길

교회와 선교단체에서 리더로 섬기고 있는 한 형제로부터 안타까운 상담메일을 받았습니다. 성욕을 절제하지 못하여 남몰래 성매매를 계속하는 이중생활을 하고 있다는 것입니다. 죄책감으로 심히 괴롭다면서 이것이 교회나 선교단체에 나쁜 영향을 줄까 걱정하였습니다. 이런 생활을 정리하고 주님과 연합한 자로서 새로운 삶을 살고 싶은데, 어떻게 하면 좋겠는지 도움을 간청하여 왔습니다.

이런 문제로 괴로워하는 그리스도인들이 많아 공개적으로 생각해보았으면 합니다. 이 형제의 문제는 성욕이 너무 강한 것이 아닙니다. 절제력이 없는 것도 아닙니다. 예수님을 믿고 나름 열심히 신앙생활을 하지만 교리적인 지식으로 예수님을 믿는 데 그치고 말 뿐, 주님을 바라보는 눈이 뜨이지 않아 주님과 인격적이고 친밀한 관계가 형성되지 않는 것이 문제입니다.

주변 사람들이 모르게 은밀히 죄를 짓는다는 것은 사람들이 보는 데서는 그런 일을 못한다는 말입니다. 이 형제가 은밀한 죄에서 벗어나는 길은 오직 하나, 주님을 바라보는 눈이 뜨일 때입니다. 예수님을 믿어도 이처럼 주님을 바라보지 못하는 경우가 왜 생길까요? 마귀가 마음에 역사하여 주님을 바라보지 못하게 하기 때문입니다.

그중에 이 세상의 신이 믿지 아니하는 자들의 마음을 혼미하게 하여 그리스도의 영광의 복음의 광채가 비치지 못하게 함이니 그리스도는 하나님의 형상이니라 고후 4:4

마귀는 우리의 마음을 장악하면 우리가 예수님과 친밀히 교제하지 못함을 알기에 계속해서 우리 마음에 악한 생각을 심어주는 자입니다.

마귀가 벌써 시몬의 아들 가룟 유다의 마음에 예수를 팔려는 생각을 넣었더라 요 13:2

그러므로 무엇보다 마음을 지켜야 합니다.

모든 지킬 만한 것 중에 더욱 네 마음을 지키라 생명의 근원이 이에서 남이니라 잠 4:23

악한 생각이 들어오면 예수님의 이름으로 대적해야 합니다. 그리고 주 예수님을 바라보는 눈이 뜨이기를 기도해야 합니다.

믿음의 주요 또 온전하게 하시는 이인 예수를 바라보자 히 12:2

주님은 능히 우리를 죄에서 구원해주실 분임을 믿어야 합니다.

우리가 알거니와 우리의 옛 사람이 예수와 함께 십자가에 못 박힌 것은 죄의 몸이 죽어 다시는 우리가 죄에게 종노릇하지 아니하려 함이니 롬 6:6

그런즉 누구든지 그리스도 안에 있으면 새로운 피조물이라 이전 것은 지

나갔으니 보라 새것이 되었도다 고후 5:17

우리가 할 일은 주 예수님이 우리 안에 계심을 믿는 것입니다.

너희는 믿음 안에 있는가 너희 자신을 시험하고 너희 자신을 확증하라 예수 그리스도께서 너희 안에 계신 줄을 너희가 스스로 알지 못하느냐 그렇지 않으면 너희는 버림 받은 자니라 고후 13:5

사도 바울처럼 나는 죽고 예수님으로 사는 자가 되었음을 고백하고 선포하고 사는 것입니다.

2013.12.13

하 나 님 과 의   친 밀 함 을   훈 련 하 는   영 성 일 기

복음 안에는 세 가지 기둥이 있습니다.

첫째는 십자가 복음의 진리를 아는 것입니다.

둘째는 하나님과의 화목함을 실제로 누리며 사는 것입니다.

셋째는 복음을 전하며 화목케 하는 사명을 감당하는 것입니다.

모든 것이 하나님께로서 났으며 그가 그리스도로 말미암아 우리를 자기와 화목하게 하시고 또 우리에게 화목하게 하는 직분을 주셨으니 고후 5:18

이 세 가지 기둥 중 어느 하나라도 빠지면 안 되는 것입니다. 그런데

아쉬운 것은 많은 그리스도인들이 둘째 단계에서 걸려 넘어진다는 것입니다. 복음은 아는데 주님과의 화해와 친밀함을 누리지는 못하는 것입니다. 항상 둘째 단계가 애매하고 적당히 넘어가버립니다. 그런 상태에서 셋째 단계인 사명을 감당하려니 힘만 들고 시험만 되고 사람들로부터 손가락질을 당합니다.

십자가 복음을 배우고 가르치는 데는 다들 열심이고 상당히 성과가 있습니다. 그렇지만 정작 하나님과의 화목함을 누리며 사는 일에는 너무나 소홀합니다. 그러므로 우리가 힘써야 할 일은 하나님과의 화목함을 실제로 누리는 것입니다.

하나님과의 화목함을 지식이나 교리로 해결하려고 하면 안 됩니다. 주 예수님은 인격적인 분이며 우리와 함께하시는 임마누엘이십니다. 고린도후서 6장 1절에서 사도 바울은 "우리가 하나님과 함께 일하는 자로서"라고 말하였습니다. 사도 바울은 하나님을 위하여 일하는 자가 아니라 하나님과 함께 일하였던 자였기에, "환난과 궁핍과 고난과 매맞음과 갇힘과 난동과 수고로움과 자지 못함과 먹지 못함 가운데서도 깨끗함과 지식과 오래 참음과 자비함과 성령의 감화와 거짓이 없는 사랑과 진리의 말씀과 하나님의 능력으로"(고후 6:4-7) 사역할 수 있었던 것입니다.

안타까운 것은, 많은 그리스도인들이 하나님과 화목함에 대한 교리적인 지식만 가지고 화목케 하는 직책을 감당하려고 한다는 것입니다. 당연히 피곤하고 메마르고 지치고 시험 들고 좌절할 수밖에 없는 것입니다. 결국 십자가 복음의 능력마저 의심케 되는 지경에 이르기도 합니

담벼락 셋

다. 십자가 복음에 대한 감격으로 섣불리 사명을 감당하려고 달려들지 말고 주님과 24시간 동행하는 삶을 살아야 합니다.

사도와 함께 모이사 그들에게 분부하여 이르시되 예루살렘을 떠나지 말고 내게서 들은 바 아버지께서 약속하신 것을 기다리라 행 1:4

저 또한 하나님과의 친밀함을 훈련하기 위하여 영성일기를 쓰게 되었습니다. 그리고 많은 이들이 영성일기를 통하여 주님과 행복하게 동행하는 삶에 눈을 떴습니다. 24시간 주님을 바라보며 살면서 매일 그것을 기록해보십시오. 그리고 그것을 함께 나눌 수 있는 형제들에게 마음을 나누십시오. 주님의 역사를 기대하십시오. 그러면 주님께서 우리를 지키십니다.

하나님께로부터 난 자는 다 범죄하지 아니하는 줄을 우리가 아노라 하나님께로부터 나신 자가 그를 지키시매 악한 자가 그를 만지지도 못하느니라 요일 5:18   *2013.12.11*

주님과
인격적으로 만나라

인 격 적 인 교 제 의 약 속

어느 청년이 "주님을 인격적으로 만나야 한다는데 어떻게 해야 주님을 인격적으로 만나게 됩니까?" 하고 물어왔습니다. 자신은 예수 그리스도를 믿지만 인격적인 교제에 대하여는 알지 못하며 자신이 주님과 인격적으로 교제하는지에 대하여 확신이 없다고 하였습니다.

주님과의 인격적인 교제란 아브라함이나 모세 등과 같은 성경 인물들처럼 하나님을 개인적으로 직접 체험하고 대화하고 인도함을 받는 것입니다. 그저 하나님이 존재할 것이라고 믿거나 예수님이 나의 구주요 주님이심을 아는 것뿐 아니라, 주님이 자신과 함께하시며 자신을 개인적으로 알고 계신다는 것을 믿으며 주님께 기도할 뿐 아니라, 주님도 자신에게 개인적으로 말씀하시는 것을 경험하는 것입니다. 우리가 이처럼 주님과 인격적인 교제를 할 때부터 신앙생활은 완전히 변화됩니다.

어떤 아이가 중학생 때까지 방황하였는데, 어느 날 기도를 많이 하시는 친척분이 집에 오셔서 가족들을 위하여 기도해주시다가 자신에게 "하나님께서 너를 사랑하신다!" 하시는 말씀을 듣고 충격을 받았습니다. 그는 그 길로 교회로 달려가 예배당 앞자리로 나아가 울면서 기도하였습니다.

"주님, 저를 아세요? 정말 저를 아시나요? 저를 사랑하신다는 말이 사실인가요?"

그 후부터 그 아이의 생활이 완전히 변화되었습니다. 그리고 지금은 훌륭한 목사가 되어 목회를 잘하고 계십니다.

많은 그리스도인들이 주님과 인격적인 관계를 맺고 살면서도 스스로 깨닫지 못하고 있습니다. 성경은 분명히 우리에게 예수 그리스도로 인한 속죄함을 약속하셨습니다. 하지만 동시에 예수 그리스도는 임마누엘이시며, 우리와 영원히 함께하실 것에 대하여도 약속하셨습니다. 주 예수님이 임마누엘이심이 곧 인격적인 교제에 대한 약속입니다. 우리는 임마누엘의 약속을 교리로만 알면 안 됩니다. 모든 그리스도인들에게 실제이고 현실이고 누려야 할 축복입니다.

우리는 때로 주님이 함께하시는 것이 느껴지기도 하고, 자신에게서 떠나신 것같이 느낄 때도 있습니다. 그러나 이러한 느낌에 의존해서는 안 됩니다. 우리가 예수님을 믿을 때 성령님은 우리 안에 임하십니다. 예수님을 주님이라 고백할 수 있다면(고전 12:3), 하나님을 아버지라 부를 수 있다면(롬 8:15,16), 하나님의 은혜가 깨달아진다면(고전 2:12), 성령의 근심을 느낀다면(엡 4:30), 마음에 하나님을 향한 거룩한 소원이 있다면(빌 2:13), 성령님께서 그 사람 안에 임하신 것입니다. 성령님께서 마음에 임하셨다면 이보다 더한 인격적인 교제가 어디에 있겠습니까?

예배 때나 설교를 들을 때, 기도 시간이나 큐티를 하거나 성경을 읽을 때, 경건 서적을 읽거나 그저 길을 가다가, 실패나 어려운 처지에 빠졌을 때 분명히 주님이 자신에게만 주시는 말씀을 들었다고 느낀다면 그는 이미 주님과 인격적인 관계가 맺어진 것입니다.

하나님께서는 모든 사람들에게 말씀을 주셨습니다. 성경입니다. 그러나 성경책을 가지고 있다고 해서 주님과 인격적인 관계를 가지고 산다고 말할 수는 없습니다. 그렇지만 성경을 읽다가 마음에 감동을 느끼고 자신에게만 주시는 주님의 책망과 교훈과 위로와 약속을 깨달았다면, 그는 성경을 통하여 주님과 인격적인 관계를 맺고 있는 것입니다.

많은 그리스도인들이 자신의 기대치나 생각과 다르기에 주님의 역사를 주님의 역사라고 깨닫지 못합니다. 세례를 받은 지 얼마 안 되는 한 청년이 찾아와서 괴롭게 고백했습니다.

"목사님, 저는 예수님을 헛믿었어요. 세례 받은 것도 가짜입니다. 저는 전혀 변하지 않았습니다."

그 청년은 직장생활 중에 반복하여 짓는 죄 된 생활로 인하여 깊은 좌절감, 낙심에 빠져 있었습니다.

저는 그 청년에게 말했습니다.

"그러면 정말 변한 것이 없는지 확인해봅시다. 오늘 죄지은 일로 인하여 당신이 이렇게 괴로워하는 까닭이 무엇입니까? 다른 사람들도 그렇습니까? 당신이 괴로운 것은 바로 당신 안에 계신 성령님께서 근심하시고 계시다는 증거입니다."

그 청년은 에베소서 4장 30절 말씀을 읽고, 주님이 괴로워하시지만 자신을 떠나지 않으셨다는 분명한 확신을 얻고 회복하였습니다. 그리고 한없이 울었습니다. 회개이며 감사였습니다.

안타까운 것은 많은 그리스도인들이 이미 주님이 함께하시는 증거를 가지고도 왜 자신은 주님과 인격적인 교제를 갖지 못하는지 의심하고 낙망한 채 세월을 허송한다는 것입니다. 여러분은 주님과 인격적인 교제를 갖고 있습니까? 그렇지 못한 사람은 간절히 구해야 하지만 이미 주님과 인격적인 교제를 갖고 있는 사람은 더 이상 방황하지 말고 오직 주님만 바라보아야 할 것입니다. 주님이 영원히 함께하신다는 약속이 자신에게 이루어진 것을 깨달을 때, 주님과의 교제는 놀랍게 깊어집니다. 삶이 전혀 새로워집니다.

20131218

지 식 과 경 험 을 의 지 하 지 말 라

신명기에서 죽음을 앞둔 모세가 후계자로 세운 여호수아에게 여러 차례 "강하고 담대하라, 두려워하지 말라"고 당부하였습니다. 새벽예배 때 말씀을 전하신 마준철 목사님은 '도대체 여호수아가 무엇을 두려워했을까?' 하는 질문을 던졌습니다.

여호수아가 맞서서 싸워야 할 가나안 족속들이 두려웠을 수 있습니다. 그러나 여호수아는 가나안 땅 정탐꾼이었을 때, "하나님께서 그들을 우리 손에 붙이셨으니 저들은 우리의 밥이다! 우리가 올라가자!"라고 외쳤던 사람이었습니다. 그러니 여호수아가 꼭 가나안 족속 때문에

만 두려워했다고 보기는 어렵습니다.

여호수아가 정말 두려워했던 것은 모세의 예언이었을 것입니다. 모세는 하나님께서 이스라엘 백성들이 가나안 땅에 들어가면 반드시 하나님을 반역하고 부패할 것이라고 여러 차례 말하였습니다.

내가 그들의 조상들에게 맹세한바 젖과 꿀이 흐르는 땅으로 그들을 인도하여 들인 후에 그들이 먹어 배부르고 살찌면 돌이켜 다른 신들을 섬기며 나를 멸시하여 내 언약을 어기리니 신 31:20

모세가 이렇게 단언하였던 것은 40년 동안 광야에서 이스라엘 민족을 이끌면서 그 역시 이스라엘 백성들이 얼마나 하나님 말씀을 경히 여기는지 잘 알았기 때문이었습니다. 여호수아가 진정 두려웠던 것은 싸워야 할 가나안 족속이 아니라, 자기 백성들의 반역과 목이 곧음과 부패였습니다.

우리가 정말 두려워해야 할 것도 마찬가지입니다. 조금만 형편이 편해지고 넉넉해지면 하나님을 잊어버리고 타락하고 교만하고 불순종하게 되는 것이 두려운 것입니다.

집회나 단기 선교 등으로 집을 떠나 여행을 하게 되면 상황은 여러 가지로 힘들지만, 영적으로는 오히려 충만해집니다. 기도도 더 많이, 더 집중하여 하고 말씀 읽는 시간이나 책을 읽는 시간도 더 많습니다. 그래서인지 주님의 역사를 체험하는 일도 많습니다.

그런데 집에 오면 오히려 마음이 흐트러집니다. 기도를 해도 긴장이

담벼락 셋

풀어지고 성경을 읽거나 책을 보는 시간이 적어집니다. 그래서인지 주님의 역사를 구체적으로 체험하는 일도 적어집니다. 정말 두려운 것은 어려울 때가 아니라 복을 받고 성공하고 편안하고 익숙할 때입니다. 우리는 이제 어린아이같이 편안하고 익숙한 형편만 구하지 말고 주님의 부르심 앞에서 과감히 위험지대로 나아갈 결단을 해야 합니다.

아르헨티나의 YWAM 리더인 알레한드로 로드리게스는 《한계 너머에서 만난 하나님》에서 하나님은 억지로라도 우리를 위험하고 낯선 울타리 밖으로 불러내신다고 했습니다.

"많은 그리스도인들에게는 편안하고 익숙하고 여유로운 곳에서만 머물고자 하는 유혹이 있습니다. 그것은 두려움에 의하여 발이 묶여 있는 것입니다. 그래서 하나님의 능력이 나타나는 삶을 경험하지 못하는 것입니다.

정말 하나님의 능력이 충만하게 나타나기를 원한다면 위험지대로 들어가보십시오. 교회 밖, 피하고 싶은 상황, 만나고 싶지 않은 사람, 선교지 등. 그러나 반드시 아프리카에 가야 할 필요는 없습니다. 하나님이 당신의 일상생활에서 특별한 상황을 인도하시고 특별한 만남을 주실 때를 놓치지 않도록 안테나를 세우는 것이 중요합니다."

일본 교토 김도형 선교사님은 너무나 놀라운 하나님의 응답과 인도하심을 체험하면서 '왜 한국에서는 이런 경험을 날마다 하지 못했지?' 하고 생각해보았답니다.

"이유가 있었습니다. 한국에서는 내가 하나님보다 아는 것이 더 많았고, 하나님보다 내 경험을 더 의지했기 때문이었습니다. 그래서 하나님을 실제로 경험하는 일이 적었던 것입니다. 한마디로 한국에서는 하나님만 의지하지 않았던 것입니다.

선교지에서는 집을 나설 때 간절히 기도하지 않을 수 없습니다. 지도 한 장 들고 나섭니다.

'하나님, 오늘은 어디를 가야 합니까? 그곳에 갈 때 나쁜 사람들 만나지 않게 해주시고, 무사히 길 잃지 않고 돌아오게 하셔서 차비 낭비하지 않게 하옵소서. 점심을 사 먹게 될 때 이상한 음식을 잘못 시켜서 돈 낭비하지 않게 하시고 어떤 음식이든지 맛있게 먹을 수 있게 해주옵소서.'

길이든 음식이든 어느 것 하나 아는 것이 없어서 저는 하나님께 묻지 않을 수 없었습니다. 선교지에서 저는 더 이상 제 삶의 주인이 아니었습니다. 예수님이 제 삶의 주님이셨습니다. 주님이 도와주지 않으시면 저희는 아무것도 할 수 없습니다.

그런데 한국에서는 그렇지 않았습니다. 집에서 교회 가는 길을 주님보다 제가 더 잘 알았습니다. 내 경험이 얼마나 풍부했는지 '하나님께 어떻게 할까요? 언제 할까요?' 물었던 적이 거의 없었습니다. 하나님께 물을 일이 없었습니다. 제가 다 알아서 결정했습니다.

저는 선교지에 와서 비로소 깨달았습니다. 주님이 왜 저에게 "가라"라고 하셨는지 말입니다. 제게 익숙해져 있는 것들과 저의 많은 경험과 가진 것들이 예수님을 주님으로 모시는 삶을 가로막고 있었기 때문입니다. 저는 선교지에 와서야 예수님이 실제적인 모든 삶에서 저를 인도하기 원하신다는 것을 알게 되었습니다.

그래서 주님은 저에게 '너는 너의 본토 친척 아비 집을 떠나 내가 지시하는 땅으로 가라'고 말씀하셨던 것입니다. '네게 있는 모든 익숙함에서 이제는 떠나라. 너의 경험이 전혀 통하지 않는 곳, 네가 가진 지식으로서가 아니라 하나님의 역사하심으로만 가능한 그곳으로 가라'고 말씀하셨던 것입니다.

주님이 저에게 '가라'고 말씀하실 때, 이 말씀은 익숙한 장소에 대한 포기, 가진 것에 대한 포기, 생활의 안주함에서의 포기, 인간적인 성공에 대한 포기를 말씀하시는 것입니다. 하나님이 매 순간 역사하시는 것을 경험하기를 원하고, 하나님과 늘 동행하는 삶을 원하신다면 떠나야 합니다. 익숙한 곳으로부터 떠나야 하고, 안주함으로부터 떠나야 합니다."

우리가 정말 두려워해야 할 것은 익숙하고 편안해질 때 우리가 타락하고 불순종할 것이라는 점입니다. 이것을 명심하고 또 명심해야 할 것입니다.

모세는 여호수아에게 노래를 지어 이스라엘 백성들에게 부르게 하고 했습니다. 말씀보다 노래가 오랫동안 기억되기 때문일 것입니다. 항상 기억하고 살라는 것입니다. 노래의 가사는 무엇입니까? 아주 간단합니다. "순종 축복, 불순종 저주"입니다.

우리도 노래를 부릅니다. "나는 죽고 예수로 산다", "예수님 한 분이면 충분합니다", "24시간 주 예수님을 바라보자", "내 마음에 왕이 계신다", "예수님 나의 왕이십니다!"

우리가 계속하여 이 노래를 부를 때 틈만 있으면 불순종과 타락으로 끌고 가는 육신의 역사를 두려워하지 않을 수 있습니다. *20131220*

마치 온 세상을 얻은 것 같은 느낌입니다.

"주님 한 분이면 충분합니다!"

때론 '내가 이런 고백을 해도 되나?' 싶을 정도로 마음이 너무나 담대합니다. 나는 죽고 예수님으로 사는 완전한 복음을 알고 난 다음부터입니다.

그러나 여전히 문제는 많습니다. 관계의 갈등도, 사역의 무거운 짐도, 순간순간 스트레스를 느끼기도 합니다. 그러나 이 모든 문제에 대한 완전한 답을 얻었습니다. 십자가의 속죄의 은혜와 '나는 죽고 예수로 사는 복음' 그리고 임마누엘이신 주 예수님이 함께하시는 것입니다.

문제가 아무리 많아도 답은 한 가지뿐입니다. 제가 할 일은 오직 하나, 주 예수님을 바라보는 것입니다. 이것이 완전한 답입니다. 정말 백문일답입니다.

하나님께서는 우리에게 완전한 답을 주셨습니다. 그래서 예측불허의 삶을 살면서도 마음은 감격입니다. 아버지와 떠나는 여행은 언제나 가슴 설레는 일입니다. 인생은 쉽습니다. 수고스럽고 무거운 짐은 주 예수님께 다 맡기고 오직 사랑만 하며 살면 되기 때문입니다. 하나님은 살아 계시고 하나님의 나라가 있으며 주 예수님이 항상 우리와 함께하시며 우리를 인도하시기 때문입니다. 그래서 주님께서 우리가 주님의 말씀 안에 거하면 참 제자가 되어 진리를 알게 되고 진리가 우리를 자유케 하리라 하신 것입니다.

아주 보수적인 학생 선교단체에서 철저한 말씀공부와 순종을 배우며 성장하여 스스로 철저한 복음주의자인 줄 알았던 선교사님 한 분이 계셨습니다. 그러나 그 분은 선교사로 사역하면서 신앙생활의 한계에 직면하는 순간이 많아졌고, 사랑, 인내, 성실이 바닥날 때가 많았습니다. 그 원인이 마음속 깊이 이기적인 자기 사랑이 웅크리고 있기 때문임을 알았습니다. 세상의 잔재미를 끊지 못하는 등 죄의 뿌리가 여전하다는 것도 깨달았습니다. 더욱 절망스러운 것은 용서치 못함, 쓴뿌리, 상처받음 등 내적인 문제도 심각하다는 것이었습니다.

그 분은 자신의 문제가 '예수님과 같이 죽고 같이 사는 것', '예수님과 연합하는 것' 등에 대하여 교리적으로만 알았을 뿐 실제로 그리스도 안에서 죽었다는 확신이 없다는 데 있음을 알았습니다. 그리고 그러한 체험은 너무도 신비적이어서 모든 그리스도인이 실제로 경험할 수 있는 것이 아니라고 생각되었습니다. 그러나 십자가 복음을 통해서 주님과의 연합의 진리가 하나의 교리나 이론이 아니라 실제로 누구나 믿음으로 체험할 수 있는 하나님의 놀라운 축복임을 분명히 깨닫게 되었습니다.

> 나는 예수 그리스도 안에서 죽고 다시 태어났다는 복음을 믿었다. 이제 나의 옛사람은 죽고 내 안에 그리스도가 살아 계신다. 이제 나는 어떻게 살아야 할까?
> 주 예수님께 대한 절대 순종만이 남아 있다. 과거에는 주님께 순종한다는 것에 대한 두려움이 있었다. 아니, 순종 자체가 불가능하게 보일 때가 많았다. 왜냐하면 늘 내가 하려고 했으니까! 그리고 과거에는 나의 인생 전체를 주님께 맡기는 것이 불가능해 보였다. 남아 있던 세상 미련 때문

에….

그러나 이제는 나의 주인 되신 주님께 나의 인생 전체를 맡기는 것이 두렵지 않다. 그리고 나를 포기하는 것이 두렵지 않다. 나는 완전한 답을 얻은 마음이다.

그렇습니다. 예수 그리스도 안에서 우리는 인생을 사는 완전한 답을 얻었습니다. 어떤 형편과 조건에서도 한결같은 단 하나의 답을 얻었습니다. 주 예수님과 동행하며 사는 것입니다.

이제 우리가 할 일은 한 가지입니다. 주님과의 친밀함이 더욱 깊어지는 것입니다. 우리가 주님과 친밀하지 않으면 예수님과 동행하는 것이 인생 문제의 완전한 답이라는 것을 아는 것은 아무런 도움이 안 됩니다.

그동안 주님과의 친밀함을 훈련받지 못한 것이 아쉽습니까? 지금부터 시작할 수 있습니다. 24시간 예수님을 바라보고 살기만 하면 됩니다. 그러면 늘 반복적인 것 같은 삶이 재미있고 흥미롭습니다. 주님을 아는 눈이 뜨이는 데에 따라 삶의 매일매일이 다르고 새롭습니다. *2013.12.19*

21

하나님의
약속을 붙잡으라

고 난 의 복 음

캘리포니아는 미국에서도 항상 따뜻하고 태양이 찬란하여 많은 사람들이 너도 나도 살기 원하는 지역입니다. 그런데 얼마 전부터 의식 있는 신학자와 목회자들 사이에 '캘리포니아 복음'이라는 생소한 용어가 사용되고 있습니다. 캘리포니아 복음이란 풍요하고 향락적인 삶을 축복이라 믿고, 사교적인 교제를 즐기며, 행복을 가져다준다고 믿는 편안한 복음을 가리키는 말 같습니다.

실제로 캘리포니아 지역에는 미국의 많은 대형 교회들과 유명 목회자들이 있습니다. 크고 편리한 교회 건물, 세련되고 감동적인 설교, 수준 있는 음악회를 감상하는 것 같은 찬양, 희생이나 고난을 요구하지 않으며 양심에 부담을 느끼지 않을 정도의 자선 행위만으로 충분한, 그래서 자연히 사람들이 많이 모여서 외적으로 교회가 크게 부흥하고, 이런 교회를 일으킨 목회자들이 성공한 목회자로 인정받아 너도 나도 목회를 배우려 몰려드는 현상을 캘리포니아 복음이라고 하는 것 같습니다.

그런데 곤혹스럽게도 저 또한 한동안 이것이 진정한 목회 성공이라 여기고 이런 교회에서 목회하는 것을 부러워했다는 것입니다. 제가 신학교 다닐 때와 처음 목회를 시작했을 당시 한국 교회에는 교회성장운동이 유행이었습니다. 인도의 선교사였던 도날드 맥가브란 박사가 인도 교회의 성장을 연구한 결과를 발표하며 시작된 교회성장학에 가장 큰 영향을 받은 교회가 한국 교회라 할 수 있을 것입니다. 6,70년대 한국 사회는 '가난의 극복과 성공'이 사회적 코드이었기에 시대 상황과도 잘 맞아떨어졌습니다.

그러나 그로 인해 지금 한국 교회는 엄청난 후유증을 앓게 되었습니다. 교회 성장이 아니라 철저히 예수님을 바라보아야 했음을 나중에야 깨달았습니다. 이제 한국 교회는 진정한 복음의 본질로 돌아가 고난의 복음, 순교의 신앙으로 전도해야 할 것입니다. 이것이 진정한 복음, 생명의 복음이며, 그럴 때 한국 교회가 정결한 교회, 빛과 소금이 되는 교회로 설 것입니다. 디트리히 본회퍼는 유럽 교회가 몰락하는 것은 바로 고난의 복음을 거부하고 문화적인 기독교로 전락했기 때문이라고 지적하였습니다.

20세기 유럽 교회의 세속화를 연구한 종교사회학회 회장 데이비드 마틴은 교회의 세속화에 두 단계가 있다고 했습니다. 일차적 세속화는 교회가 윤리적 수준을 낮춤으로써 교인들이 부담 없이 교회에 나오게 하는 것인데, 이때 교인이 늘어날 수 있다고 했습니다. 그러나 이차적 세속화가 이어지면서 교회가 세상과 같아지면 교인들이 신앙의 의미를 상실

하고 급격히 교회를 떠나게 된다는 것입니다.

존 스토트 목사 역시 유럽 교회가 박해받지 않는 것을 탄식했습니다. 박해할 만한 것을 말하지도 행하지도 않기 때문입니다. 그리스도인들이 타협하고 있다는 것입니다. 만약 그리스도인들이 복음에 대하여 타협하지 않으면 고난당하는 일이 많아질 것이라고 했습니다.

"교회와 그리스도인들이 예수 그리스도가 죄인들을 위하여 십자가에서 죽으셨고, 구원은 전적으로 값없이 받은 십자가의 은혜에 의하여 주어진다는 원색적인 복음을 굳게 붙잡으면, 세상의 교만한 사람들에게 걸림돌이 될 것이다. 교회가 혼전 순결, 동성애 반대, 부부의 정절, 원수 사랑을 강조하고 강력하게 전도하면, 대중들의 비난을 받을 것이다. 십자가 복음을 분명하게 증거하면 세상은 분노할 것이다. 폭력과 투옥과 죽음까지는 아닐지라도 조롱과 배척이 따라올 것이다."

최근 주님은 고난을 이길 만한 믿음을 가져야 한다는 마음을 계속 주십니다. 우리에게 믿음이 있는지 없는지 북한의 지하교회 성도들과 비교해야 한다는 것입니다. 그렇습니다. 하나님께서 우리와 북한의 성도들의 믿음의 기준을 다르게 적용할 리가 없으십니다. 만약 우리가 북한에 있다면 지금처럼 여전히 예수님을 주님이라 고백할 수 있을까요? 지금 우리는 풍요의 축복이 아닌 고난의 축복을 재조명해보아야 합니다.

무릇 그리스도 예수 안에서 경건하게 살고자 하는 자는 박해를 받으리라

딤후 3:12

이제 한국 교회에는 교인 수나 건물의 크기를 자랑하는 것은 부끄러운 일이라는 인식이 필요합니다. 오죽 자랑할 것이 없으면 건물이나 교인 수나 교회 역사를 자랑하겠습니까. 한국 선교 초기의 외국인 선교사들은 한국에 놀러 온 것이 아닙니다. 죽음을 각오하고 하나님의 나라를 위한 비장한 발걸음을 내딛은 것입니다. 한국 교회 부흥의 이면에는 주기철 목사, 손양원 목사와 같은 고귀한 순교의 피가 흐르고 있었습니다. 이 땅에 다시 부흥이 재현되기 원한다면 한국 교회와 교인은 부흥의 대가를 치를 준비를 해야 할 것입니다. _20140102_

약속을 붙잡는 인생

신년특별집회 때 우리들교회 김양재 목사님이 오셔서 말씀을 전해주셨습니다. 얼굴은 고생 한 번 안 하신 분 같은데 어떻게 그런 어려움을 다 겪으셨는지, 눈물로 간증하실 때 듣는 우리도 다 같이 울었습니다. 은혜요 감동이었습니다.

프랜시스 베이커는 "은혜롭고 즐거운 모습은 가장 훌륭한 추천장이다"라고 말했습니다. 얼굴 표정은 억지로 만들 수 없는 것입니다. 그래서 어떤 사람의 얼굴을 보면 그가 정말 믿는 자인지 아닌지 알 수 있습니다. 혹시 "어디 믿는 데가 있나 봐요?"라는 질문을 자주 받으십니까? 이 질문이 올해 가장 자주 받는 질문이기를 축복합니다.

삶의 자리를 돌아보면 힘들고 어려운 일들이 너무 많습니다. 그러나 남모를 아픔과 고통을 안고 살아가더라도 낙심에 굴복하면 안 됩니다.

삶의 고통과 실패를 재산으로 삼는 것이 믿음이 아니겠습니까? "제가 가진 것은 하나님의 약속뿐입니다!"라고 탄식하는 분을 보았는데, 약속이라고 무시해서는 안 됩니다. 하나님은 약속하신 것을 반드시 지키시는 분이기 때문입니다.

하나님은 하나님의 약속을 믿고 복 받는 것을 아브라함을 택하여 보여주셨습니다.

> 그가 백 세나 되어 자기 몸이 죽은 것 같고 사라의 태가 죽은 것 같음을 알고도 믿음이 약하여지지 아니하고 믿음이 없어 하나님의 약속을 의심하지 않고 믿음으로 견고하여져서 하나님께 영광을 돌리며 약속하신 그것을 또한 능히 이루실 줄을 확신하였으니 그러므로 그것이 그에게 의로 여겨졌느니라 롬 4:19-22

김동호 목사님께서 사람들이 습관적으로 "힘들어 못 살겠다" 하는 말에 대해 이렇게 지적하신 적이 있었습니다.

"정말 우리를 못 살게 하는 것이 '힘든 일'일까요? 힘든 일이 없다면 우리는 정말 잘 살 수 있는 것일까요? 자식도 없고 배우자도 없고 직장도 없고 교회 일도 없으면 살 만할까요? 아닙니다. 잘 살고 못 사는 것은 힘든 일이 아니라 믿음에 달려 있습니다."

옳은 말씀입니다.

나는 비천에 처할 줄도 알고 풍부에 처할 줄도 알아 모든 일 곧 배부름과 배고픔과 풍부와 궁핍에도 처할 줄 아는 일체의 비결을 배웠노라 내게 능력 주시는 자 안에서 내가 모든 것을 할 수 있느니라 빌 4:12,13

이것이 우리가 이수해야 할 과목들입니다. 어느 과목까지 이수하셨습니까? 높이 떠오른 비행기 안에서 아래를 내려다보면 구름이 깔려 있을 때가 있습니다. 그 구름이 얼마나 부드러워 보이는지, 뛰어내리면 솜이불처럼 사뿐히 받아줄 것 같지만 그것은 착각입니다. 사람이 뛰어내려도 비행기가 내려앉아도, 구름은 받아주지 못합니다. 세상을 살아갈 때 학력, 돈, 명예, 권력 또는 어떤 사람이 나를 받아줄 것 같아 보여도 그것은 한낱 구름과 같습니다.

노벨 문학상을 받은 극작가 버나드 쇼가 말하길 "인간의 실망에는 두 가지가 있다. 하나는 실패했을 때 오는 실망이고 또 하나는 성공했을 때 오는 실망인데 참으로 무서운 것은 성공했을 때 찾아오는 실망이다"라고 하였습니다. 우리가 정말 붙잡아야 하고 우리 인생을 투자해야 할 것은 하나님의 약속입니다.

저는 고등학교 때 예수님이 제 안에 계신다는 말씀을 들었습니다.

너희는 믿음 안에 있는가 너희 자신을 시험하고 너희 자신을 확증하라 예수 그리스도께서 너희 안에 계신 줄을 너희가 스스로 알지 못하느냐 그렇지 않으면 너희는 버림 받은 자니라 고후 13:5

저로서는 기절초풍할 말씀이었습니다. 믿어지지도 않았고 이해가 되지도 않았습니다. 그러나 그 말씀이 약속같이 제 마음에 박혔습니다. 그리고 예수님의 약속이 또 한 번 제 가슴에 박혔습니다.

내가 너희를 고아와 같이 버려두지 아니하고 너희에게로 오리라 요 14:18

저는 이 약속을 붙잡고 40년을 살았습니다. "주님, 제 안에 계십니까?"에서 "주님, 제 안에 계시지요!"로, 그리고 "나는 죽었습니다!"라고 고백하게 되었고, "혼자 있을 때 예수님을 바라보라" 외치던 것이 "24시간 예수님을 바라보라"로 바뀌더니, 결국 "예수님 한 분이면 충분합니다", "예수님은 나의 왕이십니다"라고 고백하게 되었습니다. 주님의 약속을 붙잡았더니 주님은 저를 인격적으로 만나주시고 인도해주셨고, 지금의 제가 되었습니다.

김양재 목사님께서 갖은 어려움을 겪고도 말씀이 들리지 않아 깨우치지 못하고 회개도 못하다가, 한순간 말씀이 들리게 되면서 환경과 처지는 바뀐 것이 없지만 삶은 완전히 바뀌었다고 하였습니다. 그렇습니다. 우리를 완전히 자유롭게 할 수 있는 길은 말씀밖에 없습니다. 말씀이 들리게 해달라고 기도해야 합니다. 하나님께서 주신 약속의 말씀이 있다면 한번 기록해보십시오. 하나님의 약속이 세상 그 어떤 것보다 귀한 복임을 믿고 말씀이 이끄는 삶을 사시기 바랍니다.

20140103

고난 중에 더욱 주님을 바라보라

신년특별집회 마지막 날, 당황스럽게도 예정된 강사님이 오실 수 없는 사정이 생겼다는 연락이 왔습니다. 전날 밤 그 소식을 듣고 마음이 너무 힘들고 부담스러웠습니다. 그러나 잠시 기도하는 중 이 일이 저와 저희 교회에 주시는 하나님의 메시지라는 생각이 들었습니다.

"잘 계획하고 열심히 준비했다고 방심하지 말라! 무슨 일이 있을지 모르니 항상 준비하고 살아야 한다!"

아내는 "잘되었네요! 하나님께서 항상 이럴 때 더 은혜로운 말씀을 주셨으니까요!"라는 말로 제게 힘을 주려고 했습니다. 사정을 아는 이들 중에 그렇게 말하는 분들이 많았지만, 정작 제게는 속 터지는 말이었고 매우 부담스런 말이었습니다. '정말 하나님께서 더 은혜로운 말씀을 주시는지 그냥 가만히 있어봐?' 하는 생각도 들었습니다. 하루가 정말 짧았습니다. 시간이 흘러가면서 주님께 무릎을 꿇었습니다.

"주님, 저를 통해 특별히 전하실 말씀이 있으십니까? 그래서 이렇게 하신 것입니까?"

그때 예수님이 제자들에게 주신 비유 하나가 생각났습니다. 누가복음 13장 6절에서 9절까지의 비유입니다. 한 해만 더 기다려달라고 하나님께 간청하시는 주님의 중보였습니다. 그때부터 집회 때 설교를 시작하기 직전까지 하나하나 퍼즐을 맞추듯이 주신 말씀이 있었습니다. 저는 그 말씀을 전했습니다. 다른 사람들은 모르겠지만 적어도 저에게는 주님과 동행하는 삶을 살아가는 데 너무나 중요한 비밀을 깨닫는 시간이었습니다. 삶의 변화가 없는 이유와 그 답이 깨달아졌고 그것으로 감

담벼락 셋

사했고 주님을 찬양했습니다.

다음 날 아침 메일함을 열어보니 제가 알지 못하는 한 분으로부터 메일이 도착해 있었습니다. 충주에서 사시는 그 분은 어젯밤 신년집회 실황을 인터넷으로 보셨다고 했습니다.

저를 훈계하시는 주님의 말씀과 깨달음이 있었습니다. 그저 부끄러운 제 자신, 숨길 곳이 없을 지경인데 오늘 저를 숨겨주시고 품어주신 주님의 그 사랑에 다시 한 번 감사의 눈물이 흐를 뿐입니다.

목사님을 통해 주시는 하나님의 말씀과 설교를 듣는 순간 '주님! 접니다. 또 저를 위한 말씀을 해주시는군요!'라고 고백했습니다. 그때부터 두려운 책망을 받았습니다. 표현할 수 없는 제 안의 더러운 죄성의 이물질이 정화되기 위해 뒤집어졌습니다. 그다음에는 칭찬과 은혜의 선물로 덮어주셨습니다.

오, 주님! 그리고 성령님이 함께 예배드리는 우리 가족 모두에게 임해주셨습니다. 주님, 감사합니다. 주님, 감사합니다….

저에게는 어제 하루 정말 당황스러웠는데, 주님께서 이런 역사를 이루셨다니 감사할 일입니다. 대타로 설교해야 했지만, 주님께서 직접 하실 것이라 믿은 것이 결국 옳았습니다. 만약 제가 "주님께서 역사하실 줄 믿습니다!" 하고 아무 준비를 하지 않고 하루 종일 이 사람 저 사람 만나고 책이나 보고 영화나 보면서 "저는 주님께 다 맡깁니다"라고 했다면 이런 일은 일어나지 않았을 것입니다. 막막하지만 주님께 무릎을 꿇고 "주님, 하실 말씀을 주십시오" 하였기에 주께서 제게 말씀을 주실 수 있고 하루 종일 주님만 바라보았기에 주님이 친히 역사하실 수 있었던 것입니다. 주님은 제게 1년 동안 이렇게 살라 하시는 것 같습니다. 그러면 주님은 반드시 우리의 삶을 변화시키시고, 하나님께서 그토록 찾으시는 열매를 친히 맺으시겠다고 깨우쳐주실 것입니다.

요즘 많이 힘드십니까? 그러나 그럴수록 더욱 주님을 바라보시기 바랍니다. 당황스런 일이 벌어진다고 해도 우리 눈으로 보는 것과 주님의 눈으로 보는 것은 너무나 다릅니다. 어떤 상황에서도 우왕좌왕하지 말고 오직 주님의 인도함을 구해보시기 바랍니다. 하나님의 손에 붙들려 사는 것이 가장 복된 삶임을 깨닫게 될 것입니다.

20140104

주님의 뜻에
순종하라

하 나 님 의 뜻 이 확 실 한 가 ?

어느 목사님께서 설교 중에 자신의 시험 실패담을 이야기하셨습니다. 대학 다닐 때 전공 시험을 치르는데, 시험지를 받아보니 논술형으로 단 한 문제가 출제되었다고 합니다. 열심히 답안을 작성한다고 석 장을 빼곡히 써서 냈는데, 결과는 낙제였습니다.

교수님을 찾아가서 왜 낙제냐고 항의했더니, 시험 문제에 대한 답을 써야지 자신이 할 말만 잔뜩 써서 내면 어떻게 하냐며 야단을 치셨답니다. 시험지를 받아들었지만 질문이 뭔지 잘 모르겠으니 '정성이라도 다 하자' 하는 마음으로 아는 것을 다 썼던 것입니다. 밑줄도 치고 중간중간에 꽃도 그려 넣고 정성을 다하여 답안지를 작성했지만, 아무리 그래도 교수님이 제시한 질문에 대한 답이 아니었기에 낙제라는 것입니다.

그러면서 목사님은 "우리가 인생을 이렇게 사는 것이 아닙니까?" 하고 질문을 던지셨다 합니다. 정성을 다하고 최선을 다하고 힘을 다하여 열심히 살지만 그렇게 살았더라도 합격한 인생은 아니라는 것입니다. 하나님이 주신 목적대로 살아야 잘 사는 것입니다. 그러려면 하나님을 알아야 하고 하나님의 뜻, 우리 인생의 목적을 알아야 하는 것입니다. 제 목회의 삶을 돌아보며 가장 반성되는 것도 바로 이 대목입니다. 목회를 열심히 했습니다. 저 나름대로 중요하다고 생각되는 것에 최선을 다했습니다. 그러나 하나님의 뜻을 제대로 알고 했는지 자신이 없는 것입니다.

사도행전 16장을 보면 사도 바울의 아시아 전도를 성령 하나님이 막으시는 장면이 나옵니다. 전도는 정말 중요합니다. 그러나 전도가 아무리 중요해도 성령께서 이끄시는 대로 하지 않으면 아무 유익이 없습니다. 사도 바울은 모든 길이 막힌 것 같은 때에 성령의 인도하심을 바라보았습니다. 그랬더니 비로소 열린 문이 보였습니다. 동서남북 사방이 다 막혔는데 바다를 건너 유럽으로 성령의 인도하심이 있었던 것입니다.

사도 바울의 위대함은 성령께서 그 길을 막을 수 있었던 사람이었다는 데 있습니다. 보통 한다면 하고 안 한다면 안 합니다. 성령님도 못 말립니다. 열심히 하지만 실제로 자기 마음대로 목회하고 선교하고 사역하는 사람이 대부분입니다. 하나님의 뜻을 분별하고 하나님께 순종하는 것이 최선을 다하는 열심보다 중요합니다.

어느 집사님이 목회자로의 부르심을 느끼기는 하지만 주님의 확인이 없다고 상담을 요청해왔습니다. 주님이 부르셨다면 왜 주님의 확인이 없는지 의아하게 생각하면서 저에게 물었습니다. 그래서 제가 질문했습니다.

"하나님의 어떤 확인을 기대하십니까? 신대원에 갈 길이 열리지 않습

담벼락 셋

니까? 아니면 고생할 걱정 때문입니까?"

제 질문에 대답을 못하고 우물쭈물하더니 먹고살 길이 막막하다는 것이었습니다. 대부분 하나님의 확인을 구하는 이유는 고생하지 않을 길을 찾기 때문입니다. 하나님이 분명히 "가라"고 하셨다는 확인을 그토록 얻고자 하는 이유는, 그러다가 어려워지고 실패라고 여겨지면 하나님께 책임을 돌리기 위해서입니다.

우리는 하나님 앞에서 자신의 마음을 정직하게 분별받는 일에 용감해야 합니다. 합리화하지 말아야 합니다. 숨기지 말아야 합니다. 많은 그리스도인들이 하나님의 뜻을 알기 힘들다고 말합니다. 정말 하나님께서 하나님의 뜻을 분명히 말씀하시지 않아서 문제입니까? 아닙니다. 우리가 진정 하나님의 뜻을 들을 준비가 되어 있지 않기 때문입니다.

빌리 그래함 목사에게 평생 세 번의 큰 유혹이 있었다고 합니다. 한번은 큰 대학교의 총장으로 와달라는 청빙이었고, 한번은 상원의원에 출마하라는 제안이었고, 한번은 부통령으로 출마하라는 제안이었다고 합니다. 그러나 그는 그것이 자기 영광을 위한 욕심임을 알고 단호히 거절했습니다. 자신을 향한 하나님의 부르심은 전도자였기 때문입니다. 그래서 지금의 빌리 그래함이 있는 것입니다.

정말 나는 죽고 예수로 사는데도 해결이 안 되는 문제가 있습니까? "고생도 좋습니다. 죽음도 좋습니다" 하면 이미 하나님의 뜻이 확실한 일이 많습니다. 자신이 '나는 죽고 예수로 사는 자'임을 분명히 하고, 24시간 주님을 바라보면서 "예수님은 나의 왕이십니다"라고 고백하면 누구나 다 하나님의 뜻을 알 수 있습니다. ₂₀₁₄₀₁₀₆

하나님 나라를 보는 눈이 열렸는가?

죽어서 가게 될 천국을 바라보는 눈을 뜨는 것도 중요하지만 더 중요한 것은 이 땅에서 이루어지는 하나님의 나라를 바라보는 눈이 뜨이는 것입니다. 사도 바울은 빌립보서 1장 23,24절에서 죽어서 천국 가는 것보다 더 중요하고 더 유익한 것이 있다고 했습니다. 땅끝까지 모든 족속에게 복음을 전해야 할 선교 완성을 위한 사명이었습니다. 그것은 이땅에 이루어진 하나님의 나라를 바라보았기 때문입니다. 하나님의 나라에 대한 소망이 없이 천국 소망만 가지면 내세지향적인 신앙, 현실비관적인 신앙에 빠지게 됩니다.

일제 치하 때 우리 민족의 한결같은 소망은 '독립'이었습니다. 지금 그리스도인들의 한결같은 소망은 바로 '하나님의 나라가 임하는 것'이어야 합니다. 우리는 이 세상에 투입된 하나님나라의 '독립군'입니다. 그런 의미에서 우리는 서로를 부를 때 "김 동지, 박 동지" 하고 불러야 제격입니다. 독립군들이 서로 만났을 때 얼마나 반갑고 얼마나 사랑스러웠겠습니까. 비록 처음 만난 사이라고 해도 모든 것을 다 내어주어도 아깝지 않았을 것입니다. 이것이 성도들이 서로 만났을 때 느끼는 감정이어야 할 것입니다. 저는 교인들 사이에 교회 안에서 진정으로 마음을 나눌친구가 없다는 말을 들을 때 너무나 안타깝습니다. 교인들이 초등학교동창이나 군대 동기만도 못한 이유는 무엇입니까? 친교의 시간이 부족해서일까요? 이유는 단 하나입니다. 우리가 하나님나라 독립군으로 살지 않기 때문입니다.

여호수아서에는 라합의 이야기가 나옵니다. 라합은 이스라엘의 정탐

담벼락 셋

꾼을 숨겨주었고, 그로 인하여 여리고 성이 멸망할 때 그 가족들과 함께 구원받았습니다. 뿐만 아니라 정탐꾼의 한 사람이었던 유다 지파의 살몬과 결혼했습니다. 여리고 성의 기생이었던 라합이 예수님의 족보에 그 이름이 기록되는 놀라운 축복과 영광을 얻게 된 것입니다. 라합과 살몬이 결혼하게 된 자세한 과정은 알 수 없지만 한 가지 분명한 것은 라합이 정탐꾼들을 숨겨주던 그 긴박한 순간, 그 둘 사이에 사랑이 싹텄을 것이라는 사실입니다.

동지, 그 얼마나 가슴 떨리는 말입니까? 생명을 바쳐 사명을 감당할 때, 그 모습이 얼마나 사랑스럽고 믿음직했겠습니까? 그리스도인으로서 우리가 진정 하나님의 나라를 위하여 목숨을 걸고 사명을 위하여 살게 되면 성도들의 만남은 그 자체만으로도 감격이요 눈물이요 감사요 사랑일 것입니다.

한번은 신축 부지를 놓고 기도하던 중 추첨 분양으로 부지가 다른 교회로 넘어간 적이 있었는데, 그로 인해 마음이 불편해진 교인들이 그 땅 옆으로 지나가도 배가 아프다고 했습니다. 그때 기도 중에 주님이 물으셨습니다.

"교회가 잘되는 것을 보고 배가 아프다면 그것은 성령의 역사냐, 마귀의 역사냐?"

저는 화들짝 놀라 그 부지를 분양받은 교회를 축복하자고 교회에 광고했습니다. 교회의 적은 무엇입니까? 사단입니까? 지나친 말인지는 몰라도 실제로는 이웃교회입니다. 왜 이웃교회가 부흥되면 배가 아픕니까? 하나님의 나라를 향한 비전이 없기 때문입니다. 주님의 몸 된 교회라고 하면서 교회가 왜 이렇게 되었을까요? 교회마다 자기 교회의 부흥을 위해 기도하지 진정 하나님의 나라가 이루어지기를 기도하지 않기 때문은 아닐까요? 우리는 하나님의 나라를 위해 무엇을 하고 있습니까?

한번은 교회 앞 전철역에서 공문이 왔습니다. 자매결연을 맺으면 지하철 역사 안에 독점적으로 전도 광고판을 걸 수 있다는 것이었습니다. 고민 끝에 사양했습니다. 전철역에서는 어느 교회나 전도할 수 있어야 한다고 판단되었기 때문입니다. 전도는 사명이지 교회끼리의 경쟁이나 교회 성장 수단이 아닙니다. 전철역에 광고판 계약만 했습니다. 거기에 "예수 그리스도, 행복의 시작입니다"라는 글만 실었습니다.

월남 이상재 선생의 일화 중에 이런 이야기가 있습니다. 어느 날 며느리가 재봉틀을 도둑맞고 울고 있었습니다. 그러자 이상재 선생께서 그 며느리를 꾸중하였답니다.

"너는 나라 잃고도 그렇게 울지 않더니 재봉틀을 잃고 우느냐!"

하나님의 나라를 향한 우리의 마음도 이와 같아서 안타깝습니다. 안타깝게도 대부분의 성도들이 하나님의 나라가 이 땅에 도래하는 그 영광을 알지 못하기 때문에, 이 세상에 빠져서 세상 이익만 구하느라 아등바등하며 삽니다. 눈을 들어서 지금도 계속 다가오는 하나님의 나라를 바라봅시다. 우리는 모두 하나님나라의 독립군이요, 동지입니다.

20140108

담벼락 셋

교회가 오랫동안 자립되지 않고 더 이상 성장할 가능성이 없다고 여겨 좌절한 후배 목사님이 계셨습니다. 자신이 무언가 잘못되었다는 자책이 심했습니다. 그러니 교회가 부흥되지 않는 것이 아니겠느냐는 것입니다. 그러나 그 원인이 무엇인지 솔직히 잘 모르겠다는 것입니다. 그러면서 한편으로는 어느 교회라도 자신을 제대로 지원해주었다면 자신도 성공할 수 있었을 것이라는 원망이 가득했습니다. 그리고 한국 교회에 대하여 대단히 부정적인 생각을 하고 있었습니다.

"한국 교회는 전쟁이 나기 전에는 바로 될 수 없을 것입니다."

그것은 분노요 저주였습니다. 그 목사님과 대화하면서 이 질문을 드려보았습니다.

"목사님, 예수님 한 분이면 충분하십니까?"

대답을 못하셨습니다. 아니, 정확히 말하면 불쾌한 표정이었습니다. 순간적으로 괜한 질문을 했다는 생각이 들었지만 그냥 지나갈 수만은 없어서 목사님의 손을 붙잡고 말씀드렸습니다.

"목사님, 자신이 예수님 한 분이면 충분한지에 대해 진지하게 질문해 보세요. 그러면 답을 얻을 수 있을 것입니다."

당신은 예수님 한 분이면 충분합니까? 지식으로 아는 예수님, 지식으로 아는 복음으로는 결코 예수님 한 분으로 충분할 수 없습니다. 그러나 인격적으로 예수님을 알고 나면 누구나 예수님 한 분으로 충분합니다.

우리는 결과와 열매를 혼돈합니다. 흔히 '주님의 뜻대로 했다면 당연히 좋은 결과가 있을 것이 아닌가?'라고 생각합니다. 따라서 좋은 결과가 없다면 주님의 뜻대로 한 것이 아니라고 판단하는 것입니다. 교회 성장주의를 정당화하는 논리입니다. 그래서 어떻게 해서든지 교회를 성장시켜서 자신이 올바른 주(主)의 종임을 증명하려고 합니다. 그러나 정말 그럴까요?

저는 재능 있고 사역 현장에 부흥을 일으키는 젊은 목회자가 위험스러워 보일 때가 있습니다. 그가 스스로 속고 있는 것이 보이기 때문입니다. 재능도 없고 결과가 아직 신통치 않아도 중심이 신실한 목회자가 더 눈에 띕니다. 저는 여러 부교역자들에게 사역을 맡겨보지만 언제나 결과보다 과정을 살펴보게 됩니다. 과정이 좋았다면 결과에 크게 신경 쓰지 않습니다. 결과는 기다리면 반드시 오기 때문입니다. 결국 심은 대로 거두기 때문입니다. 그러나 과정에 문제가 있는데 결과가 좋으면 오히려 걱정이 됩니다. 그것은 어쩌다가 요행으로 잘되었거나 그 사역자가 아닌 다른 요인으로 잘된 것이기 때문입니다. 그런데도 그 사역자가 착각하여 다음에도 이런 결과가 있을 것을 기대하고 바른 과정에 소홀히 하게 된다면 끔찍한 일이 아닐 수 없는 것입니다.

주님은 "교회를 성장시키려 하지 말라"고 하셨습니다. 교회 성장이 주님이 원하시는 열매가 아니라고 하셨습니다. 화려하고 크고 놀라운 사역 역시 주님이 원하시는 것이 아니라고 하셨습니다. 주님이 원하시는 열매는 성공적인 결과가 아니라 '불법을 행하지 않는 것'입니다. '하나님의 뜻대로 행하는 것'입니다. '의롭게 살며 형제를 사랑하는 것'이었습니다. 사랑과 희락과 화평과 오래 참음과 자비와 양선과 충성과 온유와 절제였습니다.

바르게 했는데 실패하는 경우가 많습니다. 바르게 하지 않았는데도 성공적인 결과를 얻을 때도 많습니다. 저는 미처 영적 눈이 뜨이지 않아 활짝 열린 축복의 문 앞에서 머뭇거렸던 적이 많았습니다. 신학교에 들어갈 때, 목사 안수 받을 때, 군목훈련을 받다가 부상당한 후 오른쪽 다리를 포기할 때, 대학원 학위를 포기할 때, 선한목자교회로 부임해올 때, 그때가 한결같이 나는 죽고 예수님께 모든 삶을 맡겨야 하는 순간이었습니다.

그리해야 할 것 같아서 순종했지 좋아서 순종한 것이 아니었습니다. 그것이 얼마나 놀라운 결과를 가져올지 모르고 결단해야 했습니다. 갈등이 있었고 눈물이 있었고 포기가 있었습니다. 그러나 사실 결단할 필요도 없었습니다. 진리를 알고 나면 기뻐 뛰며 좋아했어야 옳을 순간들이었습니다. 천국과 지옥의 갈림길에서 '아, 갈등되네' 하고 고민할 사람이 누가 있겠습니까?

목사가 되어야 하나 말아야 하나 고민하는 학생이 있었습니다.

"목사인 아버지가 제가 목사가 되기 원한다고 꼭 목사가 되어야 할 이유는 없지요?"

제가 그 학생에게 물었습니다.

"예수님을 인격적으로 만났니?"

"모르겠어요."

"예수님을 인격적으로 만나기 전에는 속단하지 말거라. 예수님을 인격적으로 만나게 되기를 먼저 기도하고 그다음에 주님께서 인도하시는 대로 결정하면 된다."

사역도 마찬가지입니다. 결과가 빈약하다고 낙심하지 말아야 합니다. 오히려 주 예수님을 인격적으로 만나기를 더 힘써야 합니다. 그다음 주님께 자신과 자신의 목회에 대해 물어야 할 것입니다. 그래야 정확한 판단을 할 수 있습니다. *20140109*

24시간 주님을 바라보는가?

그날에 여호와께서 모든 이스라엘의 목전에서 여호수아를 크게 하시매 그가 생존한 날 동안에 백성이 그를 두려워하기를 모세를 두려워하던 것 같이 하였더라 수 4:14

모세를 뒤이어 이스라엘 백성을 인도해야 할 여호수아는 자신이 너무 부족하다고 여겨 두려워 떨었던 사람입니다. 그런데 이 말씀을 보면 그 여호수아의 권위가 모세와 같아졌다고 합니다. 어떻게 이런 일이 이루어졌을까요? 바로 요단강을 건넌 일 때문이었습니다.

강둑까지 넘쳐흐르는 요단강 앞에서 여호수아는 '드디어 올 것이 왔구나' 하는 심정이었을 것입니다. 여호수아에게는 이스라엘 백성들로 하여금 이 요단강을 건너게 할 아무런 방법도 없었습니다. 그러나 이 막막한 상황이 오히려 여호수아가 모세와 같은 지도자로 인정받는 계기가 되었습니다. 왜냐하면 여호수아가 오직 하나님만 바라보았고 하나님께만 순종했기 때문입니다. 그러므로 우리가 24시간 주님만 바라본다

담벼락 셋

면 난감하고 막막한 상황이 오히려 복이 될 것입니다.

모세 앞에 펼쳐진 홍해는 모세에게 좌절을 가져다주는 장애물이 아니라 복이었습니다. 그가 하나님께서 세우신 지도자임을 증명하는 기회였습니다. 모세가 오직 하나님만 바라보았기 때문입니다. 골리앗을 만난 것 역시 다윗에게는 복이었습니다. 그로 인하여 다윗은 사울 왕보다 더 큰 지도자로 부각되었습니다. 그러므로 우리를 집어삼킬 만큼 두렵게 하는 어려움이 사실은 변장하고 오는 복입니다. 문제는 어려움이 얼마나 큰가 하는 것이 아니라 우리가 24시간 주님을 바라보는가 하는 것입니다.

개인적인 고백이지만 하나님께서 저를 연단시키실 때 쓰신 방법이 저를 외롭게 만드신 것입니다. 부모와 가족, 친구와 돕는 자들로부터 떠나 혼자 있게 하신 일이 여러 번 있었습니다. 고통스럽고 두려운 상황에서 저는 혼자 남았습니다. 그때 저는 하나님의 섭리를 알지 못했기에 당황하고 초조했습니다. 그러나 하나님께서는 저를 외롭게 하신 후 오직 주님과의 관계를 점검하고 주님만 바라보게 하셨고, 주님과 함께 인생도 사역도 다시 시작하게 하셨습니다. 그럴 때 제 믿음이 겨우 자라기 시작했습니다.

SIM(Serving In Mission) 선교회의 필 스테인 선교사님이 중국 지하교회 이야기를 하신 적이 있었습니다. 젊은 여성 두 명이 중국의 지하 가정 교회 목사님을 찾아왔습니다.

"목사님, 우리가 복음을 전하러 어딘가로 가려고 합니다. 예수님의 이름을 들어보지 못한 곳, 어떤 전도자도 가지 않으려고 하는 곳으로 우리를 보내주십시오."

"당신들은 예수 믿은 지 불과 6개월밖에 되지 않은 초신자인데요."

목사님의 말에 두 여성이 "우리가 창세기 1장부터 요한계시록 끝까지 읽어보았지만 '몇 년 동안 예수 믿어야 복음 전하러 갈 수 있다'는 말은 하나도 없었습니다"라고 말했습니다. 목사님은 "그런 곳에 가려면 특별한 훈련을 좀 받아야 합니다"라고 대답했습니다. 그러자 그들은 "저희가 창세기부터 요한계시록까지 읽어보았는데 복음을 전하기 위해 특수 훈련을 받아야 한다는 말은 없었습니다"라고 했습니다.

"정말 가고 싶다면 선교단체를 소개해주겠소."

그때 두 여성도는 눈물을 글썽거리며 말했습니다.

"그냥 어디로 가라고만 해주십시오. 우리를 파송할 선교단체를 찾아서 언제 전도하러 갈 수 있겠습니까?"

결국 목사님은 그들을 중국의 어느 외딴섬으로 보내게 되었습니다. 그들이 그곳에 간다고 하자 많은 사람들이 크게 걱정했고, 실제로 그들은 바다 속에 집어넣겠다는 협박을 받기도 했습니다. 2년 후에 그들은 전도지를 구하기 위해 파송 교회로 돌아왔습니다.

목사님은 그들에게 유럽에서 오신 목사님들 앞에서 간증을 하라고 요청했습니다. 그들은 고개를 숙이고 말했습니다.

"저희들은 별로 한 것이 없습니다."

"그래도 뭔가 했을 것 아닙니까? 소문으로는 2년 동안 13개 교회를 세웠다고 하던데요."

그 말을 들은 유럽의 목사님들이 눈물을 흘렸습니다. 그들은 한 교회도 세우지 못했기 때문입니다. 그때 두 여성도가 대답했습니다.

"13개가 아니고 31개입니다."

목사님이 다시 물었습니다.

"믿는 사람들은 몇 명이나 생겼습니까?"

목사님은 믿는 사람이 220명 정도 된다는 이야기를 들은 적이 있었습니다. 그러니 한 교회에 7명 정도는 되겠다고 생각했습니다.

"그것이 아닙니다. 제일 작은 교회의 교인이 220명입니다."

"그러면 제일 큰 교회는 몇 명입니까?"

"4,000명이 넘습니다."

그 말을 들은 목사님들은 놀라서 물었습니다.

"당신들은 도대체 무엇을 어떻게 했습니까?"

"우리는 그냥 기도했습니다."

"물론 기도했겠지요. 기도 말고 또 뭘 했나요?"

"기도하면서 성령님께 물어봤습니다. '저희가 무엇을 할까요?', '어떻게 할까요?' 그리고 성령님이 가르쳐주신 대로 했습니다."

고난이 두려운 것이 아닙니다. 고난은 우리의 믿음이 강해지는 조건일 뿐입니다. 우리에게 두려운 것은 24시간 주님만 바라보는 훈련이 되지 않은 채, 믿음으로 살려고 하고 사명을 감당하려고 한다는 것입니다.

20140111

오늘도 주님을
기쁘게 따라가는가?

예수님만 붙잡기를 잘했다

대만 제자훈련 세미나 때, '나는 죽고 예수로 사는 복음'을 언제 누구로부터 배웠는지 궁금해하는 대만 목회자들이 있었습니다. 돌아보면 제가 고등학생 때 전도사님이 학생부 예배 설교를 하시면서 "모든 그리스도인 안에 주 예수님께서 거하신다"라는 말씀에 붙들려 지금까지 그 말씀이 제게 이루어지기를 갈망하며 살아온 결과였습니다.

본격적으로 예수님의 생명으로 사는 복음을 전하고 가르친 것은 1990년 담임목회를 시작하면서부터였습니다. 그 후 복음을 전하면서 배우고 깨우쳐지는 것이 있으면 또 가르치면서 25년을 지나는 동안 《예수님의 사람》 제자훈련 교재가 만들어졌고 《영성일기》를 통하여 24시간 예수님을 바라보는 사역을 하게 되었습니다. 그러니 '나는 죽고 예수로 사는 복음'을 딱히 언제 누구에게 배웠다고 할 수는 없겠습니다. 길게는 40년, 짧게는 25년 동안 성령님께서 성경을 교과서로, 많은 책과 믿음의 선배들을 통해 가르치고 또 훈련시켜주셨다고 믿고 감사하고 있습니다.

지난 삶을 돌아보면서 깨닫게 되는 것 하나는 본질을 추구하는 것이 얼마나 중요한가 하는 것입니다. 제가 담임목회를 시작하면서 십자가의 복음을 지속적으로 가르치고 교인들에게 오직 주 예수님을 바라보라고 강조할 때, 주위에서는 그렇게 목회하면 교인들이 부담스러워하고 교회도 부흥하기 어렵다고 충고하는 이들이 많았습니다.

"너무 십자가 십자가, 하지 말라."

"너무 예수님 예수님, 하지 말라."

"교인들이 원하는 것을 설교하라. 카리스마적인 목회를 해야 교회가 부흥한다."

나름대로 저를 위해 충고해주시는 분들의 말이었습니다. 당시는 교회 성장이 한국 교회의 화두였기에 그렇게 충고하실 만도 했습니다. 그러나 그때 제 마음에 가장 중요하게 생각되는 것은 '지금 모든 그리스도인의 마음에 함께하시는 주 예수님을 아는 것'이었습니다. 그것이 본질이라고 여겨졌습니다. 지금 돌아보면 오직 주 예수님만 붙잡기를 잘했다고 생각됩니다. 그때 제가 교회를 부흥 성장시키는 것을 목표로 삼았다면 지금 어떤 목회를 하고 있을지, 생각하면 가슴이 서늘해집니다.

현재 대만 교회 목회자들의 고민이 1990년 당시 제 고민과 비슷했습니다. 대만 교회 안에 교회 성장의 열기가 일어나고 있는데, 교회만 부흥된다면 어떤 것도 받아들이는 분위기라서 대만 교회 안에 영적 혼란이 커져간다고 하였습니다. 마치 한국 교회의 실패를 그대로 답습하는 것 같아 안타까운 마음이 들었습니다. 목회자뿐 아니라 모든 그리스도인이 오직 붙잡아야 할 분은 주 예수님뿐입니다.

"예수님만 붙잡으면 정말 목회가 잘될까요?"라고 궁금해하는 분들이 있습니다. 이런 질문은 그 자체로 목회 성공이 예수님보다 여전히 더 우선이라는 것을 알 수 있습니다. 그래서 열심히 목회하고도 진정한 열매가 없는 것입니다. "이미 예수님을 믿고 있는데, 예수님을 붙잡아야 할 이유가 무엇인가?"라는 질문을 가진 분들도 있습니다. 교리를 믿는 것이라면 이미 예수님을 믿는다 할 것입니다. 그러나 예수님과의 인격적이고 친밀하고 하나 된 관계를 믿는 것이라면 '예수님만 붙잡고 사는 것'은 여전히 우리가 힘써야 할 일이며 신앙의 본질입니다.

그래서 "예수님만, 예수님만 바라보라" 하는 것입니다. "24시간 예수님을 바라보자"라는 말이 거부감이 든다는 분들도 계신데, 우리가 너무 육신에 매여 육신이 끄는 대로 살아왔기 때문에 "나는 죽었습니다", "24시간 예수님을 바라보자"라고 해야 겨우 예수님을 조금이나마 바라보게 될 뿐입니다.

저는 여전히 주 예수님만 바라보는 데 부족함이 많다고 느낍니다. 목회자들의 모임을 가질 때마다 아쉬운 것은 예수님을 대화의 주제로 삼는 일에 어려움을 겪는 것입니다. 지나고 나면 쓸데없는 말만 많이 한 것을 깨닫고 후회합니다. 가장 중요한 것을 가장 소홀히 여겼기 때문입니다. 이것이 제가 해결해야 할 가장 큰 문제 중 하나입니다.

우리가 주 예수님께만 관심을 집중할 수는 없을까요? 지금부터라도 그렇게 살아보시기 바랍니다. 이것이 본질에 충실한 삶입니다. 그러면

주 예수님이 우리의 삶을 완전히 새롭게 하실 것이며 약속하신 대로 풍
성한 열매를 맺으실 것입니다. 20140121

기쁘지 않다면 관계를 점검하라

하루는 화가 나고 짜증나는 일의 연속이었습니다. 특별히 시험이라
할 만한 상황은 없었지만 제 감정이 드러날 때가 있었습니다. 순간 야
고보 사도가 "여러 가지 시험을 당하거든 온전히 기쁘게 여기라"(약 1:2)
하신 말씀이 생각났습니다. 주님이 주시는 말씀이 분명하여 "항상 기뻐
하라"는 말씀으로 마음을 지키고 또 지켰습니다.

그날 저녁 오랜 기간 동유럽 공장에 파견 나가 근무하시는 집사님 부
부와 식사를 함께하였습니다. 집사님은 세례를 받자마자 유럽으로 파
견 근무를 나가셨는데, 가족과 떨어져 혼자 지내면서도 세례를 받을 때
고백한 믿음대로 주님과 온전히 동행하며 사셨다고 했습니다. 도무지
감당할 수 없는 일이 맡겨졌을 때도 주님이 항상 함께하심을 믿고 오직
기도만 하며 모든 일에 감사하고, 항상 찬양하고, 다른 이들을 섬기며
사셨다고 했습니다. 그곳을 다녀가는 이들마다 "이런 곳에서 무슨 재미
로 사시느냐?"고 물어왔지만 "주님과 함께 살지요!"라고 웃으며 대답했
다고 하였습니다. 현지 공장에서, 또 현지 한인 교회에서 주님과 행복하
게 동행하셨던 집사님의 이야기를 밤이 늦도록 들었습니다.

자신이 지금 잘 살고 있는지, 사역을 잘하고 있는지 스스로 점검할
수 있는 중요한 기준이 바로 '기쁨'입니다. 사역은 본질적으로 쉬워야 합

니다. 고민하고 걱정하고 스트레스를 받고 짜증과 원망이 나온다면 스스로 문제가 있음을 나타내는 것입니다. 주님은 "나를 따르라"고 하셨습니다. 그렇다면 우리의 삶이나 사역은 주님을 따라가는 것이고, 주님을 따라간다는 말은 쉽다는 뜻입니다. 앞장서는 자가 힘이 드는 법입니다. 따라서 우리가 힘이 든다면, 자신이 주님보다 앞장서서 살고 있다는 것입니다.

고민이 많은 종은 부리기 힘듭니다. 조건이 많고 이유가 많고 불평이 많은 종은 주인에게 부담스럽습니다. 약간은 바보스러울 만큼 잘 웃는 종이 부리기 편한 종입니다. 우리가 시험에 드는 이유는 환경이나 사람 때문이 아닙니다. 이미 자신 안에서 시험이 일어나는 것입니다. 주님과의 관계에 문제가 생긴 것입니다. 그러므로 만약 기쁘지 않다면 속히 주님과의 관계를 점검하고 회복해야 합니다. 당신의 밝은 웃음이 가족과 이웃, 알지 못하는 사람들에게까지 기쁨이 되길 축복합니다. *2014.1.22*

주님 바라보는 것이 익숙해지는 제자훈련

대만의 한 기독교 언론 기자와 인터뷰 도중 그가 '제자훈련은 너무나 어려운 일인데 대만 교회가 과연 제자훈련을 잘 적용할 수 있을지'를 물어왔습니다. 실제로 한국 교회 안에서도 그동안의 제자훈련이 실패가 아니냐는 뼈아픈 반성이 제기되고 있습니다. 그러나 제자훈련이 어려운 일이라는 생각은 옳지 않다고 생각됩니다. 예수님께서 제자훈련을 어렵게 하지 않으셨기 때문입니다.

예수님께서 제자를 부르신 가장 큰 목적은 "자기와 함께 있게"(막 3:14) 하기 위해서입니다. 예수님과 항상 함께 있는 자가 제자입니다. 그것은 어려운 일이 아닙니다. 제자훈련이란 어떤 주제를 가르치고 어떤 경지에 이르도록 훈련하여 그들의 삶을 변화시키는 것이 아닙니다. 가르치고 숙제 내주고 점검하고 수준을 요구하니 힘이 드는 것입니다. 예수님은 그렇게 하지 않으셨습니다.

　제자훈련이 어렵다면 자신이 주님의 제자로서의 삶을 사는지 돌아보아야 합니다. 제자훈련이 어려운 것은 제자로 살지 않는 사람이 다른 사람을 제자로 만들려고 하기 때문입니다. 그럴 때 제자훈련 받는 사람은 더 힘듭니다. 따라서 제자훈련 하는 사람은 자기 자신이 먼저 주님과 동행하며 살아야 합니다. 그것이 자연스럽고 기쁜 일이 되면 비로소 제자 삼는 일을 할 자격이 있는 사람입니다.

　주님과 동행하며 사는 것이 행복하다면 제자 삼는 일도 행복한 일입니다. 제자훈련은 주님과 행복하게 동행하는 것을 보여주기만 하면 되는 것입니다. 그래서 훈련받는 사람이 주님께 나아가고자 하는 갈망을 갖게 되면 스스로 주님께 나아가도록 격려해주고, 주님이 그의 마음에 임하시고, 그의 마음에 왕이 되시도록 도울 뿐입니다. 제자훈련이 어렵다면 그것은 예수님을 왕으로 모시고 살 결단이 어렵기 때문입니다. 따라서 제자훈련 하는 사람은 예수님을 왕으로 모시고 순종하며 사는 것이 얼마나 놀라운 삶인지 보여줄 필요가 있습니다. 그리고 그것으로 족합니다.

　제자훈련은 근본적으로 주님이 하시는 것입니다. 단, 제자 된 자를 통하여 하실 뿐입니다. 그러므로 제자훈련 하는 사람에게는 주님이 하시는 일을 지켜보는 자세가 필요합니다. 주님이 역사하시는 것이 무엇인지 깨우쳐주고, 그렇게 하시는 주님께 감사하고, 찬양하고, 기뻐하기만 하면 그것으로 충분합니다.

제자훈련 하고 평생 자신의 제자라고 하면서 자기 영향력 아래 두려고 하는 것은 정말 조심해야 할 일입니다. 제자훈련 하는 사람은 제자 삼은 자와 주님 사이에 중재자 역할만 할 뿐이고 곧 그 자리를 내어주어야 합니다. 주님을 바라보는 것이 익숙해지는 것, 그것이 가장 중요한 제자훈련입니다. 그리고 주님이 그를 통해 말씀하시고 행하시도록 하는 것입니다.

20140123

약해질 때를 준비하라

누구나 약해질 때가 있습니다. 아니, 우리는 본질적으로 약한 존재인지 모르겠습니다. 그래서 성경이 우리를 가리켜서 질그릇이라고 정의했나 봅니다. 약해지는 것은 두려운 일이지만 사도 바울은 오히려 기뻐하며 자랑한다고 했습니다. 그것은 약해진 그때 주님의 능력이 자신 안에 온전케 됨을 깨달았기 때문입니다.

나에게 이르시기를 내 은혜가 네게 족하도다 이는 내 능력이 약한 데서 온전하여짐이라 하신지라 그러므로 도리어 크게 기뻐함으로 나의 여러 약한 것들에 대하여 자랑하리니 이는 그리스도의 능력이 내게 머물게 하

담벼락 셋

　그러나 약해진 후에야 그리스도를 의지하려는 것은 위험한 일입니다. 약해짐으로 오직 그리스도만 의지하게 되리라는 보장이 없기 때문입니다. 그래서 우리는 언제나 주 예수님만 바라보아야 합니다. 주 예수님만 바라보는 자는 자신이 약해졌음을 깨달을 때 그로 인해 상심하지 않게 되고, 오히려 그로 인해 기뻐하게 됩니다. 자신은 이미 십자가에서 죽었으며 약해진 것을 알기에 주 예수님만 더욱 의지하게 됨을 깨닫기 때문입니다.

　참 놀라운 일은 약해지는 것은 슬픈 일이 아니고 기뻐할 일이라는 것입니다. 이것이 주 예수님을 바라보면서 깨달은 큰 은혜입니다. 많은 사람들을 겪어보지만 하나님은 똑똑하고 재주 많은 사람을 쓰지 않으시는 것을 느낍니다. 주님이 그를 통해 일하시기 어렵기 때문입니다. 그래서 저 자신이 약하고 못난 것에 대하여 더 이상 슬퍼하지 않게 되었습니다. 오히려 제 장점이라고 평가받는 것에 대해 조심하게 되었습니다.

　리더십의 세계적인 권위자인 존 맥스웰 목사님이 한 목회자 세미나에서 말씀을 전하게 되었는데, 강사가 세 명이었습니다. 목사님은 마지막 날 강의를 맡았는데, 두 분의 강사가 자신의 목회 성공에 대해 열강을 하셨습니다. 이미 성공에 대한 말씀을 많이 들었는데도 세미나에 참석하신 목사님들의 얼굴은 어둡기만 했고, 그래서 '야, 이번 세미나는 참 힘들겠구나. 참석자들이 마음이 많이 닫혀 있는걸' 하며 고민을 하게 되었습니다.

그날 저녁 맥스웰 목사님은 기도했습니다.

"하나님, 제가 어떤 내용을 전해야 참석자들에게 유익을 줄 수 있겠습니까?"

그때 하나님께서 주시는 마음이 있었습니다. 그것은 '실패'였고 목사님은 고민에 빠졌습니다.

'많은 목사님들이 내 실패 이야기를 들으러 온 것이 아니지 않은가? 성공한 것을 말해도 은혜가 될까 말까 한데….'

그러나 솔직히 실패에 대해 말하는 것이 부끄럽고 싫었습니다. 자신도 성공한 것을 말하고 싶었습니다. 그러나 그 밤에 극심한 갈등을 겪으며 결국 실패에 대해 말하라고 하시는 하나님의 뜻에 순종하기로 했습니다.

맥스웰 목사님은 다음 날 많은 목사님들 앞에 서서 말했습니다.

"오늘 저는 여러분에게 제가 저지른 실패에 대해 말씀드리고자 합니다."

그런 다음 사역하면서 벌인 이런저런 실수, 자질구레한 일들을 증거하기 시작했습니다. 그러자 얼마 되지 않아 참석자들이 웃음을 참지 못하고 옆 사람의 어깨를 치며 들썩들썩하더랍니다. 그러면서 목사님들의 얼굴이 하나같이 밝아지고 힘이 넘쳐나게 되었다는 것입니다. 실수하면서도 하나님께 쓰임받을 수 있다는 것을 깨닫기 시작한 것입니다. 강의가 끝나자 참석자들은 강의 테이프를 사기 위해 뒤로 몰려갔답니다.

세미나를 마치고 난 뒤 맥스웰 목사님은 어느 목사님으로부터 편지를 받았습니다.

"자동차를 타고 가면서 목사님의 강의를 들으며 많은 격려를 받았습니다. 어찌나 좋은지 이 테이프를 일곱 번이나 들었습니다."

약한 것을 기뻐하게 되는 것은 주의 종에게 정말 중요한 자질입니다. 그것은 꾸준한 사람이 되었다는 말이기 때문입니다. 속원의 작은 불평 한마디에 그만두겠다고 하고 모든 책임을 다 내려놓는 속장님을 본 적이 있습니다. 흔히 사명자에게 열정이 요구되지만 마음의 기복이 심한 사람은 그의 열정 때문에 오히려 주의 일에 큰 걸림돌이 되기도 합니다.

우리 모두 약해질 때가 옵니다. 그때를 위해서라도 24시간 주님 바라보기를 힘쓰시기 바랍니다. *20140125*

예수님이
기준 되는 인생

고 난 의   길 을   가 다

주님은 제자들에게 "자기를 부인하고 자기 십자가를 지고 나를 따르라"고 하셨습니다. "좁은 문으로 들어가라", "고난을 받으리라", "섬기는 종이 되라"고 하셨습니다. "가족들과도 원수가 되리라", "원수를 사랑하라, 박해하는 자를 위하여 기도하라"고 하셨습니다. 이상한 말씀입니다. 어떤 사람이 자신의 제자들이 고난받게 될 것을 예언하고 싶을 것이며, 한 걸음 더 나아가서 "낮아지라", "종이 되라", "십자가를 지라"고 하겠습니까?

그러나 주님은 지금도 주님을 따르고자 하는 이들에게 똑같이 말씀하십니다. 이 때문에 당황하고 주님을 따르기를 주저하는 이들이 많습니다. 어떤 이들은 주님의 말씀을 스스로 고쳐서 주님의 제자의 길이 '성공의 길', '번영의 길'이라는 자기 암시를 하며 달려가기도 합니다. 주님이 결코 제자들을 고난의 길로 인도하실 리 없다고 생각하기 때문입니다.

그러나 부인할 수 없는 것은 주님은 분명히 제자들을 고난의 길, 십자가의 길로 부르셨다는 것입니다. 한 가지 주목할 것은 제자들을 고난의 길로 부르시는 예수님께서 당당하셨다는 사실입니다. 전혀 주저함이 없으셨고, 오히려 축복의 길로 부르시는 것처럼 강권하셨다는 것입니다. 그것은 고난의 길, 십자가의 길이 진정한 축복의 길이라는 반증입니다. 주님은 이 세상만이 아니라 언제나 하나님의 나라를 바라보고 계셨기에 그렇게 말씀하셨고, 이 세상에서 십자가의 길을 간 자만이 하나님의 나라로 갈 것이기에 그렇게 당당히 명령하셨던 것입니다.

고난의 길로의 초청은 '사랑'이었습니다. 제자들을 향한 진정한 사랑이었습니다. 가장 복된 길로 인도하시고자 하는 주님의 마음이었습니다. 그래서 예수님은 부자 청년에게도 조금의 망설임도 없이 모든 재산을 가난한 자들에게 다 나누어주고 주님을 따라오라고 하신 것입니다. 예수님이 이 청년에게 그렇게 말씀하신 것은 그를 사랑하셨기 때문이라고 했습니다.

하나님나라에서 주실 상급을 약속하시고 세상의 것을 내놓으라 하신 것입니다. 그러나 부자 청년은 하나님의 나라를 듣기만 했지 그 영광을 보지 못했습니다. 반면에 삼층천에 올라가본 사도 바울에게는 세상 성공이 배설물처럼 보였습니다. 하나님의 나라를 소유한 사람에게는 세상 것이 아무것도 아닌 일입니다. 그러나 하나님나라의 소망이 분명치 않는 사람에게는 이런 헌신이 너무나 힘들어 도망갈 수밖에 없는 것입니다.

저는 아내에게 늘 미안한 마음을 가지고 있는데 그것은 프러포즈다운 프러포즈를 하지 못했다는 것입니다. 아내와 만나 사랑을 느낄 때, 저는 아내에게 이렇게 말했습니다.

"우리는 마음의 결정을 내린 후에야 만나도 계속 만날 수 있겠습니다. 나와 결혼하는 것은 어려운 길을 가는 것입니다. 나는 당신을 행복하게 해줄 자신이 없습니다. 그래도 나와 교제하겠습니까? 한 주간 기도 기간을 가집시다! 한 주간이 지나서 전화할 테니 대답해주세요."

이것이 제 프러포즈였습니다. 아내에게 두고두고 부끄럽고 미안한 마음입니다. 당시 저는 목회자의 길이 고난의 길이라고만 알았지 영광의 길이라는 확신이 없었습니다. 더욱이 목회자의 아내였던 어머니가 돌아가신 직후였습니다. 내가 가는 길은 고생길이라는 생각뿐이었는데, 어떻게 제 아내가 되어달라고 간청할 수 있었겠습니까? 그런데 일주일 뒤 아내는 저와 결혼하는 것을 허락해주었습니다. 정말 놀라운 일이었습니다. 왜냐하면 아내 역시 아버지가 목사였고 고3 때 간암으로 아버지를 여의었으므로 아내 역시 목회자의 아내가 된다는 것이 얼마나 어려운 길인지 잘 알고 있었기 때문입니다.

그럼 저와 제 아내가 서로 고생을 즐기는 모험가였기 때문에 결혼한 것일까요? 아닙니다. 전적으로 사랑하기 때문이었습니다. 그러나 저도 아내도 그 당시에는 주의 종의 길을 가는 것이 얼마나 영광스러운 일인지 확신이 없었고 그래서 결혼하는 데 그렇게 어려운 고민의 과정을 거쳤던 것입니다.

그러나 주님은 다르셨습니다. 주님은 하나님나라의 영광을 보시며 제자들을 고난의 길로 부르신 것입니다. 세상 성공보다 더 좋은 것이 있습니다. 하나님의 나라입니다. 그러나 사도 바울처럼 삼층천에 가볼 수 없는 우리가 어떻게 그것을 확신할 수 있겠습니까? 24시간 주 예수님을 바라보며 예수님은 나의 왕이라 고백하고 사는 것으로 충분합니다. 주님을 바라보면 주님을 더 알게 되고 주님을 왕이라고 선포하며 살면 하나님의 나라를 살게 되기 때문입니다.

삶의 목적이 분명해집니다. 오직 주 예수님 한 분이면 충분합니다. 하나님의 나라를 꼭 가보아야 아는 것이 아닙니다. 하나님의 통치 아래 들어가면 어디서나 하나님의 나라를 경험하게 되는 것입니다. 목적지가 분명하면 길은 별로 문제가 되지 않습니다. 좁은 길이든, 험한 길이든 목적지로 향한 길로 가게 마련입니다. 오늘도 주님과 동행하는 행복한 하루가 되시기를 축복합니다.

20140126

주님을 바라볼 때 보이는 나

저는 특별히 부끄러운 죄를 지은 기억이 별로 없습니다. 완벽하게 살았다는 말은 아니지만 담배를 피워본 적도 없고, 술을 마셔본 적도 없고, 노름이나 마약을 해본 적도 없고, 치고받고 싸워본 적도 없고, 거친 욕을 해본 적도 없습니다. 부모님에게 맞은 기억도 없습니다. 단체기합을 받은 적은 있지만 선생님에게 개인적으로 맞은 기억은 수학 숙제를 가져오지 않아 손바닥을 맞은 적이 딱 한 번 있었을 뿐입니다.

그래서 저는 제가 지옥에 갈 죄인이라는 것을 마음으로 인정하기가 대단히 어려웠습니다. "모든 사람은 다 죄인이다!"라는 말씀은 제게 교리였을 뿐입니다. 제 생각에는 세상에 정말 나쁜 사람도 많았고 선한 사람도 있었습니다. 문제는 저는 선한 사람 편에 있다고 생각한 것입니다. 그러나 주님께서 제 실상을 보게 하실 때 저는 기절하는 줄 알았습니다. 가장 먼저 제 눈을 열어주신 것은 제 안에 주 예수님에 대한 믿음이 없다는 것이었습니다. 큰 어려움에 처했을 때, 저는 먼저 아버지를 찾았지 주 예수님을 찾지 않았습니다. 목사가 되었는데도 저는 주님을 믿는 자가 아니었던 것입니다. 가장 큰 죄가 주님을 믿지 않는 것이라고 했는데, 그것을 깨닫는 순간 저는 소스라치게 놀라 몸부림치며 통곡했습니다.

그다음에 깨닫게 하신 것이 '혼자 있을 때 지은 죄'입니다. 사람들 보는 앞에서는 완벽하게 감추고 꾸미며 살았지만 혼자 있을 때 은밀히 지은 죄들은 생각하기에도 부끄러운 것이었습니다. 은밀히 죄지을 수 있다는 것은 실제로 주님이 늘 함께하신다는 것을 믿지 않았다는 가장 명백한 증거이니 밤을 새며 그 일들을 울며 회개하였습니다.

그다음에 열어주신 것이 '마음으로 지은 죄'였습니다. 저는 본의 아니게 사람들을 속이고 살았습니다. 착하게 생긴 것과 착한 것은 전혀 다릅니다. 저는 단지 착하게 생겼을 뿐이지 착한 사람은 아니었습니다. 저 스스로도 속이고 살았습니다. 온갖 더럽고 끔찍하고 말도 안 되는 생각과 감정이 제 안에 있습니다. 음욕을 품은 것은 마음으로 이미 간음한 것이며, 마음으로 미워한 것은 살인한 것과 같은 죄라는 사실을 깨달았을 때, 그런 제가 너무 가증하게 여겨져서 목사직을 그만두려고 마음먹을 정도였습니다. 슬쩍슬쩍 거짓말한 것이 큰 죄인 줄 몰랐다가 마귀가 거짓의 아비임을 알고 얼마나 충격을 받았는지 모릅니다. 십자가의 은혜로 구원받은 것을 믿는다면서 사랑이 없으면 죽은 믿음임을 몰랐습니다.

우리가 지켜야 할 계명은 오직 두 가지, 하나님을 목숨을 다하여 사랑하고 이웃을 내 몸처럼 사랑하는 것인데, 도무지 그렇게 살았다고 자신할 수가 없습니다. 제가 얼마나 큰 죄인인지 몰랐기에 수도 없이 다른 사람을 판단하고 정죄하였습니다. 그것이 교만의 죄였습니다. 파렴치한 죄, 윤리적인 죄만 죄라고 여겼지 교만이 가장 큰 죄인 줄을 몰랐습니다.

기독교 역사를 통하여 정리한 큰 죄의 목록 중에 가장 먼저 손꼽히는 죄가 교만입니다. 마귀의 속성이 교만입니다. 사람이 하나님처럼 되고자 한 교만 때문에 죄가 들어왔기 때문입니다. 그런 죄인임에도 나는 괜찮은 사람, 착한 사람이라 생각하고 세상에 나쁜 사람이 참 많다고 뻔뻔하게 생각하고 말하고 다닌 것이 바리새인의 죄임을 몰랐습니다.

주님은 빛이십니다. 그러므로 24시간 주님을 바라보면 자신이 보입니다. 도저히 교만할 수가 없습니다. 겸손은 하나님을 바라보는 눈이 뜨여야 진짜입니다. 하나님을 바라보면 사람들끼리 누가 더 낫거나 모자라는 것이 없습니다. 다른 사람의 결점과 그들이 짓는 죄를 보면서도 마음속으로 예수님의 명령을 듣습니다.

서로 용납하여 피차 용서하되 주께서 너희를 용서하신 것같이 너희도 그리하고 골 3:13

주님을 바라보는 눈이 뜨인 사람은 더 이상 다른 사람들과 자신을 비교하지 않습니다. 시기와 질투도 느끼지 않습니다. 세상에 나쁜 사람이 많지만 나보다 낫다는 것을 깨닫고 고백하지 않을 수 없습니다. 아무 것도 아닌 존재로서 이웃과 만나며, 자기 자신을 위해서는 아무것도 구하지 않습니다. 가장 낮은 자가 되는 것, 그리고 서로의 종이 되는 것을 기쁨으로 여깁니다. 오늘도 생명이 되셨고 왕이신 주 예수님만 바라보며 살기 원합니다.

20140128

주님만 바라보는 단순한 삶

열심히 산다고 꼭 잘 사는 것은 아닙니다. 아무 생각 없이 살면 열심히 살아도 땅을 치고 후회할 삶을 살게 됩니다.

한 청년의 바쁜 삶의 일상에 대한 글을 읽고 충격을 받았습니다.

"휴대폰으로 문자 메시지도 보내야 하고 가끔 가다 벨소리도 바꿔야 되고 인터넷 메일의 아바타 옷도 갈아입혀야 되고 하루에 수십 통씩 들어오는 스팸 메일도 지워야 되고 업그레이드된 프로그램의 새 기능도 익혀야 되고 사회적 인맥 형성을 위해 사람도 만나야 하고 국제화시대에 살아남기 위해 외국어 학원도 다녀야 하고 교제를 위해 골프도 배워야 하고 건강을 위해 운동도 해야 하고 몸매도 만들어야 되고 교양을 쌓기 위해 연주회에도 가끔 가야 하고 스트레스 풀기 위해 극장이나 춤방에도 가야 하고 싼 물건 찾기 위해 인터넷 바다를 헤집고 다녀야 하고 가끔 채팅에 게임도 조금씩 해야 하고…."

숨이 막힙니다. 그러나 주님은 단순하게 살게 하신다는 것을 깨닫습니다. 저는 공부를 제대로 못한 것이 늘 마음에 아쉬웠습니다. 대학원 졸업도 못했고, 유학도 못했고, 목회만 했습니다. 그래서 외국어를 써야 할 상황이 되면 답답하기만 합니다. 영어를 좀 읽는 정도이지 듣고 말하기는 부끄러운 수준입니다. 외국에 나가면 딸들의 도움을 받아야 하니 아버지로서 체면이 말이 아닙니다. 속상하여 주님께 기도하였습니다.

"제게도 유학할 기회를 주시면 안 됩니까?"

그러나 주님은 "나 하나면 충분하지 않니?" 하시는 것 같았습니다. 어디에나 좋은 통역자가 있었고, 교회에도 유학하여 박사 학위를 가진 부목사가 세 명이나 됩니다. 그것으로 충분하지 않느냐는 것입니다. 주님께서 제게 유학할 기회를 허락하지 않으신 것은 십자가 복음을 좀 더 정확히 깨닫고 주 예수님과 친밀히 동행하는 삶을 훈련하는 것이 제게 더 중요하였기 때문인 것 같습니다. 그것 하나 바로 깨우치고 훈련받기에도 부족한 사람이기 때문입니다. 그런데도 철없이 이것도 잘하고 싶고 저것도 잘하고 싶은 마음이었던 것이 죄송하였습니다.

주님은 우리 마음이 흐트러질까 봐 걱정하시는 것 같습니다. 주님을 바라보면 삶을 단순하게 정리해야 될 필요를 더 느낍니다. 역사가 길고 복잡한 것 같아도 중심은 오직 구주 예수님입니다. 그러므로 주 예수님을 바라보아야 합니다. 예수님을 기준으로 해서 필요 없다 싶은 것은 잘라내어야 합니다. 그래야 우리의 영혼이 살 수 있습니다. 열심히 신앙생활 했지만 주 예수님과의 인격적인 교제가 여전히 막연하다면 어리석게 산 것입니다. 하나님의 나라, 그 영광을 알지 못한다면 땅을 치고 후회할 삶을 산 것입니다.

단순하게 살았어도 평생 돈만 벌었다면, 평생 공부만 했다면, 평생 도만 닦았다면 얼마나 억울할까요? 다윗처럼 언제나 함께하시는 하나님이 믿어지고, 요셉처럼 언제나 하나님의 지혜가 깨달아지고, 에녹처럼 주님과 동행하고, 노아처럼 주님이 하라 하신 일만 한다면 얼마나 행복할까요? 주님 앞에 갈 날이 다가올수록 감사만 나올 것입니다. 그래서 하루라도 빨리 24시간 주님만 바라보며 살라고 권하는 것입니다. 20대, 30대를 돌아보면 아쉬움이 큽니다. 주님만 붙잡을 것을!

그러므로 함께 하늘의 부르심을 받은 거룩한 형제들아 우리가 믿는 도리의 사도이시며 대제사장이신 예수를 깊이 생각하라 히 3:1 *20140129*

주님과
온전히 하나가 된 사람

주님과 하나 된 자로 살라

목회자 워크숍에서 부교역자들에게 전할 말씀을 묵상하는 가운데 마음이 너무나 간절해졌습니다. 오직 하나만 목표로 살며 사역하라는 마음뿐이었습니다. "나는 포도나무요 너희는 가지라 그가 내 안에, 내가 그 안에 거하면 사람이 열매를 많이 맺나니 나를 떠나서는 너희가 아무것도 할 수 없음이라"(요 15:5)는 주님의 말씀이 이루어지는 것입니다. 설교 잘하려고, 목회 잘하려고, 사역자로서 능력을 보여주려고 몸부림치지 말라고 했습니다. 그것은 결코 평생을 걸고 붙잡을 목표가 아닙니다. 나중에 그것이 하나님께서 주신 목표가 아닌 것이 드러나면 얼마나 두렵겠습니까?

예수님은 포도나무요 자신이 가지임이 분명해지는 것, 그것만이 가장 확실하고 분명한 목표입니다. 주 예수님과 하나가 될 수 있다면 다른 모든 것을 다 포기하고 버릴 수 있어야 합니다. 사도 바울은 오직 예수님을 더 알고 그 안에서 발견되기 위하여 자신에게 유익하던 모든 것을 배설물로 여겼습니다. 예수님은 자신이 포도나무요 우리는 가지가 되라고도 하지 않으셨습니다. 이미 그렇게 되었다고 선언하셨습니다.

그러나 이 진리가 결론이 된 삶을 살기 위해서는 예수님을 인격적으로 아는 것이 반드시 전제되어야 합니다. 예수님이 얼마나 좋은 분인지 알지 못하고서는 예수님과 하나가 되는 것을 결코 갈망하지 않으며 다른 것을 배설물로 여기게 되지도 않기 때문입니다. 그래서 24시간 주 예수님을 바라보아야 합니다. 처음에는 결단도 필요하고 함께 주님을 바라보는 공동체도 필요합니다. 주님은 우리 육신의 눈에는 보이지 않으며, 우리가 워낙 주님을 바라보지 않고 살아왔기 때문입니다.

최근 많은 일들로 휘청거리는 순간이 자주 오고 있습니다. 추진하던 몇 가지 일을 포기할까 하는 생각마저 들었습니다. 괜히 신경 쓰이는 일이 많아지고 때로 예민하게 반응할 때도 있습니다. 마음이 울적해지기도 하고 끝까지 잘 감당할 수 있을까 마음이 약해지기도 했습니다. 그동안 종종 이런 경우가 있었습니다. 어떤 때는 그만두고 싶고, 숨고 싶고, 떠나고 싶을 때도 있었습니다. 한동안 승리를 얻은 것 같았는데 다시 영적 공격이 심해지는 것 같습니다.

하루는 운동을 하면서 걷고 있는데 주님의 마음이 너무나 강하게 임하였습니다.

"흔들리지 말고 앞을 향해 계속 나아가라!"

깜짝 놀랄 정도로 강하게 주시는 마음이라 걸으면서 울었고, 울면서 걸었습니다.

"주여, 그렇게 하겠습니다!"

수없이 고백하고 고백했습니다. 성경을 보니 정말 주님의 눈으로 인생을 보아야 함을 깨닫습니다. 삶은 생각 외로 단순합니다. 아브라함은 결국 하나님의 약속 하나 붙잡고 살았던 사람이었습니다. 이삭, 야곱, 요셉, 다윗, 사도들도 오직 하나님과 동행하는 삶을 살았던 사람들이었습니다. 살다보니 얼마나 사건 사고가 많았습니까? 그러나 그들은 계속해서 하나님을 바라보며 나아갔고, 그랬기에 주님은 그들과 함께 하실 수 있었습니다. 삶을 단순하게 보아야 한다는 것을 깨닫게 되었습니다.

"정말 중요한 것, 결국 남는 한 가지가 무엇인가?"

주님과 하나 된 자로 사는 것입니다.

이 한 가지를 붙잡으니 곁가지가 보이고 가지치기가 됩니다. 마음이 편안해졌습니다. 무슨 일이 생기고 어떤 말이 있더라도 붙잡아야 할 것을 향하여 달려가게 됩니다. 한눈팔아서는 안 됩니다. 무엇을 바라보느냐에 따라 엄청난 영향을 받는다는 것을 명심해야 합니다. 예수님의 풍성한 생명으로 살지 못하는 이유는 주님을 바라보지 않고 살기 때문입니다. 술 담배를 끊지 못하는 사람을 볼 때 답답합니다. 음란 동영상이나 도박, 주식, 사치와 낭비벽이 있는 사람을 볼 때도 그렇습니다. 마치 공부에 마음을 잡지 못하는 자녀를 둔 부모의 심정처럼 안타깝습니다. 마음만 바꾸면 될 것 같은데, 그것이 그렇게도 어려운가 싶기 때문입니다.

그러나 예수님으로 충분하지 못한 그리스도인이 꼭 이와 같다는 것을 알아야 합니다. 많은 그리스도인들이 주님만 바라보려고 하지 않습니다. 주님만 바라보고 사는 것이 따분하고 재미없고 희생과 고난의 길이라고 여깁니다. 그러나 예수님과 하나 되는 것이 어려운 것이 아닙니다. 예수님과 내가 하나가 되었다는 복음을 결론으로 삼는 결단이 어려운 것입니다.

우리 모두에게 말로 다할 수 없는 기쁜 세계가 있습니다. 주 예수님과 하나가 되어 예수님의 생명으로 사는 것입니다. 예수님의 생명이 풍성하게 되는 것입니다.

사도 바울의 고백이 마음 깊이 다가옵니다.

내가 이미 얻었다 함도 아니요 온전히 이루었다 함도 아니라 오직 내가 그리스도 예수께 잡힌 바 된 그것을 잡으려고 달려가노라 형제들아 나는 아직 내가 잡은 줄로 여기지 아니하고 오직 한 일 즉 뒤에 있는 것은 잊어버리고 앞에 있는 것을 잡으려고 푯대를 향하여 그리스도 예수 안에서 하나님이 위에서 부르신 부름의 상을 위하여 달려가노라 빌 3:12-14

우리 삶이 아무리 복잡하고 시험이 아무리 많을지라도, 오직 주님은 포도나무요 나는 가지라고 고백하며 달려갑시다. *20140212*

진 리 와 함 께 기 뻐 할 수 있 는 가 ?

사랑은 "진리와 함께 기뻐한다"(고전 13:6)고 했습니다. 너무나 당연한 말씀 같지만 실제 우리는 진리를 상당히 부담스러워합니다. 저는 교인들을 상담할 때 "있는 그대로 말씀하십시오"라고 권면하고는 합니다. 그러면 많은 분들이 두려워합니다.

"목사님, 이것을 있는 그대로 말하면 큰일 납니다. 문제가 복잡해집니다."

많은 사람들이 진리를 기뻐하기는커녕 진리를 직면하는 것조차 두려워합니다. 실제로 진리를 밝히면 어려움을 겪게 될 때가 있습니다. 거짓말하지 않으려니 비난과 벌을 감수해야 할 때도 있습니다. 그러나 실제로는 진리를 드러내지 않을 때 더 큰 어려움을 겪게 된다는 것을 알아야 합니다. 길게 보면 사실대로 말해서 그 결과가 나빠진 적은 한 번도 없다고 해야 옳을 것입니다. 주님 앞에 설 때를 생각해보십시오.

교인들 사이에 거짓말하는 경우를 봅니다. 물론 나쁜 의도가 아닌 경우도 있습니다. 그러나 결국 거짓말한 것이 드러나면 스스로 교회를 떠나야 하는 경우를 여러 번 보았습니다. 사업 실패의 결정적인 이유 중 하나도 '부정직'입니다. 정말 진리를 기뻐하십니까? 진리를 기뻐할 수 있는 사람은 행복한 사람일 것입니다.

하형록 목사님이 오바마 행정부의 자문위원으로 위촉받을 때, FBI로부터 강도 높은 조사를 받았다고 합니다. 의회에서 청문회를 하는 날, 변호사도 이렇게 말했습니다.

"모든 질문에 철저히 정직하게 대답하십시오. 그것이 훨씬 낫습니다. 거짓말을 했다가 나중에 드러나게 되면 당신도 임명권자도 결정적인 상처를 받게 될 테니 말입니다."

하형록 목사님의 이야기를 들으며 진리를 기뻐할 수 있다는 것이 얼마나 어려운 일인지 깨달았습니다. 자신의 과거가 다 드러날 때, 자신의 진리가 다 공개될 때, 그것으로 인하여 기뻐할 수 있는 사람이 얼마나 될까요? 사랑은 진리를 기뻐한다고 했습니다. 사랑하며 살았다면 모든 것이 다 드러나도 기쁘다는 것입니다. 염려, 근심하지 말고 오직 사랑만 하며 살아야 하겠습니다.

제 비밀 중 하나는 제 마음 안에 분노가 많다는 것입니다. 저는 화를 내어서는 안 된다는 의식 때문에 마음의 분노를 억누르고 살았습니다. 저와 가까운 분들은 이미 많이 알지만, 제게 분노가 많다는 것을 믿지 못하는 분들이 많습니다. 저의 이런 모습을 저는 기뻐할 수 없었습니다. 진리와 함께 기뻐하지 못하는 사람이었던 것이지요. 그것은 제게 사랑이 없다는 말이기도 했습니다. 그러나 '나는 죽고 예수로 사는' 십자가 복음으로 자유함을 얻었습니다. 전에는 분노를 억누르고 살았지만 지금은 "나는 죽었습니다"라고 고백함으로 처리하였습니다.

그리고 영성일기를 쓰면서 24시간 예수님을 바라보며 마음이 변하는 것을 경험합니다. 부목사님들과 영성일기를 나눈다는 것이 처음에는 두려웠습니다. 마음을 열어야 하기 때문이었습니다. 저의 실상이 고스란히 드러나는 것은 정말 끔찍하다고 생각하였습니다. 그러나 감춘다고 감출 수 있는 것이 아님을 깨달았습니다. 주님은 이미 제 마음에 오셨기 때문입니다. 그런데 놀라운 일이 일어났습니다. 영성일기를 통하여 주님께 제 내면의 진리를 드러내고, 부목사님과 장로님들께도 끊임없이 제 마음을 드러내면서, 제 마음이 다스려지는 것을 깨달았기 때문입니다.

담벼락 셋

이제는 진리와 함께 기뻐할 수 있음을 알게 되었습니다. 마음의 실상을 공개하는 것이 두렵지 않게 되었습니다. 그만큼 사랑이 커진 것입니다. "진리와 함께 기뻐한다"라는 말씀을 삶에 적용할 수 있게 된 것이 너무나 감사합니다. 당신에게도 진리와 함께 기뻐할 수 없는 어떤 비밀이 있습니까? 24시간 주님을 바라보며 마음을 열고 살기로 결단해보시기 바랍니다.

20140213

주님 바라보는 것으로 끝인가?

목회자 워크숍에서 한 사역자가 질문했습니다.

"목사님의 강조점은 영성일기를 쓰고 24시간 주님을 바라보는 것으로 끝입니까?"

작년부터 계속해서 주신 주님의 마음이 있었기에 저는 이 질문에 금방 대답할 수 있었습니다.

"24시간 주님을 바라보는 것으로 끝이 아닙니다. 그다음이 있습니다. 그것은 '순종'입니다!"

저는 주님께서 지금은 우리에게 24시간 주님을 바라보는 훈련을 시키고 계신다는 것을 깨달았습니다. 주님이 원하시는 것이 무엇인지 정확하게 깨닫는 귀를 열어주시려고 하고 주님의 명령에 순종할 믿음을 길러주시려고 하기 때문입니다. 주님의 뜻을 깨닫지 못하면 어떻게 순종할 수 있겠으며, 주님의 뜻을 깨달아도 순종할 믿음이 없으면 무슨 소용이 있겠습니까?

"주님 뜻대로 살기로 했네"라고 찬송은 하지만 주님의 뜻대로 사는 것은 믿음이 생기지 않으면 못하는 것입니다. 그러면 어떻게 해야 주님 뜻대로 살 믿음이 생길까요? 믿음의 주요 또 온전케 하시는 주님을 바라보아야 생깁니다. 24시간 주님을 바라보는 사람은 자신으로서는 알 수 없는 주님의 계획을 알게 됩니다.

자신이 필요한 때만 주님을 바라보는 사람은 주님의 뜻을 깨닫기 어렵습니다. 항상 주님을 바라보고 사는 자만이 주님이 말씀하실 때 주님의 뜻을 알 수 있습니다. 항상 주님을 바라보는 자는 온전한 믿음이 생깁니다. 주님은 포도나무요 자신은 가지라는 사실이 분명히 믿어지고, 주님과 온전히 하나 되었음이 믿어지는 사람은 주님의 뜻이 분명하다면 반드시 이루어진다는 확신을 갖게 됩니다. 그래서 과감한 순종을 하게 되는 것입니다.

교회의 나아갈 방향은 담임목사의 비전을 통해 제시되는 것이 아닙니다. 매일 주님과 친밀한 관계를 맺고 사는 목회자와 평신도 리더들에게 주님께서 보여주시는 것입니다. 성령의 교통하심으로 교회는 주님께서 무엇을 원하시는지 알게 됩니다. 이렇게 분별된 주님의 뜻이어야 교회는 어떤 명령이든지 주님께 순종할 힘을 얻게 되는 것입니다. 주님을 바라보는 눈이 열리지 않고 주님과의 연합이 이루어지지 않고 교인들 사이에 한마음이 되지 않는다면 사명도 순종도 불가능합니다. 우리의 문제는 주님과 온전히 하나 되지 못한 채 주님의 뜻대로 살아야 한다는 의식만으로 서둘러서 무슨 일을 하려는 태도입니다.

우리는 알아도 못합니다. 순종할 능력이 없습니다. 그래서 24시간 주님을 바라보는 데 전심을 다하는 것입니다. 항상 주님을 바라보는 것이 끝이 아닙니다. 그것만이 목적인 것도 아닙니다. 24시간 주님을 바라보는 것으로 끝이라면 우리는 신비주의자나 내세주의자, 현실도피자로 빠지게 될 것입니다.

주님은 온전히 주님께 순종할 수 있는 자를 세우고 계십니다. *20140214*

모두
주님이 하셨다

즐거이 순종하는 자

신학생 제자훈련 세미나에 전국 16개 신학교 신대원 전도사님들이 모였습니다. 그런데 전날 아침 세미나 일정을 생각하며 마음이 눌리는 느낌이 들었습니다. '벅차다, 지친다, 힘들다' 하는 생각이 자꾸 마음을 사로잡았습니다. 그렇지만 기도하는데 마음속에서 '이것은 축복이다, 이것은 축복이야!' 하는 고백이 계속 흘러나왔습니다. 주님이 이 세미나를 귀하게 여기신다는 것을 깨달았습니다. 그래서 주님의 마음으로 신학생 제자훈련 세미나 강의 준비를 다시 하였습니다. 말씀을 전하는데, 갈급함이 다르고 강의를 듣는 자세도 다른 것을 느꼈습니다.

'주님, 이번 세미나에서 무엇을 하시렵니까?'

기도하는 중에 기쁘게 순종할 마음을 부어주시겠다는 생각이 듭니다. 하나님의 축복 안에서 사는 열쇠는 의외로 너무나 간단합니다. 하나님의 말씀대로 기쁘게 순종하는 것입니다. 문제는 언제부터 진정으로 보혜사 성령님을 믿고 우리 안에 오심을 감사하며 성령님께 순종하기로 결단하느냐 하는 것입니다.

저는 주 예수님이 마음에 임하셨음을 듣고도 정말 기쁜 마음으로 예수님을 주님으로, 왕으로 모시고 사는 결단을 하기까지 오랜 시간이 걸렸습니다. 1975년 학생부 예배 때, "주님이 내 안에 계신다"라는 말씀을 듣고 충격을 받았습니다. 1977년 신학교 1학년 때, "항상 주님만 바라보고 죄에서 떠난 삶을 살라"는 마음의 감동을 느끼고도 예배실에서 1시간 동안 끙끙거리다가 결단하지 못한 채 나오고 말았습니다.

2002년 안산광림교회 교역자 수련회 때, "혼자 있을 때 나를 바라보라"는 주님의 말씀을 듣고 펑펑 울었습니다. 25년이 지나서 다시금 주님의 말씀을 듣고 깨달았기 때문입니다. 2007년 10월 병실에서 "24시간 예수를 바라보라"는 성령의 감동을 받고 뜨거운 마음으로 그리하겠다고 결단했습니다. 주 예수님을 마음에 모시고 항상 주님을 바라보며 순종하며 사는 결단을 하는 데 이렇게 오랜 시간이 걸린 것이 너무나 애통합니다.

그래서 신대원 전도사들 앞에 선 것입니다. 저처럼 너무 늦게 깨닫고 후회하지 말라고 말해주고 싶은 마음으로 말입니다. 사도행전 10장에 보면 베드로가 욥바에서 기도할 때, 배가 고플 때까지 기도하였습니다. 배고픔을 느낄 때까지 하는 이런 기도는 자신의 원함을 구하는 기도가 아닙니다. 오직 하나님의 뜻을 구하는 기도, 성령 안에 거하는 기도 때만 가능합니다. 그는 기도 중에 환상을 보면서 하나님이 말씀하신다고 느꼈습니다. 그런데도 그는 "안 돼요, 못해요"라고 대답했습니다. 어떻게 이렇게 말할 수 있습니까? 이때 베드로는 영적으로 가장 충만했습니다. 그런데도 그는 분명히 아는 하나님의 지시에 대해 "못해요, 안 돼요"라고 대답했습니다. 이것이 우리의 문제입니다. 우리의 판단과 계획과 의지가 너무 강한 것입니다.

"옮겨가야 합니까? 계속 이 교회에 있어야 합니까?" 하고 상담해오는 많은 목회자와 만나 대화하며 깨닫는 것은 문제가 그렇게 어렵기만 한 것인가 하는 것입니다. 정말 누구를 위한, 누구의 사역이란 말입니까? "나는 죽었습니다" 하고도 여전히 문제입니까? 떠나라는 분명한 사인을 주시면 순종하면 되고 떠나라는 사인이 없으면 그냥 있는 것입니다. "오직 사랑하기만 하라!"는 말입니다.

주의 종은 철저히 하나님의 방식을 신뢰하고, 오직 하나님의 뜻만 구하며, 오직 자신의 죽음만을 보여드리기만 하면 되는 것입니다. 원하는 대로 이루어지지 않아도 감사하고, 환경이 어려워도 평안하고, 두려움과 근심이 없이 담대하고, 주어진 하루하루에 최선을 다하고, 오직 모든 이들을 사랑하면 비로소 주님의 영광을 보게 되는 것입니다.

순종하되 즐거이 순종하는 자가 되어야 합니다.

너희가 즐겨 순종하면 땅의 아름다운 소산을 먹을 것이요 사 1:19

그렇습니다. 결국 순종이 열쇠인데, 독한 마음먹고 순종하는 것은 오래가지 못합니다. 순종하되 마음으로부터 즐거이 순종해야 합니다. 우리는 자신이 다음 차원의 사역을 할 준비가 되었다고 철석같이 믿을 때가 정말 많습니다. 실제로 준비되려면 아직 멀었는데도 말입니다.

우리는 자신 있게 외칩니다.

"저는 주님께 온전히 복종합니다. 주님이 부르신 사역을 할 준비가 되었습니다."

그러나 주위에 있는 성숙한 성도들은 그 사람이 깨어지려면 아직 멀었다는 것을 압니다. 아니나 다를까, 그 사람은 어느새 또다시 자기 권리를 찾으려고 발길질하고 몸부림을 칩니다.

하나님은 우리가 자신의 꿈을 섬기는지 하나님을 섬기는지 확인하기 원하십니다. 아브라함은 이삭을 바치라는 명령 앞에서 자신의 죽음을 확인했습니다. 이번 신대원 전도사 세미나를 통하여 주님은 전도사님들의 전심의 마음, 즐거이 순종할 마음을 얻기를 원하십니다.

그 일을 부족한 종을 통해 하시니 제 짐이 무겁습니다. 진천중앙교회 성지순례팀 폭탄테러 소식에 마음이 무너집니다. 테러범이 버스에 진입하지 못하게 온몸으로 막아 큰 피해를 줄였다는 현지 가이드 제진수 집사님을 잘 알기에 더 마음이 아픕니다. 하루만이라도 기도의 자리에 나가 울고 싶은 마음입니다. 그러나 오늘도 세미나는 진행되어야 합니다. 하지만 두려워하고 근심하지 않으려 합니다. 스트레스에 눌리거나 몸부림치지 않겠습니다. 주님께 오직 죽음만을 보여드릴 것입니다. *20140218*

영적인 눈을 떠라

신학생 제자훈련 세미나가 은혜 중에 진행되는 가운데 한 전도사님이 제게 울면서 고백했습니다.

"제 눈이 뜨인 것 같습니다. 정말 함께하시는 주님을 알게 되었습니다!"

참 감사했습니다. 많은 그리스도인들이 예수님께서 이미 함께하시는데도 그 사실을 전혀 깨닫지 못하고 살고 있는 것이 참 안타까운 일입니다. 이런 상태를 영적으로 깊이 잠들어 있다고 말합니다.

그러므로 이르시기를 잠자는 자여 깨어서 죽은 자들 가운데서 일어나라 그리스도께서 너에게 비추이시리라 하셨느니라 엡 5:14

우리가 잠이 들어 꿈을 꾸고 있는 동안, 꿈과 전혀 다른 현실 세계가 존재합니다. 마찬가지로 우리가 현실이라 생각하고 살아가는 동안, 동시에 영적인 세계가 존재하는 것입니다. 우리는 다 같은 세계에서 살고 있는 것이 아닙니다. 얼마 전 저는 선교사님들도 만났고, 시험 든 교인도 만나 상담하였고, 세상에 빠져 사는 이들도 만났습니다. 분명히 같은 세상에서 사는데도 어쩌면 그렇게 전혀 다른 세계에서 사는 것 같은지 신기할 정도였습니다.

지금도 하나님의 나라는 분명히 존재하고 우리 가운데 이미 시작되었지만 그 사실을 전혀 알지 못하고 사는 사람들이 대부분입니다. 그러므로 우리는 영적으로 깨어나기를 기도해야 합니다. 우리가 잠을 자다가 깨면 무의식 세계는 순간 사라지고 곧바로 일상생활로 들어가는 것처럼, 우리가 영적인 잠에서 깨어나면 갑자기 세상도 인생도 사람도 전혀 달리 보입니다.

항상 물질 염려로 사시는 권사님 한 분이 계셨습니다. 재산이 아주 없는 것도 아닌데 언제나 "돈, 돈" 하며 염려와 걱정으로 살았습니다. 그런데 '내가 왜 이러지?' 걱정하다가 어느 날 깨달았다고 합니다. 이 권사님은 어릴 때 아버지가 돌아가셨습니다. 그때의 충격은 대단히 컸습니다.

"큰일 났다! 우리 이제 어떻게 사니? 돈이 있어야 하는데…."

어머니로부터 늘 이 말을 듣고 살았고 그때부터 돈, 돈 하고 산 것입니다. 나이 50이 넘어서도 마음은 아버지가 돌아가셨을 당시 마음으로 산다는 것을 알았습니다. 권사님은 기도했습니다.

"주여, 내 마음에 새겨진 두려움을 제거해주옵소서!"

그때 "수고하고 무거운 짐 진 자들아 다 내게로 오라 내가 너희를 쉬게 하리라"라는 말씀이 마음에 들어오기 시작했습니다. 육신의 아버지는 죽었지만 진짜 아버지가 계심을 알았습니다. "아버지! 아버지!" 하면서 얼마나 울었는지 모른다고 합니다. 그때부터 돈 때문에 걱정하는 것이 사라졌습니다. 온 가족들 사이에 행복이 찾아왔습니다.

예수님은 제자들의 영적인 눈을 열어주려고 애쓰셨습니다.

예수께서 또 말씀하여 이르시되 나는 세상의 빛이니 나를 따르는 자는 어둠에 다니지 아니하고 생명의 빛을 얻으리라 요 8:12

지금도 동일하십니다. 주님은 우리를 영적으로 깨우기 원하십니다. 영적으로 깨어나면 평소에는 은혜라고 깨닫지 못하던 것들이 하나님의 은혜임을 깨닫게 됩니다.

> 우리가 세상의 영을 받지 아니하고 오직 하나님으로부터 온 영을 받았으니 이는 우리로 하여금 하나님께서 우리에게 은혜로 주신 것들을 알게 하려 하심이라 고전 2:12

가족과 교인, 건강과 직장 등 평범한 것 중에 감사를 느끼게 되고, 심지어 고난조차 감사하게 됩니다. 은혜를 더 받은 것이 아니라 은혜를 받고도 모르던 것을 깨달은 것입니다. 우리가 눈떠야 할 은혜 중 가장 큰 은혜는 예수님께서 우리 안에 오신 것입니다. 많은 그리스도인들이 예수님을 사모하며 기도하고 찬양한다면서도 바깥 어딘가를 바라봅니다. 예수님이 자신 안에 계심을 보지 못합니다. 예수님이 마음에 계신 것을 깨닫고 믿지 못합니다. 그 이유는 예수님을 마음에 모시는 결단이 아직 분명하지 않기 때문입니다.

교우 한 분이 영성일기를 쓰면서 겪은 일을 게시판에 올렸습니다.

"예수님이 여러분 안에 계신 것이 좀처럼 실제같이 느껴지지 않아 삶이 변화되지 않는다면 담임목사가 여러분 집에서 같이 산다면 어떤 변화가 있을지 생각해보십시오"라고 목사님이 말씀하실 때, 이런 일이 정말 우리 집에 일어난다면 어떻게 될까 생각해보았다. 우선 집 안 청소(특히 화장실 청소)에 신경을 쓸 것 같았다. 목소리를 낮추고, 평소 대충 하던 식사 기도도 오래 하고, 식구들에게 인격적으로 대하고, 가정예배를 드리고,

담벼락 셋

TV를 치우고, 시간만 나면 성경을 읽고, 목사님이 주무실 방에 이불을 갈아놓는 등 그 밖에도 몇 가지 더 있을 것이다.

그러나 이런 마음으로 영성일기를 나눈다면 외식(外飾)이 아닐까 하는 생각에 약간의 딜레마에 빠졌다. 선한목자교회 교인이면서 담임목사님이 그렇게 권면하는 일기를 안 쓰면 불충한 신자 같고, 쓰자니 가식은 싫고, 진실을 다 쓰자니 문제가 될 것 같으니 말이다. 그러나 천국은 침노하는 자의 것이라고 했으니 일기를 쓰고, 이왕에 쓰는 것이니 그것을 공개하기로 결단했다. 일기에 많은 포장이 있을 것을 예측하면서 말이다. 그런데 실(失)보다 득(得)이 훨씬 많음을 금방 깨닫게 되었다. 다른 이에게 내 생각을 공개하고 나니 내가 나눈 내용에 대해 책임을 지려는 행동이 뒤따른다는 것을 깨달았다. 일기를 써놓고 이전처럼 처신할 수는 없었다.

예수님을 정말 마음에 영접했다면 항상 예수님 생각뿐일 것입니다. 그러면 예수님의 임재를 느끼게 마련입니다. 바깥이 아니라 자신 안에서 주 예수님을 만납니다. 그래서 예수님을 마음에 영접하는 것은 인생이 완전히 바뀌는 엄청난 사건입니다. 예수님을 바라보는 눈이 뜨이기를 기도합시다!

20140219

양심이 깨어난 죄인인가?

신학생들과 질문하고 대답하는 토크쇼 시간이 있었습니다. 한 신학생이 "우리가 죄인이다, 죄인이다 하는데, 솔직히 제가 무슨 큰 죄를 지었는지 모르겠습니다. 별로 음란하지도 않고 욕심도 없고 회개할 것은 다 회개했습니다. 그런데 또 회개하라고 하니 무엇을 회개해야 할지 모르겠습니다"라고 질문하였습니다.

어떤 분은 신학생이 아직도 그런 질문을 하느냐고 웃을지도 모르겠지만 저는 좋은 질문이라고 생각합니다. 아마 제가 신학생 때였다면 저도 그런 질문을 할 수밖에 없었을 것입니다. 자신이 지옥에 떨어져야 마땅한 죄인임을 깨닫는 자만이 구원받을 자이기는 하지만 너무 쉽게 "나는 죄인입니다" 하는 태도는 좋은 것이 아닙니다. 교리적으로만 자신이 죄인임을 받아들이면 그 사람은 진정한 십자가의 능력을 체험할 수 없습니다.

19세기의 위대한 복음전도자 찰스 피니는 전도 집회의 결신하는 시간에 "예수 믿겠다고 결신하는 죄인들은 일어나십시오"라고 초청했을 때, 사람들이 일어나면 그들에게 "다시 한 번 진지하게 생각해보라", "시간을 가지고 생각해본 다음에 하라"고 권했다고 합니다. 자신이 죄인임을 분명히 깨달은 자만이 진정으로 회심한 사람이라는 확고한 태도를 가졌기 때문입니다.

자신이 멸망할 죄인이라는 사실은 성령님만이 깨닫게 해주실 수 있습니다. 회개는 죄를 많이 지었느냐 적게 지었느냐 하는 문제가 아닙니다. 양심이 깨어났느냐 아니냐의 문제입니다. 그래서 경건하여 성인(聖人)으로 추대받는 사람들은 한결같이 자신을 사악한 죄인이라고 고백했던 것입니다. 자신이 죄인임을 모르는 것은 가장 큰 죄가 무엇인지 모르기

담벼락 셋

때문입니다.

기독교에서는 전통적으로 7가지 교만, 질투, 분노, 탐심, 탐식, 게으름, 정욕을 큰 죄로 꼽습니다. 우리는 흔히 간음, 도적질, 폭력 같은 윤리적인 죄를 가중히 여깁니다. 그러나 정말 큰 죄는 교만, 곧 자기 의입니다. 이 죄는 좀처럼 깨닫지 못합니다. 이유는 죄라고 여겨지지 않기 때문입니다. 그래서 더 무서운 죄입니다. 예수님께서 세리보다 바리새인을 더 큰 죄인이라고 보신 것이 바로 그것입니다. 지금도 모범적으로 생활하지만 바리새인처럼 마음이 완악하여 다른 사람을 정죄 판단하고 반대로 자신은 의롭다고 여기는 사람들이 많습니다.

하루는 어떤 신사가 무디에게 찾아와 물었습니다.

"내가 왜 죄인입니까?"

무디는 성경을 펼쳐서 "네 마음을 다하고 목숨을 다하고 뜻을 다하여 주 너의 하나님을 사랑하라 하셨으니 이것이 크고 첫째 되는 계명이요" 하는 구절을 찾아 읽게 했습니다. 그리고 물었습니다.

"하나님을 이처럼 사랑하셨습니까?"

그 신사는 무디의 손을 잡고 눈물로 회개하였습니다.

"내가 큰 죄인입니다."

로마서 1장 28절에서 32절까지를 읽으면 자신에게 큰 죄가 없다는 사람의 눈이 환하게 열립니다. 여기에 21가지 죄가 나오는데 하나님께서 사형에 해당한다고 정하신 죄입니다. 어떤 것일까요? 남을 업신여긴 일, 교만한 것, 자랑하는 일, 수군수군했던 일이 사형에 해당되는 죄라고 했습니다. 시기도 사형이요, 알지 못하고 잘못을 저지른 것이나 약속을 어긴 일도 사형이요, 무정했던 것도 자비를 베풀지 않았던 일도 여지없이 사형이라고 선고하셨습니다. 참으로 기가 찰 노릇입니다. 사실 우리가 이렇게 여러 죄목을 가진 사형수였던 것입니다.

1903년 한국 교회 부흥의 불씨가 되었던 하디 선교사는 조선 교회가 부흥되지 않고 진정으로 거듭난 자가 나오지 않은 이유가 자신의 죄 때문임을 깨닫고 공개 회개하였습니다. 자신이 열심히 사역하였지만 진정 성령으로 사역하지 않았음을 깨달은 것입니다. 그리고 조선 교회 교인 탓만 했던 것입니다. 진정 거듭난 자의 삶을 보여주지 못하면서 조선의 교인들에게 거듭날 것을 요구했다는 것입니다. 성령님의 역사였습니다. 이 통렬한 회개로 조선 교회에 회개의 부흥이 임한 것입니다.

저는 목사의 아들로 어려서부터 속죄의 복음을 듣고 또 들었지만 "모든 사람은 다 죄인이다!"라는 말씀을 받아들이지 못했습니다. 저는 정말 나쁜 사람도 있고 선한 사람도 있으며 그중에 저는 선한 사람 편에 있다고 생각했습니다. 그런데 1984년 4월 광주통합병원 수술 대기실에서 제가 목사이지만 실제로는 예수님을 믿지 않는 불신자와 같은 사람이었음을 깨달았습니다. 그때 주님은 제가 사람들 보는 앞에서는 모범생이었지만 아무도 보지 않는 데서는 얼마나 추악하고 위선자인지를 보여주셨습니다. 저의 죄를 회개하고 새벽녘에 본 십자가는 완전히 다른 십자가였습니다. 하루 사이에 그렇게 달라질 수 있을까요? 그 십자가는 정말 지옥에 빠져가던 자에게 던져진 구원의 줄이었습니다.

다윗은 밧세바와 간음하고 우리야를 죽인 죄를 회개하며 자신이 하나님께만 죄를 지었다고 고백했습니다.

> 주님께만, 오직 주님께만, 나는 죄를 지었습니다. 시 51:4 (새번역성경)

이 고백은 이상해 보입니다. 다윗은 밧세바에게, 우리야에게, 전사한 병사들에게, 이스라엘과 백성들에게도 범죄한 것이 아닙니까? 이 고백은 다윗 자신이 사람들에게 죄를 지었지만 본질적으로 그 죄가 하나님께 지은 죄임을 깨달은 것입니다.

> 주님의 눈앞에서, 내가 악한 짓을 저질렀으니, 시 51:4 (새번역성경)

다윗은 자신이 하나님이 보시는 앞에서 죄를 지었음을 깨달았습니다. 다윗 자신이 하나님께 반역죄를 지었다고 고백했습니다. 어느 나라에서나 반역죄는 죄 중에서 가장 큰 죄요 당장 사형에 해당하는 죄입니다. 물론 다윗이 간음한 것이 사실이고, 간접 살인이기는 해도 살인한 것도 맞습니다. 그러나 반역을 했습니까? 다윗은 자신이 하나님의 왕권, 하나님의 주권을 부정한 죄를 지었다고 말하는 것입니다. 사람에게 지은 죄도 큰데 하나님께 지은 죄는 얼마나 더 크겠습니까? 성령으로 깨닫고 보면 모든 죄가 다 하나님께 지은 죄요, 하나님의 왕 되심과 주권을 거역한 반역죄입니다. 이런 사람이 어떻게 지옥에 가지 않겠습니까?

흔히 죄가 드러나면 그때는 어쩔 수 없었다거나 자신은 본래 그런 사람이 아니라고 변명합니다. 그러나 다윗은 시편 51편 5절에서 "내가 죄악 중에서 출생하였음이여 어머니가 죄 중에서 나를 잉태하였나이다"라고 고백합니다. 무슨 뜻입니까? "나는 원래 그런 놈입니다"라는 뜻입니다. "나는 원래 괜찮은 사람이었는데 어쩌다보니 실수로 그렇게 되었습니다"라고 하는 것이 아닙니다. 유혹 때문에, 어쩌다가, 이번에 한 번만 그랬다는 말이 아닙니다. 부모 때문에, 배우자 때문에, 나쁜 사람들 때문에, 환경 때문에 그런 것이 아니라는 말입니다. 악한 것은 세상이 아니라 자기 자신이라는 것입니다.

성령으로 양심이 깨어나면 누구나 이와 같아집니다. 그래서 진정으로 회개한 사람은 다른 사람을 정죄하지 않게 됩니다. 자신이 말할 수 없는 죄인이었는데 누구를 비난할 수 있겠습니까? 다 용서합니다. 남이 뭐라 지적해도 할 말이 없습니다. 예수님을 십자가에 못 박아 죽인 죄인인데 무슨 할 말이 있겠습니까? 어떤 사람은 임종의 자리에서 비로소 양심이 깨어날 수 있습니다. 어떤 사람은 죽을 때까지도 양심이 깨어나지 않을 수 있습니다. 이것은 끔찍한 일입니다. 죽은 다음에라도 양심이 반드시 깨어나기 때문입니다. 누가복음 16장 19절부터 31절까지를 보면 부자가 죽어 지옥에 가서야 그의 양심이 깨어났다고 했습니다.

우리에게는 이런 일이 일어나지 않아야 합니다. 그러므로 주 예수님을 바로 믿어야 합니다. 주 예수님을 만나면 누구나 자신이 어떠한 죄인인지 온전히 깨닫게 됩니다. 누가복음 5장에서 예수님을 만난 베드로는 그물이 찢어지도록 고기를 많이 잡았습니다. 그런데 그는 즉시 주님께 나아가 "주여, 나를 떠나소서. 나는 죄인이로소이다"라고 고백했습니다. 이사야도 하나님을 뵙고 자신이 얼마나 큰 죄인인지 깨달았습니다.

진정한 회개란 자신에 대해 절망하는 것입니다.

당신은 자신이 정말 죄인임을 깨달은 사람입니까?　　　　*20140220*

자 연 스 러 워 진 것 만 이 진 짜 다

장로님 한 분이 질문하셨습니다.

"목사님은 늘 사랑으로 소문난 교회가 되자고 했는데 구체적인 계획이 있습니까?"

저는 대답했습니다.

"교회가 사랑으로 소문나기 위해 뭔가 하는 것은 올바르고 지혜로운 일이 아니라고 생각합니다. 그렇게 하면 그것이 반드시 우리 의(義)가 되거나 자랑이 되고, 보이려고 사랑을 실천하는 위선이 되기 쉬우며, 부담만 가중되어 오래가지 못하고 진정한 열매도 없을 것이기 때문입니다. 진정한 사랑은 오직 예수님과의 연합에서 나오는 모든 말과 행동입니다. 예수님의 마음을 품은 자가 하는 말과 행동일 뿐입니다.

미국 플러싱제일교회를 담임하시다가 은퇴하신 김중언 목사님은 참 귀한 선배 목사님이십니다. 그 분과 대화하는 것은 언제나 저의 큰 기쁨이 됩니다. 조용조용히 말씀하시는 가운데 목회에 있어서 잠언과도 같은 말씀을 듣게 되기 때문이지요. 이번 신학생 세미나 때 박우영 목사님을 통해 김중언 목사님에 관한 이야기를 들었습니다. 김 목사님이 은퇴하신 후 한국에 잠깐 나오셨을 때 감리교신학대학에서 가르치셨는데, 그동안 미국에서 살다가 한국에 돌아온 교인들을 만났다고 합니다. 그때 몇몇 교인들이 옛이야기를 하며 감사해했다는 것입니다.

"목사님, 몇십 년 전 그때 저를 도와주셨잖아요?"

그러나 목사님 자신은 전혀 기억이 나지 않아 "아, 그런 일이 있었나요?" 하고 되물을 때가 여러 번 있었다고 합니다. 그런데 정말 처지가 어려워서 있는 힘껏 도와준 교인을 만나 이야기를 해보면 그 교인이 그 사실을 전혀 기억하지 못할 때가 있어서 당황하게 된다는 것입니다. 왜 그럴까 생각하다가 깨달아지는 것이 있었답니다. 목사님 자신에게 자연스러운 일, 평상시에 늘 하던 일들은 그런 일을 하고도 기억이 나지 않는다는 것이지요. 반면에 돕는 일이 자연스러운 모습을 보고 충격과 감동을 받은 교인은 그 사실을 잊지 않고 기억하는 것입니다.

그런데 평소 같지 않게 부담스럽고 매우 힘이 들었던 섬김은 본인 스스로 오래 기억하게 됩니다. 특별한 일이었기 때문입니다. 그렇지만 아무리 극진한 섬김과 도움을 받았더라도 그것이 그의 평소 삶이라 여겨지지 않았다면 특별한 충격이나 감동이 없고 시간이 흘러 기억에서 사라져버린다는 것입니다. 이 말씀은 매우 중요한 교훈을 주고 있습니다. 자연스러운 섬김만이 진짜라는 것입니다. 너무 특별해서 오래 기억할 정도로 섬긴 일이 의외로 다른 사람에게 끼치는 영향력이 적다는 것입니다. 진정한 삶에서 나온 것이 아니기 때문입니다.

그러자 예수님의 비유가 생각났습니다. 마태복음 25장 31절에서 46절까지의 말씀은 주님의 오른쪽과 왼쪽으로 모든 사람들을 구분하는 예화입니다. 오른쪽과 왼쪽으로 가르는 기준은 "예수님이 주리고, 목마르고, 나그네 되고, 헐벗고, 병들고, 옥에 갇혔을 때" 예수님을 돕고 사랑을 베풀었느냐 외면했느냐 하는 것이었습니다. 여기서 주목할 것은 오른쪽에 선 사람들이 주님이 어려움을 당할 때 자신들이 주님을 도왔다는 사실을 전혀 몰랐다는 것이고, 왼쪽에 선 사람들 역시 주님이 어려울 때 자신들이 주님을 외면했다는 것을 전혀 기억하지 못한다는 것입니다. 그때 주님은 내 형제 중 지극히 작은 자 하나에게 한 것이 곧 주님에게 한 것이라고 말씀하셨습니다.

자기 주위에 어려움을 당하는 사람이 눈에 들어오는 사람, 그를 돕는 것이 특별한 일이 아니라 자연스러운 사람만이 진정 주님을 섬긴 사람이라는 것입니다. 우리가 24시간 주님을 바라보려고 하는 것은 예수님만이 우리의 삶 전체를 뒤바꿀 수 있는 유일한 길이기 때문입니다. 24시간 주님을 바라볼 때 우리는 모든 사람을 주 예수님의 마음으로 보게 됩니다. 그래서 주위에 있는 지극히 작은 자들, 정말 도움이 필요한 이들이 눈에 들어오는 것입니다.

나는 죽고 예수로 살기 때문에 그들을 향한 주님의 마음이 느껴집니다. 그래서 그들을 돕게 됩니다. 그러나 그 일들이 다 주님이 하신 것을 알기에 자랑할 것도 없습니다. 누가 지적하여 칭찬하면 오직 "주님이 하셨습니다"라고 할 뿐입니다. 내세울 것도 없습니다. 그래서 기억도 나지 않는 것입니다. 오른손이 하는 일을 왼손이 모르게 하는 것입니다.

이는 아무 육체도 하나님 앞에서 자랑하지 못하게 하려 하심이라

고전 1:29

도우며 사는 것이 자연스러운 일, 평범한 일이 되려면 오직 주님만 바라보는 자가 되어야 합니다. 주님을 바라보지 못하는 사람 눈에는 지극히 작은 자로 다가오시는 주님이 보이지 않습니다. 그런 사람이 주변에 있는지도 모릅니다. 그래서 "우리가 언제 주님을 돕지 않았다는 말입니까?"라고 항의하게 되는 것입니다. 자신이 평생 어려운 이들을 돕지 않고 살았다는 사실조차 끝까지 기억나지 않습니다. 사랑으로 소문난 교회가 되고 그리스도인이 되는 길은 진정 '나 죽고 예수로 사는 자'가 되며 '24시간 예수님을 바라보는 자'가 되는 것입니다. 진정 "주님이 하셨습니다!"라고 고백할 수 있으면 그것으로 충분합니다.

오늘 주님의 마음을 품고 사는 것이 자연스러워지셨습니까? 24시간 주님을 바라보며 살기에 힘쓰시기 바랍니다.

20140222

담벼락 셋

예수님의 마음을
품은 사람

예수님 마음을 품을 때 일어나는 기적

뇌출혈로 몸의 반쪽을 쓰지 못하는 목사님이 계십니다. 의학적으로는 몸이 회복될 수 없다고 합니다. 그런데 그런 몸으로 다니시고 설교도 하십니다. 그 목사님이 강단에 서서 하나님의 은혜가 감격스럽다고 고백하실 때면 그 말을 듣는 성도들이 웁니다. 그렇다면 우리가 평소에는 어때야 합니까? 몸이 아플 때 그 정도로 감격스럽다면 몸이 건강할 때, 마음대로 다니고 일할 수 있을 때는 얼마나 하나님의 은혜가 크고 감격스러운가 말입니다!

마음 하나 바뀌면 모든 것이 달라집니다. 예수 믿고 구원받은 사람은 마음이 변화된 사람입니다. 하나님께서는 우리의 마음 하나 바꾸시려고 우리 안에 오셨습니다.

내가 그들에게 한마음을 주고 그 속에 새 영을 주며 그 몸에서 돌 같은 마음을 제거하고 살처럼 부드러운 마음을 주어 내 율례를 따르며 내 규례를 지켜 행하게 하리니 그들은 내 백성이 되고 나는 그들의 하나님이 되리라 겔 11:19,20

"마음을 비우라"라는 말을 종종 듣습니다. 이것이 종교입니다. 그렇지만 기독교는 마음을 비우는 종교가 아닙니다. 마음은 결코 비워지지 않습니다. 무언가로 채워져야 이전 것이 나가게 됩니다. 우리 마음은 '예수님의 마음'을 품을 때 바뀌는 것입니다.

너희 안에 이 마음을 품으라 곧 그리스도 예수의 마음이니 빌 2:5

그리스도인은 예수님의 마음을 품어 마음이 바뀐 사람입니다. 바로 살려고 애를 쓰지만 가정과 교회와 직장에서 다툼과 갈등이 생긴다면 그것은 예수님의 마음을 품지 않아서 그런 것입니다. 우리가 예수님의 마음을 품으면 사람들과의 관계가 달라집니다. 같은 생각, 같은 사랑을 가지고 한마음이 되고, 무슨 일을 하든지 경쟁심이나 허영으로 하지 않고 겸손한 마음으로 하고, 자기보다 남을 낮게 여기고, 자기 일만 돌보지 않고 다른 사람들의 일도 돌보게 됩니다. 그래서 가정과 교회가 달라지는 것입니다.

어떤 목사님의 이야기입니다. 신학교에 입학하고 얼마 되지 않았을 때 교인이 50명 정도 되는 교회의 중고등부 전도사로 섬기게 되었다고 합니다. 그 교회에서 열심히 봉사하고 설교했더니 교인들의 마음이 전도사에게로 전부 모이기 시작했습니다. 그러던 어느 날 담임목사님이 전도 사님을 부르더니 교회에서 나가달라고 하였답니다. 전도사님은 그 말을 듣고 '담임목사가 그 정도밖에 안 되니 참 불쌍하다'라고 속으로 생각했는데, 당뇨 합병증으로 시각장애를 가지신 장로님 한 분이 전도사님을 찾아와 평생 잊을 수 없는 말씀을 해주셨다고 합니다.

"전도사님이 오시기 전에 우리 교회는 교인도 적고 부족한 것이 많았지만 평화스러웠습니다. 그러나 전도사님이 오신 후 그 평화가 깨어졌습니다. 무능한 담임목사 한 분도 섬기지 못하고 행복하게 하지 못하시는 분이 어떻게 불신자들을 전도하여 행복한 삶으로 인도하는 좋은 목회자가 되실 수 있겠습니까? 전도사님은 똑똑하기는 하지만 예수님의 마음을 가지고 있지 않으시네요."

그 말씀을 듣고 큰 충격을 받아 담임목사님을 찾아가 용서를 구한 다음 그 교회를 떠나 개척했다고 합니다. 요즘 들어서 유난히 주위 사람들에게 비판적이고 모든 일들이 부정적으로 보이고 말이 거칠어졌다면 말을 그치고 예수님의 마음을 품고 있는지 살펴보아야 합니다.

내가
나의 사랑으로 나를 사랑했을 때
참 많이 노력해야 했습니다.
더 나은 내가 되기 위하여

내가

나의 사랑으로 남편을 사랑했을 때
참 많이 울어야 했습니다.
남편을 나의 사람으로 만들기 위하여

내가
나의 사랑으로 아이들을 사랑했을 때
참 많이 화를 내야 했습니다.
아이들을 잘 키워야 한다는 욕심 때문에

내가
나의 사랑으로 이웃을 사랑했을 때
참 많이 참아야 했습니다.
그들을 사랑해야 한다는 원리 때문에

이제는
하나님의 사랑으로 사랑합니다.
더 큰 사랑으로 사랑을 하니
사랑하는 일이 쉬워졌습니다.
사랑하는 일이 기쁨이 됩니다.
사랑하는 일이 감사가 됩니다.

_민혜숙, 〈하나님의 사랑으로 사랑합니다〉

담벼락 셋

예수님의 마음을 품으려면 "나는 죽었습니다"라고 분명히 고백해야 합니다. 그때 비로소 눈이 열리게 됩니다. 예수님의 마음이 느껴지게 됩니다. 그리고 계속해서 24시간 예수님을 바라보아야 합니다. 주님이 내 마음에 계신 것을 믿고 꾸준히 영성일기를 써보십시오. 처음에는 예수님을 떠올리고 생각하는 것조차 힘이 듭니다. 그러나 꾸준히 써보면 예수님께서 마음에 계신 것이 일기 속에 나타나게 됩니다. 예수님의 마음과 마귀가 주는 마음을 분별할 수 있습니다. *20140224*

주 님 과 내 가 하 나 일 때

설교를 듣고 한 분이 이렇게 질문하셨습니다.

"목사님께서 그리스도인은 죄짓지 않고 살 수 있다고 말씀하셨습니다. 저도 지금은 연약해서 이따금씩 넘어지지만 언젠가 죄가 아무리 걸고넘어지려고 해도 흔들리지 않고 굳건히 설 날이 올 것이라 믿습니다. 그런데 목사님은 우리가 과거에도 현재에도 앞으로도 여전히 죄인이라고 말씀하셨습니다. 이 부분이 이해가 안 갑니다. 죄짓지 않고 살 수 있다는 것과 미래에도 나는 여전히 죄인이라는 것 사이에 충돌이 느껴져 목사님께 여쭤보고자 합니다. 우리가 과거에도 현재에도 미래에도 죄인이라는 것은 앞으로도 어쩔 수 없이 죄를 짓고 살게 된다는 뜻인가요?"

우리가 옛날에도 지금도 앞으로도 여전히 죄인이라는 말의 뜻은 예수님을 믿는다고 해서 저절로 죄를 짓지 않게 된다는 말이 아니라는 의미입니다. 예수님을 믿고도 우리는 다시 죄에 빠질 수 있습니다. 가만히 있어도 주님이 알아서 우리를 지켜주시는 것은 아닙니다. 우리가 죄를 짓지 않으려면 예수님께서 정말 우리의 마음에 임하셨음을 믿어야 하고 실제로 주님을 바라보며 살아야 합니다. 주님이 우리 마음 안에 임하셨음을 교리나 지식으로만 받아들여서는 안 됩니다. 주님과의 인격적이고 친밀한 관계만이 죄를 이기는 삶의 열쇠입니다.

> 그러므로 나의 사랑하는 자들아 너희가 나 있을 때뿐 아니라 더욱 지금 나 없을 때에도 항상 복종하여 두렵고 떨림으로 너희 구원을 이루라
>
> 빌 2:12

항상 복종하여 두렵고 떨리는 마음으로 주 예수님을 바라보면 죄짓게 만드는 마귀가 우리를 만질 수도 없습니다. 경건했던 사람이 한순간에 죄에 무너지는 것을 보는 것은 고통스러운 일이지만 이상한 일도 있을 수 없는 일도 아닙니다. 물론 그가 그동안 속이고 산 것도 아닙니다. 그가 주님과의 관계가 친밀함으로 죄의 종노릇하지 않았었는데, 주님과의 관계가 끊어짐으로 다시 육신이 이끄는 대로 살았을 뿐입니다.

> 사람이 내 안에 거하지 아니하면 가지처럼 밖에 버려져 마르나니 사람들이 그것을 모아다가 불에 던져 사르느니라 요 15:6

그렇습니다. 죄를 짓지 않고 살게 되는 비밀은 오직 복음 안에서 허락된 주님과의 연합된 관계에 있는 것입니다. 경건생활을 하다보면 어느

순간 죄를 짓지 않게 되는 경지에 이르는 것이 아닙니다. 어떤 경건한 자도 주님을 바라보지 못하는 순간 죄를 지을 수 있습니다. 그것을 알고 항상 주님을 바라보며 살아야 합니다. 마찬가지로 죄만 짓고 살던 사람이 진정 주님을 마음에 영접하면 그는 죄에서 떠나 승리하는 삶을 살 수 있습니다. 육신을 입고 있는 우리는 죽을 때까지 여전히 죄를 지을 수밖에 없는 죄성(罪性)을 가지고 사는 존재입니다. 그러므로 언제든지 죄를 짓게 될 수 있습니다.

그러나 낙심치 말아야 합니다. 마귀는 육신을 통해 끊임없이 나를 죄에 빠뜨리려 한다는 사실만 명심하면 됩니다. 이것을 알기에 항상 "나는 죽었습니다"라고 고백하며 주 예수님을 바라보게 되는 것입니다. 복음을 알고 나면 우리의 죄성은 주님의 은혜를 더욱 체험하게 되는 기회가 됩니다.

죄가 더한 곳에 은혜가 더욱 넘쳤나니 롬 5:20

우리 안에 죄의 역사가 계속 일어나기 때문에 우리가 죄짓지 않도록 하시는 주님의 은혜를 더욱 놀랍게 체험하게 된다는 것입니다. 사람으로서는 할 수 없는 죄를 이기는 역사가 주님을 전적으로 의뢰함으로 이루어지기 때문입니다. 그래서 성경 곳곳에서 '죄를 지으면 안 된다', '죄를 다스려야 한다', '죄는 이길 수 있다'고 가르치는 것입니다. 또 어쩌다 죄를 짓게 되면 회개하고 용서받을 수 있는 길까지 열어놓으신 것입니다.

거듭난 신자라면 초신자라도 죄를 이길 수 있습니다. 그러나 예수님을 믿어도 죄에서 완전히 자유로울 수 없습니다. 성화된 사람일지라도 여전히 죄를 지을 수 있습니다.

> 만일 우리가 죄가 없다고 말하면 스스로 속이고 또 진리가 우리 속에 있지 아니할 것이요 요일 1:8

그러므로 예수님을 믿는 사람은 전적으로 예수님을 의지하고 24시간 예수님을 바라보며 살아야 한다는 것을 명심해야 합니다. 언제나 예수님 안에 거하고 예수님이 그의 안에 거하는 연합된 상태를 지켜야 합니다. 죄를 이기며 살려면 죄를 이기게 하시는 성경의 가르침을 정확히 알아야 합니다. 이 진리를 알 때 죄를 짓지 않게 되었어도 죄짓는 사람을 판단하거나 정죄하는 영적 교만에 빠지지 않으며, 죄에 넘어지는 일이 있더라도 낙심하거나 좌절하지 않고 다시 주님을 바라보게 되는 것입니다. 이것을 알지 못하기 때문에 계속해서 죄를 짓게 되고, 자꾸 죄를 짓기 때문에 죄는 이길 수 없다고 믿는 것입니다.

비록 우리 안에 여전히 죄의 욕구가 있지만 날마다 죄를 이기게 하시는 주님을 찬양합니다. *20140227*

거룩한 두려움, 거룩한 이끌림

24시간 주님을 바라볼 때 우리는 신앙생활에 변화를 경험합니다.

첫째, 주님에 대한 거룩한 두려움이 생깁니다.

이것은 정말 주목할 만한 변화입니다. 그러나 교리로만 믿는 사람에게는 이 거룩한 두려움이 거의 경험되지 않습니다.

모세는 친어머니의 영향으로 어려서부터 하나님을 믿었습니다. 그러나 떨기나무에 붙은 불 가운데서 하나님을 만난 후, 비로소 하나님의 임재 앞에서 사는 거룩한 두려움을 가지고 살아가게 되었습니다. 이사야도 이미 하나님을 잘 믿는 경건한 사람이었지만 성전에서 기도하다가 하나님을 뵙고 견딜 수 없는 두려움에 사로잡히게 됩니다. 그 후 이사야에게 하나님은 살아 계신 하나님이셨으며, 그 핵심은 그가 거룩한 두려움을 갖게 되었다는 것입니다.

베드로가 밤새 고기를 잡지 못한 어느 날 아침, 예수님을 처음 만났을 때만 해도 그는 거룩한 두려움이 무엇인지 전혀 알지 못하던 사람이었습니다. 그러나 주님의 말씀에 순종하여 엄청난 양의 고기를 잡게 되는 순간, 그는 주님을 바라보는 눈이 뜨였고 너무나 두려웠습니다.

"주여, 나를 떠나소서. 나는 죄인이로소이다."

우리가 24시간 예수님을 바라볼 때 우리 안에도 이 거룩한 두려움이 생깁니다. 이것이 우리 안에 일어나는 변화입니다. 이 두려움 때문에 죄에서 벗어나게 되고 교만해질 수 없게 되는 것입니다.

"나는 하나님이 정말 좋아요. 하나님이 친근하게 느껴져요."

어느 자매가 이렇게 말해서 제가 물었습니다.

"하나님께서 함께하시기 때문에 은밀한 죄가 다 사라졌고, 더 이상 이전처럼 마음대로 살 수 없게 되었습니까?"

"그런 것은 아니에요. 하나님이 아버지라고 생각하니 그저 친근하게 여겨질 뿐이에요."

이런 분이 있다면 자신이 하나님을 지식으로만 믿고 있는 것은 아닌지 돌아보시기 바랍니다. 24시간 예수님을 바라보려고 힘써보시기 바랍니다. 모세나 이사야가 만난 하나님, 베드로가 만난 하나님 경험이 어떤 것이었는지 알게 될 것입니다.

둘째, 주님을 향한 거룩한 이끌림을 느끼게 됩니다.

24시간 주님을 바라보면 거룩한 두려움뿐만 아니라 동시에 거룩한 이끌림을 경험합니다. 이것은 주님이 두려우면서도 도망갈 수 없다는 말입니다. 주님께 더 깊이 다가가게 됩니다. 주님을 만나 "나를 떠나소서"라고 고백한 베드로에게 주님은 "나를 따라오라 내가 너희를 사람을 낚는 어부가 되게 하리라"(마 4:19)라고 말씀하셨습니다. 이와 같은 일이 우리에게도 일어납니다. 주님이 늘 함께하시고 우리 마음에 왕이 되셨다는 사실이 너무나 부담스러운 일이자 동시에 정말 기쁘고 행복하고 감사한 것, 이것이 신비입니다.

어느 분이 상담해오셨습니다.

"저는 하나님이 까다롭게만 느껴지고 부담스러워요."

제가 이렇게 대답했습니다.

"어린아이들은 부모님이 늘 자신을 구속한다고 느끼는데 그것과 비슷한 마음입니다. 누구나 장성하게 되면 부모님이 자신을 구속한 것이 아니라 사랑하셨음을 깨닫게 됩니다. 마찬가지로 주님과의 관계가 실제가 되고 그 관계가 깊어지면 하나님이 얼마나 사랑이 많으신지 알게

담벼락 셋

될 것입니다."

24시간 주님을 바라보게 되면 하나님께로 더 다가가고 싶고 그것이 갈망이 됩니다. 자신이 원하는 것을 다 버리고, 좋아하는 것을 다 포기하고 오직 주님이 하라는 대로 할 마음이 생깁니다. 이런 사람이야말로 주님과 인격적인 만남이 있고 친밀해졌다고 고백할 수 있는 사람입니다.

이 거룩한 이끌림을 놓치면 신앙생활은 메마르게 되고 점점 더 세상으로 빠져들게 됩니다. 이 이끌림을 경험한 사람에게는 놀라운 매력이 생기고, 다른 사람을 끌어당기는 힘이 생깁니다. 주님이 그를 통해 다른 사람에게 영향을 끼치게 하시는 것입니다.

목회자 멘토링 세미나를 통해 참석자들이 강사 목사님에게 빨려 들어가는 느낌을 받았습니다. 많은 참석자들이 그 분이 섬기는 교회와 공동체에 가보고 싶어 했습니다. 그 분이 쓴 책이 있다면 읽어보고 싶어졌다고 합니다. 이것은 그 분 안에서 그 분을 통하여 역사하시는 주님을 느꼈기 때문입니다.

이것이 거룩한 이끌림입니다. 24시간 주님을 바라볼 때 주님과의 관계가 근본적으로 변화하게 됩니다. 그의 내면 깊은 곳에서부터 거룩한 두려움과 거룩한 끌림을 경험하게 되기 때문입니다. *20140228*

예수를 깊이 생각하라

초판 1쇄 발행   2014년 9월 29일
초판 14쇄 발행   2025년 4월 28일

지은이   유기성

펴낸이   여진구
책임편집   안수경
편집   이영주 박소영 최현수 구주은 김도연 김아진 정아혜
책임디자인   마영애 노지현 조은혜 정은혜
홍보·외서   진효지
마케팅   김상순 강성민   마케팅지원   최영배 정나영
제작   조영석 허병용   경영지원   김혜경 김경희

303비전성경암송학교 유니게 과정
이슬비전도학교 / 303비전성경암송학교 / 303비전꿈나무장학회

펴낸곳   규장

주소 06770 서울시 서초구 매헌로 16길 20(양재2동) 규장선교센터
전화 02)578-0003   팩스 02)578-7332
이메일 kyujang0691@gmail.com   홈페이지 www.kyujang.com
페이스북 facebook.com/kyujangbook   인스타그램 instagram.com/kyujang_com
카카오스토리 story.kakao.com/kyujangbook
등록번호 1922-2461
since 1978.08.14

ⓒ 저자와의 협약 아래 인지는 생략되었습니다.
이 출판물은 저작권법에 의해 보호를 받는 저작물이므로 무단 전재와 무단 복제를 할 수 없습니다.

책값   뒤표지에 있습니다.
ISBN 978-89-6097-376-3 03230

규 | 장 | 수 | 칙

1. 기도로 기획하고 기도로 제작한다.
2. 오직 그리스도의 성품을 사모하는 독자가 원하고 필요로 하는 책만을 출판한다.
3. 한 활자 한 문장에 온 정성을 쏟는다.
4. 성실과 정확을 생명으로 삼고 일한다.
5. 긍정적이며 적극적인 신앙과 신행일치에의 안내자의 사명을 다한다.
6. 충고와 조언을 항상 감사로 경청한다.
7. 지상목표는 문서선교에 있다.

하나님을 사랑하는 자 곧 그의 뜻대로 부르심을 입은 자들에게는 모든 것이 合力하여 善을 이루느니라(롬 8:28)

Member of the
Evangelical Christian
Publishers Association

규장은 문서를 통해 복음전파와 신앙교육에 주력하는 국제적 출판사들의
협의체인 복음주의출판협회(E.C.P.A:Evangelical Christian Publishers
Association)의 출판정신에 동참하는 회원(Associate Member)입니다.